utb 4351

Eine Arbeitsgemeinschaft der Verlage

Böhlau Verlag · Wien · Köln · Weimar
Verlag Barbara Budrich · Opladen · Toronto
facultas · Wien
Wilhelm Fink · Paderborn
A. Francke Verlag · Tübingen
Haupt Verlag · Bern
Verlag Julius Klinkhardt · Bad Heilbrunn
Mohr Siebeck · Tübingen
Nomos Verlagsgesellschaft · Baden-Baden
Ernst Reinhardt Verlag · München · Basel
Ferdinand Schöningh · Paderborn
Eugen Ulmer Verlag · Stuttgart
UVK Verlagsgesellschaft · Konstanz, mit UVK/Lucius · München
Vandenhoeck & Ruprecht · Göttingen · Bristol
Waxmann · Münster · New York

Soziale Arbeit – Grundlagen

herausgegeben von
Fabian Kessl
Elke Kruse
Sabine Stövesand
Werner Thole

Band 4

Knut Hinrichs
Daniela Evrim Öndül

Soziale Arbeit – das Recht

Verlag Barbara Budrich
Opladen & Toronto 2017

Die AutorInnen:

Prof. Dr. iur. Knut Hinrichs,
Fakultät Wirtschaft und Soziales, Department Soziale Arbeit, HAW Hamburg

Prof. Dr. iur. Daniela Evrim Öndül,
Professorin für Recht, insbesondere Sozialrecht, Fachbereich Soziale Arbeit, Bildung und Diakonie, Evangelische Fachhochschule Rheinland-Westfalen-Lippe, Bochum

Bibliografische Information der Deutschen Nationalbibliothek
Die Deutsche Nationalbibliothek verzeichnet diese Publikation in der Deutschen Nationalbibliografie; detaillierte bibliografische Daten sind im Internet über http://dnb.d-nb.de abrufbar.

Gedruckt auf säurefreiem und alterungsbeständigem Papier.

Alle Rechte vorbehalten.
© 2017 Verlag Barbara Budrich, Opladen & Toronto
www.budrich-verlag.de

     utb-Bandnr.   4351
     utb-ISBN   978-3-8252-4351-7

Lektorat und Satz: Ulrike Weingärtner, Gründau – info@textakzente.de
Umschlaggestaltung: Atelier Reichert, Stuttgart
Druck: Friedrich Pustet, Regensburg
Printed in Germany

Inhalt

Einleitung

Es gibt am Markt eine Fülle von Einführungsliteratur für die rechtlichen Bestandteile des Studiums der Sozialen Arbeit. Dabei lassen sich grob zwei Richtungen festhalten, die von diesen Arbeiten eingeschlagen werden:

Zum einen wird die konkrete Rechtsanwendung im Lichte eines stark am Grundgesetz orientierten Wertekanons dargestellt: Es wird unterstrichen, welche Bedeutung das Fach Recht für die Soziale Arbeit hat oder haben sollte; es wird geworben für eine Sichtweise auf das Recht, die den guten Wünschen der Studierenden Angebote machen möchte, um sie so für einen ambitionierten rechtlichen Blick auf die soziale und politische Wirklichkeit zu gewinnen.

Zum anderen liegen Arbeiten vor, die eine Einordnung in einen grundrechtlich gestützten Wertekanon nicht so emphatisch und fordernd vortragen und sich eher einem rechtskundlich-positivistischen Blick auf die Rechtsordnung zuwenden; ähnlich, wie es in der universitären Juristenausbildung seit langem üblich ist.

Wir wollen mit dem vorliegenden Band jedoch einen etwas anderen Weg verfolgen:

Was es unseres Erachtens für die praktische Soziale Arbeit braucht, ist ein *kritischer Pragmatismus*, für den eine solide Kenntnis der grundsätzlichen Institute der demokratischen Rechtsordnung, ihrer Funktionsweise und ihrer Vergegenständlichung in den einzelnen Rechtsgebieten unabdingbar ist. Erfahren die Studierenden so, inwiefern das Recht Mittel ist und für wen es Mittel ist, wird es ihnen auch möglich, zu beurteilen, wo seine Grenzen liegen, wo also politische Fragen zu stellen sind.

Daher wollen wir in dieser Einführung in das Recht für die Soziale Arbeit eine *nüchterne Bestandsaufnahme* der Leistungen der einzelnen Institutionen des Rechtssystems für die praktische Soziale Arbeit vornehmen, ohne sie gleich in das rosige Licht ‚höchster Werte' zu tauchen, die angeblich in der Politik stets verfolgt werden, und ohne andererseits in das Extrem zu fallen, sich politischer Aussagen einfach zu enthalten. Im Gegenteil: Manches Ärgerliche am Recht, an der Verwaltung und der Justiz fordert ja geradezu dazu heraus, in eine politische Auseinandersetzung zu treten. Und dafür kann es nur hilfreich sein, zu wissen, wie das Recht funktioniert, wo es ein Mittel ist, wo aber auch seine Schranken liegen. Ein bisschen Kapitalismuskritik wird dann allerdings schon auch dabei sein – wenn man Recht nicht legitimieren, sondern erklären möchte, ist dies fast unumgänglich.

1 Rechtssystematik, Rechtsanwendung, Rechtsdurchsetzung

1.1 Rechtssystematik – Wohin gehört ein Fall?

Wer in der praktischen Sozialen Arbeit eine Rechtsfrage zu beantworten hat, muss möglichst schnell und zuverlässig zu Ergebnissen gelangen. Niemand hat alle Gesetze im Kopf. Dies wäre angesichts der etwa 13.000 Seiten umfassenden Standardsammlungen Schönfelder[1], Sartorius[2] und Aichberger[3] des Beck-Verlages schlicht illusorisch. Erforderlich ist daher ein Übersichtswissen über die bestehenden Gesetze und eine Strategie, um das jeweils einschlägige Gesetz zu finden. Denn ohne Rechtsgrundlagen lassen sich Rechtsfragen nicht beantworten; ganz zu schweigen von den praktischen Fragen, die sich daran knüpfen: Sollte man etwas beantragen? Ein Rechtsmittel einlegen? Welches? Bei welcher Institution? Bestehen Fristen? Ist eine bestimmte Form einzuhalten? – usw. usf. Wo also soll man nachschauen?

1.1.1 Systematische Unterscheidung zwischen Privatrecht, öffentlichem Recht, Strafrecht

Die begriffliche Abgrenzung zwischen privatem und öffentlichem Recht erscheint zunächst unproblematisch: Streiten zwei BürgerInnen[4] miteinander – z. B. über die Gültigkeit eines Vertrages oder Schadensersatz –, befindet man sich im *Privatrecht* (=Zivilrecht, bürgerliches Recht); streitet ein Bürger mit einer staatlichen (=hoheitlichen) Stelle – z. B. über das Verbot einer Demonstration oder die Verweigerung einer Bauerlaubnis –, befindet man sich im öffentlichen Recht. Ebenso ist es, wenn zwei staatliche Stellen miteinander streiten – z. B. eine Gemeinde mit einer Nachbargemeinde über die Zulässigkeit eines Bebauungsplans.

---

1 Schönfelder, Deutsche Gesetze, Loseblatt, 163. Ergänzungslieferung 2016.
2 Sartorius, Verfassungs- und Verwaltungsgesetze, Loseblatt, 112. Ergänzungslieferung 2016.
3 Aichberger, Sozialgesetzbuch mit Nebengesetzen, Loseblatt, 127. Ergänzungslieferung 2016.
4 Um sprachlich Genderinklusivität herzustellen, wird in der Regel der Schrägstrich verwendet. In manchen Kapiteln bzw. Abschnitten wird um der besseren Lesbarkeit willen entweder die männliche oder nur die weibliche Form verwendet, gemeint sind jedoch alle Geschlechter.

Allerdings können staatliche Stellen auch privatrechtlich handeln (Beispiel: das Finanzamt kauft Kohlen), was die ganze Sache komplizierter macht; außerdem können private Institutionen hoheitlich handeln (Beispiel: der TÜV). Darüber hinaus erschöpft sich das Staatshandeln nicht in *Eingriffen* zulasten der BürgerInnen, sondern es besteht auch – zumal im modernen Sozialstaat – darin, dass der Staat *Leistungen* zugunsten seiner BürgerInnen gewährt. Nach der früher hierzu vertretenen ‚*Subjektionstheorie*' (=‚Unterordnungstheorie') war es manchmal nicht einfach, eine klare Zuordnung vorzunehmen. Deshalb wird die Frage heute genauer mit der ‚*Subjekttheorie*' beantwortet:

> Um öffentliches Recht handelt es sich dann, wenn die zugrunde liegende Gesetzesnorm einen Hoheitsträger einseitig berechtigt oder verpflichtet.

Damit wird tatsächlich nur jener Teil staatlicher Tätigkeit dem öffentlichen Recht zugeordnet, bei dem der Staat durch ein Gesetz *als solcher* zum *Subjekt eines Rechtsverhältnisses* erklärt und damit Partei in einem etwaigen Prozess wird (vgl. obiges Beispiel Demonstration: Polizei wird tätig als Versammlungsbehörde). Umgekehrt werden solche Tätigkeiten, bei denen der Staat wie ein Bürger Geschäfte mit anderen Bürgern eingeht, zuverlässig dem Privatrecht zugeordnet (vgl. obiges Beispiel Kohlenkauf: jede geschäftsfähige Person kann Kaufverträge abschließen). Für den Fall, dass private Stellen öffentlich-rechtlich handeln, bedarf es aber eines Gesetzes (vgl. obiges Beispiel TÜV: dieser wird tätig als *beliehener Unternehmer*, § 29 Abs. 2 Satz 2 StVZO). Das Strafrecht ist nach dieser Logik dem öffentlichen Recht zuzuordnen: Staatsanwalt, Polizei, Strafgericht und Justizverwaltung sind zu lauter Eingriffen befugt; von Ermittlungsbefugnissen gegenüber Verdächtigen und Zeugen bis zu Strafurteil und Strafvollstreckung. Allerdings wird das Strafrecht traditionell wegen seiner vielen Besonderheiten neben Privat- und öffentlichem Recht als drittes eigenständiges Rechtsgebiet behandelt.

Damit sind die drei klassischen Rechtsgebiete komplett. JuristInnen befassen sich in ihrem Studium mit diesen drei Rechtsgebieten und ihren weiteren Untergliederungen. Die folgende Tabelle veranschaulicht das Gesamtsystem.

1.1.2 Systematik der Rechtsordnung in Deutschland – Übersicht

Verfassung = Grundgesetz (GG)

GG gilt als „Objektive Wertordnung' auch – mittelbar – im Zivilrecht | Das GG gilt in allen Bereichen des öffentlichen Rechts unmittelbar

Zivilrecht = Privatrecht = Bürgerliches Recht | Öffentliches Recht im weiteren Sinne | Öffentliches Recht im engeren Sinne

	Bürgerliches Recht / Zivilrecht im engeren Sinne	Handels-recht	Arbeitsrecht	Strafrecht	Ordnungs-widrigkeiten-recht	Verwaltungsrecht (VerwR)	Sozialrecht (SozR)	Steuerrecht
Materielle Gesetze	Bürgerliches Gesetzbuch (BGB) Allgemeiner Teil (AT), Schuldrecht, Sachenrecht, Familienrecht, Erbrecht	BGB Handelsgesetzbuch (HGB)	BGB, Kündigungs-schutzgesetz (KSchG) Betriebsverfas-sungsgesetz (BetrVG)	Strafgesetzbuch (StGB)	Verstreut im VerwR	z. B: Polizeigesetze Ausländerrecht Asylrecht Baurecht (BauGB) Schulgesetze Gaststättengesetz Atomgesetz	Sozialgesetzbuch (SGB) I - XII	Einkommens-steuergesetz (EStG) Umsatzsteuer-gesetz (UStG)
Regelungs-materie	Die ökonomischen Verhältnisse einer Konkurrenzgesellschaft: Personen, Sachen, Verträge. Eigentum, Familien, Erbe.	zusätzlich zum ZivilR: Geschäfte von Unter-nehmen	zusätzlich zum ZivilR: Arbeitgeber und Arbeitnehmer	Alles, was der Staat bei Strafe verbietet	Kleines StrafR der Verwaltung'	Alles, was der Staat selbst regelnd in die Hand nimmt: „Allgemeinwohl', „Gefahren', „Daseinsvorsorge'	SGB I: Allgemeiner Teil; SGB II: Grundsicherung Arbeitssuchende; SGB III: Arbeitsförderung; SGB IV: Allgemeines über Pflicht/Vers.; SGB V: Gesetzl. Krankenversicherung; SGB VI: Gesetzl. Rentenversicherung; SGB VII: Gesetzl. Unfallversicherung; SGB VIII: Kinder- u. Jugendhilfe; SGB IX: Rehabilitation u. Teilhabe; SGB X: Verwaltungsverfahren; SGB XI: Gesetzl. Pflegeversicherung; SGB XII: Sozialhilfe	Steuern Abgaben
Rechtsfolgen/ Ansprüche auf	Sachen, Dienste, Geld, Schadensersatz, Handlungen, Unterlassen, Unterhalt, Auskunft. Herausgabe	dto.	Zusätzlich zum ZivilR: Lohnarbeit, ihr Kommando, Beschäftigung	Strafe: Freiheitsstrafe, Geldstrafe, Maßregeln	Verwarnungs-gelder, Bußen	Verwaltungsakte: (VAe): Erlaubnisse Verbote sowie Realakte: Infos, Zwang	Verwaltungsakte: Sozialleistungen Mitwirkung Organisation der Leistungserbringung Realakte	VAe
Verfahrens-ordnung	,Privatautonomie' ZPO	dto.	dto. und KSchG	Strafprozess-ordnung (StPO) Jugendgerichts-gesetz (JGG)	Ordnungswidrig-keitengesetz (OWiG)	Verwaltungsverfahrens-gesetz (VwVfG)	SGB X	Abgaben-ordnung (AO)
Gerichts-ordnungen	ZPO / Für FamR FamFG	ZPO	ArbGG.	StPO		VwGO (Jugendhilfe, Opferentschädigung)	SGG (Sozialhilfe)	Finanzgerichts-ordnung (FGO)
					Gerichtsverfassungsgesetz (GVG)			
Gericht erster Instanz	Amtsgericht (AG), über 5.000 € Streitwert: Landgericht (LG), jeweils Zivilsachen. Familiengericht beim AG für FamilienR	ArbG	ArbG	AG, Strafsachen LG, OLG	Kein eigener Gerichtszweig (geht zum AG)	VG	SG (für Jugendhilfe: VG)	FG
Oberstes Gericht	BGH – Zivilsachen Karlsruhe	BGH Karlsruhe	BAG Erfurt	BGH – Strafsachen Karlsruhe		BVerwG Leipzig	BSG Kassel	BFH München

1.1.3 Wie findet man eine Rechtsgrundlage?

SozialarbeiterInnen und SozialpädagogInnen kümmern sich in ihrem Berufsleben um die rechtlich formierten Interessen ihrer Klienten. Sie wollen für sie staatliche Leistungen organisieren oder stehen mit ihrer Arbeit selber im Dienst staatlicher Stellen, die Leistungen gewähren: Eine Sozialarbeiterin, die im Jugendamt oder in einem Krankenhaus beschäftigt ist, ist unmittelbar an der Leistungserbringung beteiligt. Ihre Arbeit ist Bestandteil staatlicher Sozialleistungen und hat insofern auch eine gesetzliche Grundlage.

So klar es ist, dass jedes Arbeitsfeld der Sozialen Arbeit eine gesetzliche Grundlage hat, so klar ist damit auch, dass die gesetzlichen Grundlagen quer über die gesamte Rechtsordnung verstreut sind. Denn Soziale Arbeit ist überall da notwendig, wo die moderne Konkurrenzgesellschaft Verhältnisse hervorbringt, die von der Politik als dysfunktional für das Gemeinwesen eingeschätzt werden. Weil aber diese Konkurrenzgesellschaft in allen ihren Abteilungen auf der Basis des Rechts funktioniert, selbst also total verrechtlicht ist, ist auch das Recht der sozialen Arbeit so mannigfaltig, wie das Recht der Konkurrenzgesellschaft. SozialarbeiterInnen und SozialpädagogInnen müssen sich daher in den verschiedensten Rechtsgebieten auskennen.

1.1.4 Rechtsgebiete

Die großen drei Rechtsgebiete werden in einzelnen Kapiteln dargestellt (Zivilrecht: [3], Strafrecht [4], Verwaltungsrecht und Sozialrecht [5]). Wir haben darüber hinaus den Arbeitsfeldern der Sozialen Arbeit und ihren Rechtsgrundlagen ein großes Kapitel gewidmet [6]. Hier sollen die Rechtgebiete nur kurz im Überblick dargestellt werden. Der nachfolgenden Tabelle können Sie außerdem entnehmen, wo Sie weitere Ausführungen in diesem Band finden. In jedem Fall empfiehlt es sich, den Abschnitt ‚Systematische Übersicht' [1.1.2] parallel zu den folgenden Ausführungen zu lesen.

Zivilrecht	Darstellung in diesem Buch
Um zivilrechtliche Auseinandersetzungen geht es, wenn der Staatsgewalt unterworfene Bürger (die ,Personen') miteinander streiten. Sie benötigen dann eine Anspruchsgrundlage, zumeist aus dem BGB, deren Voraussetzungen vorliegen müssen, damit sie ihre rechtlich gefassten Interessen durchsetzen können. Man unterscheidet Ansprüche aus Vertrag, Vertrauen und Gesetz. Sie werden durch zivilgerichtliche Klagen und weitere Rechtsbehelfe nach der ZPO und dem FamFG bei den Gerichten geltend gemacht.	[3]
Im Recht der Sozialen Arbeit sind aus dem Zivilrecht von Bedeutung:	
☐ das *Minderjährigenrecht* der §§ 104ff. BGB zum Schutz von Kindern und Jugendlichen vor den Gefahren, die ihnen aus der Geschäftswelt drohen im Überblick	[3.2.2]
☐ die *Altersstufen*	[3.2.3]
☐ das *Vertragsrecht* der §§ 433ff. BGB im Überblick	[3.1]
☐ das *Schadensersatzrecht* der §§ 823ff. BGB für die Frage der Aufsichtspflicht und Haftung von Eltern und Sozialpädagogen/Sozialarbeitern im Überblick	[3.2.3]
☐ das *Familienrecht* für die Fragen der *Ehe*, §§ 1297ff. BGB, *Scheidung*, §§ 1564 ff. BGB, des *Unterhalts*, §§ 1360ff., 1569ff., 1601ff. BGB, der *Verwandtschaft* und *Abstammung*, §§ 1589ff. BGB und des *Kindschaftsrechts*. Kernbereich ist das *Recht der elterlichen Sorge*: §§ 1626 ff., 1666f., 1671, 1648 und 1687 BGB. Angrenzend hierzu ist die *Adoption*, § 1741ff. BGB, die *Vormundschaft*, §§ 1773ff. BGB, und die *rechtliche Betreuung*, §§ 1896ff. BGB, von Bedeutung. Hier ist das *Familiengericht* sachlich zuständig, das aufgrund des Gesetzes über das Verfahren in Familiensachen und die Angelegenheiten der freiwilligen Gerichtsbarkeit (FamFG) im Wege der *Amtsermittlung*, § 26 FamFG, tätig wird.	[6.3], [6.5]
☐ Das Arbeitsrecht und das Beamtenrecht für die Anstellungsverhältnisse zwischen SozialarbeiterInnen und ihren ArbeitgeberInnen	[7.3]

Strafrecht	
Gegen Menschen, die etwas bei Strafe Verbotenes getan haben, setzt der Staat seinen Anspruch auf Bestrafung durch, den er in den einzelnen Strafnormen des Strafgesetzbuches (StGB) normiert hat. Es handelt sich genau genommen ebenfalls um eine öffentlich-rechtliche Materie, da vor dem Strafgericht der Staat gegen den Bürger streitet. Dennoch bildet das Strafrecht wegen seiner Weitläufigkeit und Komplexität ein eigenständiges Rechtsgebiet. Polizei, Staatsanwaltschaft und Strafgericht werden aufgrund der Strafprozessordnung (StPO) tätig, für Jugendliche gilt das Jugendgerichtsgesetz (JGG). Im **Recht der Sozialen Arbeit** sind aus dem Strafrecht von Bedeutung:	[4]
☐ Grundzüge des materiellen Strafrechts	[4.1]–[4.10]
☐ Straffälligenhilfe für Jugendliche. Beim Jugendamt existiert die Jugendgerichtshilfe, die, wie der Name sagt, die sozialarbeiterische Betreuung von jugendlichen Straffälligen zum Gegenstand hat. ☐ Straffälligenhilfe für Erwachsene ☐ Die Rechtsquellen sind verstreut im StGB, StPO, JGG und SGB VIII zu finden.	[6.2]
Verwaltungsrecht und Sozialrecht	
Um öffentlich-rechtliche Auseinandersetzungen geht es, wenn Bürger mit dem Staat streiten. Wollen sie den Staat zur Abwehr von Eingriffen oder zur Leistung zwingen, benötigen sie jeweils eine Anspruchsgrundlage gegenüber staatlichen Institutionen. Diese ist vor dem Verwaltungsgericht nach der Verwaltungsgerichtsordnung (VwGO) bzw. dem Sozialgericht nach dem Sozialgerichtsgesetz (SGG) geltend zu machen. Im **Recht der Sozialen Arbeit** sind aus dem öffentlichen Recht/Sozialrecht von Bedeutung:	
☐ Im *Grundgesetz* (GG), das gem. Art. 1 Abs. 3 GG unmittelbar geltendes Recht darstellt, sind die *Grundrechte* (Art. 1-19 GG) normiert, die dem Bürger als *Abwehrrechte* gegen staatliche Eingriffe, ausnahmsweise auch als *Leistungs- und Teilhaberechte,* zur Verfügung stehen. In beiden Fällen stellen sie *subjektiv-öffentliche Rechte* dar, die den/die Bürger/in zur verwaltungsrechtlichen Klage berechtigen.	[2.3][2.4]

☐ Das *Sozialrecht* ist ein wichtiger Unterfall des öffentlichen Rechts und im Wesentlichen Leistungsverwaltung. Es regelt zum einen die Sozialleistungen, die im Rahmen der Zwangsversicherungssysteme bei Arbeitslosigkeit, Krankheit, Alter, Unfall und Pflegebedürftigkeit (SGB III, SGB V, SGB VI, SGB VII, SGB XI) gewährt werden.	[5.5]
☐ *Kernbereiche für die Soziale Arbeit* sind das *Kinder- und Jugendhilferecht* (SGB VIII/KJHG), das *Existenzsicherungsrecht arbeitsfähiger, aber erwerbsloser Hilfebedürftiger* und ihrer Angehörigen (SGB II) sowie aller *sonstigen Hilfebedürftigen* (SGB XII). Man spricht auch vom *Fürsorgerecht*.	[6.3]
☐ Ein möglicher weiterer Schwerpunkt ist die Arbeit mit Behinderten, man spricht auch von *Rehabilitationsrecht*. Es ist über alle Bereiche des SGB verstreut und vom SGB IX nur notdürftig vereinheitlicht.	[6.4]
☐ SGB I (Allgemeiner Teil) und SGB X (Verwaltungsverfahren) gelten als allgemeine Teile im gesamten Sozialrecht. Ihre Regelungen sind ‚vor die Klammer gezogen' und gelten, insoweit sich keine abweichende Spezialregelung finden lässt, § 37 SGB I.	[5.5.1]
☐ Aus den übrigen Teilen des *besonderen Verwaltungsrechts* stammen einzelne Materien, mit denen der/die Sozialarbeiter/in ggf. konfrontiert ist: so etwa das *Ausländerrecht* im Aufenthalts- und Staatsangehörigkeitsgesetz, das Asyl- und Asylbewerberleistungsgesetz, sowie das *Unterbringungsrecht* für psychisch Kranke nach Landesrecht.	[6.7] [6.5.3]
☐ Das Datenschutzrecht in den Grundzügen	[7.6]
☐ Das Recht der Rechtsdienstleistungen	[7.5.1]
☐ Das allgemeine Berufsrecht der Sozialen Arbeit	[7.2] [7.3]

1.1.5 Die gefundene Rechtsgrundlage – die ‚halbe Miete' für die Rechtsanwendung

Berufsmäßige RechtsanwenderInnen haben die Systematik der Rechtsordnung stets ‚im Hinterkopf', weil sie für den jeweils zu bearbeitenden Einzelfall folgende Fragen beantwortet:

- Geht es aktuell um Zivilrecht, Strafrecht oder öffentliches Recht?
- In welchem Gesetzbuch ist die materielle Rechtsgrundlage für die Beurteilung des zugrunde liegenden Konfliktes zu suchen?
- Gibt es in diesem (und ggf. in einem angrenzenden) Gesetz formale Anforderungen dafür, dass eine materiell-rechtliche Regelung gilt?
- Nach welcher Verfahrensordnung ist welches Gericht für eine Entscheidung der Sache zuständig, und welche Anforderungen wären an ein Rechtsmittel zu stellen?
- Welcher Instanzenzug besteht, und wer hat schließlich das letzte Wort?

Ausgerüstet mit diesem Hintergrundwissen kann man an die eigentliche Falllösung gehen.

1.2 Rechtsanwendung, oder: Was tun JuristInnen?[5]

Natürlich wenden nicht nur JuristInnen Recht an, sondern viele andere Berufsgruppen auch, so Polizisten, Betriebswirte, Verwaltungsangestellte, Steuerberater und eben auch SozialarbeiterInnen. Aber die Arbeit von Rechtsanwälten, Richtern, Staatsanwälten und Verwaltungsjuristen besteht nahezu ausschließlich in der Rechtsanwendung; deshalb kann an deren Arbeitsablauf das ‚juristische' der Tätigkeit auch von SozialarbeiterInnen am klarsten erläutert werden.

1.2.1 Die Tätigkeit der JuristInnen: Die ‚Lösung' von ‚Fällen'

Juristische Arbeit besteht – dies ist kein Geheimnis – in der Bearbeitung von ‚Fällen', die in juristischen Klausuren geforderte Prüfungsleistung ist demgemäß regelmäßig eine ‚Fallbearbeitung'. Damit ist die ‚Lösung' eines Falles nach rechtlichen Regeln gemeint. Die erste Annäherung an eine solche Lösung ist gewöhnlich, dass unmittelbar gefragt wird, wer ‚im Recht' ist; und eine gewisse Ahnung davon, dass sich das aus den Gesetzen ergibt, lässt uns nach

---

5 Die folgenden Ausführungen basieren auf einem Text unseres geschätzten Kollegen Prof. Dr. Matthias Schnath, EFH Bochum, für dessen Überlassung wir an dieser Stelle herzlich danken.

Gesetzen suchen, die eher für die eine oder andere der im Fall vorkommenden ‚Parteien' spricht.

JuristInnen müssen die Frage danach, wer ‚im Recht' ist, genauer stellen, weil sie die Folgen und praktischen Verfahrensweisen in den Blick nehmen, die diese Frage eigentlich und wirklich beinhaltet:

Wenn wir einen Interessenkonflikt rechtlich bearbeiten, so ist das praktisch das Anliegen, zwischen den Interessen zu *entscheiden*. Die Interessen sind unter diesem Aspekt – bei allen wechselseitigen Abhängigkeiten – *rein gegensätzlich*, und die Entscheidung zielt darauf, diese gegensätzlichen Interessen *abzugrenzen*. Solche Entscheidungen sind aber im Rechtsstaat allein Sache der staatlichen Instanzen: entweder einer Behörde, die einen Verwaltungsakt erlässt, oder eines Gerichts, das ein Urteil spricht. Eine solche Entscheidung ist nicht darauf gerichtet, auszusagen, wer überhaupt, und eher im moralischen Sinne, ‚Recht' hat, sondern sie ist auf eine ganz bestimmte, präzise Verhaltensanordnung gerichtet: A muss soundsoviel an B oder eine staatliche Behörde zahlen, C muss dies oder das bei Androhung eines Zwangsgeldes unterlassen u.ä. JuristInnen nennen eine solche Verhaltensanweisung einer Behörde oder eines Gerichts, in der die Gesetze auf den Einzelfall angewendet werden, einen ‚Titel': Der Inhalt der Entscheidung muss so präzise sein, dass die vollstreckenden Organe des Staates gerade unabhängig von der Frage, ‚wer Recht hat', die Anweisung *vollstrecken*, also durch Einsatz staatlicher Gewalt erzwingen können.

Von dieser Zwecksetzung her findet die Entscheidung auf zwei Ebenen und in zwei unterschiedlichen Verfahrensschritten statt.

Das Erkenntnisverfahren

Hier wird durch die Behörde nach ihrem Verfahrensrecht (z. B. im Sozialrecht nach dem SGB X – Verwaltungsverfahren) oder durch das Gericht nach seinem Prozessrecht (z. B. bei den Sozialgerichten nach dem Sozialgerichtsgesetz – SGG) festgestellt, was tatsächlich passiert ist: *Tatsachenfeststellung*. Um zu wissen, auf welche Tatsachen es ankommt, sind die maßgeblichen materiell-rechtlichen Regeln erheblich: Um z. B. bei der Hilfe zum Lebensunterhalt zu wissen, auf welche Lebensumstände es beim Betroffenen ankommt, muss nach den Gesetzen, hier dem SGB II oder dem SGB XII, ermittelt werden, was z. B. alles zum verwertbaren Vermögen gehört. Daraus ergibt sich, auf welche Vermögensverhältnisse es beim Betroffenen genau ankommt, was man also alles festzustellen hat. Diese Feststellung der maßgeblichen Rechtslage kann einfach zu leisten sein durch einen Blick in die relevanten Gesetze, sie kann aber bei widersprüchlichen oder ungenauen Inhalten der materiellen Rechtslagen durchaus umständlich sein. Dann ist eine *Auslegung der Gesetze* vonnöten, und das Ganze nennt man *Rechtserkenntnis*. Am Ende des Erkenntnisverfahrens steht als Ergebnis der Interpretation der Tatsachen im Sinne der gewonnenen Rechtserkenntnisse die genaue Verhaltensanweisung, der *Tenor* der Entscheidung (Bescheid, Urteil oder Beschluss).

Das Vollstreckungsverfahren

Wenn sich die/der Betroffene diesem Tenor nicht freiwillig fügt, folgt das *Vollstreckungsverfahren*. Es stellt jeweils einen besonderen Teil der angesprochenen Verfahrensgesetze dar, im Falle der Behörde sind das die Regeln über die Vollstreckung von Verwaltungsakten, im Falle der Gerichte die Regeln über die Vollstreckung von Entscheidungen (Urteil, Beschluss).

Tatsachen, Rechtsfragen und Beweise

Bei den in der fachhochschulischen Ausbildung zur Sozialen Arbeit zu lösenden Fällen geht es nur um die **Rechtserkenntnis**. Die Tatsachen müssen dafür so hingenommen werden, wie sie in dem jeweiligen ‚Fall‘ aufgeführt sind. Dabei wird also von dem Umstand abstrahiert, dass in der Praxis die Frage, nach welchen Regeln welche Tatsachen überhaupt festgestellt werden können – hiermit beschäftigt sich das **Beweisrecht** –, genau so entscheidend sein kann. Ein Beispiel:

Beispiel

Wenn es in § 110 BGB heißt, dass es sich bei Taschengeld um solche Mittel handelt, die der Minderjährige von dessen gesetzlichem Vertreter oder mit dessen Zustimmung von Dritten zur freien Verfügung überlassen wurden, so macht diese Vorschrift im Tatsachenerkenntnisverfahren Probleme, wenn etwa die Eltern bestreiten, dass sie ihrem Kind das ausgegebene Geld zur freien Verfügung überlassen hatten. Wie mit dieser Behauptung umzugehen ist, ist Sache des Verfahrensrechts, in diesem Falle der Regeln über die Beweispflichten und die Beweisaufnahme im Zivilprozess. Für eine ‚Fallbearbeitung‘ ist hingegen davon auszugehen, dass der Sachverhalt ‚ist wie er ist‘, also – prozessrechtlich beurteilt – nachgewiesen ist, auf welchem Wege auch immer.

Auslegung des Sachverhalts

Dies heißt allerdings nicht, dass ein **Sachverhalt** – also der Text, in dem die Tatsachen eines Falles zu finden sind – nicht ausgelegt, also interpretiert werden dürfte. Meistens muss man das sogar, weil vieles in solchen Fällen einfach als Normalfall unterstellt und nicht noch einmal extra aufgeschrieben wird.

Beispiel

Im Sachverhalt steht: ‚Eckhardt und Carla sind nicht verheiratet und leben seit zehn Jahren zusammen. Sie haben zwei Kinder'. Wenn man im Fall nichts zur Abstammungs- und Sorgerechtsfrage findet, dann ist unklar, ob Eckhardt Vater im Rechtssinne und ob er personensorgeberechtigt ist. Wovon müssen Sie nun ausgehen? – Vom Normalfall: normalerweise liegt eine Vaterschaftsanerkennung des biologischen Vaters vor, der nicht mit der Mutter verheiratet ist. Wie ist es mit der Sorgerechtsfrage? Auch hier liegt meistens eine gemeinsame Sorgeerklärung vor – aber nicht immer. In beiden Fällen äußern Sie dann in der Falllösung kurz Ihre Überlegung und teilen dem Leser mit, wovon Sie warum im Folgenden ausgehen werden. Man nennt das auch ‚*lebensnahe Auslegung*'.

1.2.2 Die materiell-rechtliche Falllösung – die juristische Subsumtion

Alles entscheidend: Wer hat welche Ansprüche?

Bei der ‚Lösung' des Falles nach rechtlichen Regeln geht es also darum, genau zu bestimmen, wer jetzt nach rechtlichen Regeln was zu tun hat, oder anders formuliert, nämlich mit dem Blick auf die beteiligten Streitparteien: **Wer genau von wem genau was verlangen kann**. Das hängt davon ab, ob der, der etwas verlangt und/oder verlangen will, einen **Anspruch** auf das Verhalten des anderen hat. Der **Anspruch** wird dementsprechend in § 194 Abs. 1 BGB definiert als ‚das Recht, von einem anderen ein Tun oder Unterlassen zu verlangen'.

Ob in der jeweiligen Interessenkollision ein solches Recht ‚existiert', ist keine Sache des gesunden Volks- oder sonstigen Empfindens, sondern nach den Grundsätzen des freiheitlichen Gewaltmonopols des liberalen Rechtsstaats eine Sache der dafür zuständigen Gesetzgebungsorgane – deswegen Sache der *Gesetzesauslegung*. Merke also: Wenn es hart auf hart kommt, entscheiden weder die Betroffenen noch die Öffentlichkeit noch gute Menschen hier und dort, sondern allein die dazu berufenen staatlichen Instanzen in den ihnen vorgeschriebenen Verfahren *nach Maßgabe der einschlägigen Gesetze*, was jetzt ‚gilt'. Die Frage, wer Recht hat, lässt sich deswegen nur im Wege einer ganz eigenartigen Verstandestätigkeit beantworten, die so kompliziert und aufwendig ist, dass sie einen ganzen Berufsstand, den der JuristInnen, verlangt.

Wie ist demnach zu denken, oder: wie löst man einen Fall?

Die ‚4-W-Frage': Wer will von wem was woraus?

Wenn es das Ziel ist, nach Maßgabe der Gesetze genaue Verhaltenspflicht zu ermitteln, geht es zunächst einmal darum, die geäußerten und/oder vorhandenen Interessen zu bestimmen:

‚Wer will von wem was genau?
Diese Frage mag wieder ganz einfach zu beantworten sein, weil die Interessen wegen der vorhandenen sozialen, vor allem wirtschaftlichen Interessen auf der Hand liegen. Sie kann aber bei komplexeren Fällen mit mehreren Beteiligten und vielschichtigeren Interessen auch einigen Aufwand bedeuten.

Diese Fragestellung hat die juristische Denkungsart noch mit der lebenspraktischen oder auch politischen Fragestellung danach, was man eigentlich genau auf welchem Wege durchsetzen will, gemein. Während jedoch die alltägliche Fragestellung deswegen weitermachen muss mit einem ‚Warum?', mit der Ermittlung der Gründe für dieses oder jenes Verhalten, mit dem es umzugehen gilt, verfahren die JuristInnen jetzt völlig anders: Sie fahren fort mit einem

‚Woraus'?
nämlich: Aus welchem Gesetz?, weil es darum geht, festzustellen, wer genau was von wem verlangen *darf*. Um diese Frage in den Griff zu bekommen, müssen JuristInnen alle Gesetze auswerten, die nach ihrer Regelungsmaterie in dem jeweiligen Fall eine Rolle spielen könnten. Das verlangt ein Überblickswissen über die vorhandenen Gesetze und ein allgemeines Verständnis davon, welche gesellschaftlichen Interessenlagen dort in welchem Sinne geregelt sind – hier dargestellt unter [1.1.2].

Jetzt aber wird es kniffliger und auch ungewohnt: Ist man mit Überblick, Verständnis und einer Auswertung der Register der genutzten Gesetzessammlung auf die einschlägigen Gesetze gekommen, stellt sich die Frage, *mit welcher Regel genau in die weitere Erörterung einzusteigen* ist. JuristInnen nennen das die *Suche nach Anspruchsgrundlagen.* Ob nämlich jemand von einem anderen etwas verlangen darf, ist Sache der Gesetze – aber nicht Sache von Gesetzen schlechthin, sondern, genauer betrachtet, Sache derjenigen Gesetze, aus denen es heraus überhaupt möglich erscheint, einen dem jeweiligen Interesse entsprechenden Anspruch herzuleiten. Das ist aber zunächst Frage nach der passenden *Rechtsfolge* des jeweiligen Gesetzes.

Hierfür gibt es zwei allgemeine Regeln: Erstens sollte man **vom Besonderen zum Allgemeinen** vorgehen, da das ‚speziellere Gesetz das allgemeinere verdrängt'[6].Die Rechtsanwendung nimmt ihren Ausgangspunkt bei der auf den konkreten Einzelfall am nächsten kommenden Regelung. Dies ist regelmäßig eine *Anspruchsgrundlage* der Beteiligten, die nach dem Sachverhalt irgendein Interesse äußern oder vermuten lassen. *Der umgekehrte Weg ist in der Falllösung immer verkehrt!* Und er ist unpraktisch, weil er dem Rechtsanwender unnötige Ausführungen zu Themen zumutet, die nicht fallrelevant sind. Und zweitens sollte man **erst materielles Recht, dann formelles Recht anwenden.** Materielles Recht regelt die Frage des ‚Ob‘, formelles Recht regelt die Frage des ‚Wie‘ einer Regelung. *Das formelle Recht ist also Diener des materiellen Rechts.* Daher kann die Frage nach möglichen formellen Anforderungen erst beantwortet werden, wenn man die einschlägigen materiellen Regelungen gefunden hat.

Zur Erinnerung: Im Rechtsstaat haben die Verhaltensanweisungen wegen des Gebots der formellen Gleichheit aller Menschen [2.6.3] abstrakt-allgemeine, nämlich Gesetzesform [2.5.4]. Die Verhaltensanweisungen haben die Form von Konditionalsätzen mit einem abstrakten Inhalt:

Wenn folgende Voraussetzungen: a, b, c usw. vorliegen, dann gibt es einen Anspruch auf x, y, oder c. Den bedingenden Satz nennt man juristisch die **Tatbestandsvoraussetzungen**, den Hauptsatz die **Rechtsfolge**.

An einem Beispiel, nämlich dem § 823 Abs. 1 Satz 1 BGB, gezeigt:

Rechtsfolge: ‚hat dem anderen den Schaden zu ersetzen‘.
Voraussetzungen: ‚wenn er Leben, Gesundheit etc. des anderen verletzt hat, und zwar widerrechtlich und schuldhaft, und sich daraus ein Schaden ergeben hat.‘

Die Aufgabe besteht also darin, in einschlägigen Gesetzen genau die, aber auch nur diejenigen Regeln zu bestimmen, deren Rechtsfolge überhaupt auf das passt, was einer der Beteiligten will oder zumindest wollen könnte oder sollte. Wenn diese Aufgabe bewerkstelligt ist, so lautet das Ergebnis:

‚A könnte einen Anspruch auf ... (Interesse) gegen B haben aus den §§ ...‘
Nur wenn ein solches Ergebnis gewonnen ist, das nämlich in irgendeinem der unzähligen Paragrafen als Rechtsfolge angeordnet ist, was dem Interesse von A gegen B entspricht, lohnen sich erst alle weiteren rechtlichen Überlegungen. Lässt sich eine solche Rechtsfolge überhaupt nicht finden, steht schon allein deswegen fest, dass A gegen B keinen Anspruch haben kann.

---

6   ‚lex specialis derogat legi generali‘

Ein Beispiel, das tatsächlich vom Bundesgerichtshof[7] zu entscheiden war:

Ein Siebenjähriger schafft es, an allen Kontrollen vorbei im Flughafen Köln/ Bonn die Maschine der Lufthansa nach New York zu besteigen, und wird vom Personal an Bord erst weit über dem Atlantik entdeckt. Die Lufthansa befördert ihn postwendend nach Köln zurück und will jetzt von dem Kleinen und/ oder dessen Eltern Aufwendungsersatz.

Jetzt hat es überhaupt keinen Sinn, allgemein über Vorwürfe an den Kleinen, dessen Eltern oder die Lufthansa zu räsonieren, sondern die Fragen lauten:

Wer?: die Lufthansa
Will was?: Aufwendungsersatz, allgemeiner: Geld
Von wem?: a) dem Jungen oder b) den Eltern
Woraus?

Antwort: Es geht um Vermögensinteressen zwischen BürgerInnen, also schauen wir im BGB. Dort ist das Schuldrecht (2. Buch) einschlägig, in dem es um die Begründung und Begleichung von Schulden geht. Da ein Vertrag nicht geschlossen wurde, sind einschlägig nur die gesetzlichen Schuldverhältnisse, 8. Abschnitt Titel 26 (Ungerechtfertigte Bereicherung) und Titel 27 (Unerlaubte Handlung). Von Aufwendungsersatz ist auf der Rechtsfolgenseite aller dort stehenden Regeln keine Rede, außerdem stellt sich die Frage: Hatte die Lufthansa überhaupt Aufwendungen? Geflogen ist sie so oder so, und Benzinmehrkosten wegen 38 kg Mehrgewicht des Kleinen werden auch keine Rolle gespielt haben. Der BGH hat damals entschieden, dass es keinen Aufwendungsersatzanspruch gibt, aber so weitergemacht: Vielleicht kann die Lufthansa dennoch Geld verlangen, weil der Junge eine kostenlose Reise nach New York erlangt hat, und hat dann die §§ 812 ff. BGB (Ungerechtfertigte Bereicherung) geprüft.

Ein weiteres Beispiel:

Frau S. verlangt von ihrem Ehemann Herrn S., beide ehelich zusammenlebend, Geld zur Bestreitung ihres Lebensunterhalts.

Wer?: Frau S.
Von wem?: Herrn S.
Was?: Geld
Woraus?

Antwort: Es geht um Bürger-Bürger-Beziehungen, also BGB. Dort 4. Buch, Familienrecht, Titel 5 des 1. Abschnitts (Wirkungen der Ehe im Allgemeinen). Dort ist ein Unterhaltsanspruch des einen gegen den anderen Ehegatten nicht

---

7   BGH v. 07.01.1971 – VII ZR 9/70 – BGHZ 55, S. 128–137 ('Flugreisefall').

vorgesehen! (§ 1360 Satz 1 BGB besagt das nämlich nicht: Dort hat der eine gegen den anderen Ehepartner nur den Anspruch auf Unterhalt der *Familie*. Man könnte deswegen allenfalls überlegen, ob *diese* Rechtsfolge auch einschließt, dass unter weiteren Voraussetzungen – Hausfrauen/Hausmannehe? – die Ehefrau für bestimmte persönliche Bedürfnisse Geld vom alleinverdienenden Ehemann (bzw. der Ehemann von der alleinverdienenden Ehefrau) verlangen darf; ein *Taschengeld*, wurde von der Rechtsprechung bejaht).

Die ‚eigentliche' Subsumtion

Wenn man so ermittelt hat, dass es einen Anspruch aufgrund der dort angeordneten Rechtsfolge in einem bestimmten Paragrafen *geben könnte*, so geht die weitere Gedankenführung mit der folgenden Überlegung weiter:

> *Vorausgesetzt ist...*

Jetzt geht es darum, **jede einzelne Voraussetzung** der jeweiligen Anspruchsgrundlage daraufhin zu prüfen, ob sie in dem vorliegenden Fall **erfüllt ist**. Dieser Denkschritt zerfällt seinerseits in zwei Teile:

Erstens ist festzustellen, was die genannte Voraussetzung überhaupt aussagt, und zwar allgemein und begrifflich. Diese **Auslegung**, die **genauere Definition (= Bestimmung)** des genannten Begriffs kann seinerseits in einem anderen Paragrafen, durch eine andere Regel definiert sein,

> *Beispiele: Was ‚fahrlässig', z. B. in § 823 Abs. 1 Satz 1 BGB, besagt, ist gesetzlich in § 276 Abs. 2 BGB definiert – eine sogenannte Legaldefinition*

ansonsten ist die Auslegung nach Wortlaut, nach systematischem Zusammenhang und nach Sinn und Zweck der Norm vorzunehmen. Wenn ihnen dazu nichts einfällt, schauen JuristInnen in Lehrbüchern und Kommentaren und Gerichtsurteilen nach.

Zweitens wird ‚gefragt, ob die genannte Voraussetzung nach Maßgabe ihres ausgelegten Verständnisses in dem vorliegenden Falle erfüllt ist – das ist der einordnende (im Unterschied zu einem theoretischen) Schluss, den JuristInnen **Subsumtion** nennen.

Festhalten des Ergebnisses

Wenn man auf diese Weise alle Tatbestandsvoraussetzungen der Norm durchgegangen und bei allen zu dem Ergebnis gekommen ist, dass sie jeweils erfüllt sind, folgt als Schlussaussage:

> *Also hat A einen Anspruch gegen B auf...*

1.2.3 Ein ausführlicher Beispielfall mit Erläuterungen

Sachverhalt

Gaby und Thomas sind seit einigen Jahren zusammen, seit jüngstem auch verheiratet. Gaby ist Sekretärin. Thomas hat einen guten Posten bei der Bahn. Gaby wünscht sich nichts mehr als ein Kind. Thomas steht der Sache eher skeptisch gegenüber. Auf natürlichem Wege hatte es in der Vergangenheit ohnehin nicht geklappt. Weil Gaby aber unbedingt ein Kind haben möchte, ist Thomas schließlich widerstrebend damit einverstanden, ein Kind zu adoptieren. Beide adoptieren nach einem langen und nervenaufreibenden Adoptionsverfahren die neugeborene Janina. Janina entwickelt sich nicht so, wie beide sich dieses gewünscht hätten. Sie zeigt erhebliche Entwicklungsverzögerungen, muss häufig zum Arzt sowie zu weiteren heilpädagogischen Therapieeinrichtungen und bedarf intensivster Betreuung. Weil Thomas den ganzen Tag arbeitet, übernimmt Gaby die Betreuung. Ihren Job hat sie deshalb aufgegeben. Die Belastungen führen zu ständigen Streitereien des Paares und schließlich zur Trennung. Im Rahmen des anschließenden Scheidungsverfahrens verlangt Gaby von Thomas Unterhalt, und zwar nicht nur für Janina sondern auch für sich. Thomas weist die Forderung empört zurück. Er habe das Kind überhaupt nicht haben wollen. Außerdem sei Janina in Kürze drei Jahre alt und könne in den Kindergarten gehen. Dann könne Gaby wieder arbeiten und für sich selbst sorgen. Gaby wendet demgegenüber ein, dass ein Kindergarten mit Integrationsgruppe in ihrem Einzugsbereich nicht zur Verfügung steht.

Hat Gaby einen Unterhaltsanspruch gegenüber Thomas?

Lösung mit Erläuterungen zur Methode

Im Folgenden wird die Falllösung wiedergegeben mit Erläuterungen zur juristischen Methodik, die den jeweiligen Prüfungsschritt im Anspruchsaufbau nachvollziehen. Diese methodischen Überlegungen werden im Rahmen der Falllösung nicht dargestellt.

Fertige Falllösung	Anmerkungen/Notizen
	Wer: Gaby *von wen: Thomas* *Was: Unterhalt* *Woraus: Es geht um Interessen zwischen Bürgern, wir begeben uns also ins BGB, Familienrecht, 1. Abschnitt, Scheidung, Unterhaltsansprüche: Einschlägig ist § 1570 BGB.*

Gaby könnte einen Anspruch auf Unterhalt gegenüber Thomas nach § 1570 BGB haben.	
Danach hat ein geschiedener Ehegatte gegenüber dem anderen Ehegatten einen Anspruch auf Unterhalt von mindestens drei Jahren; ggf. verlängert sich der Anspruch, wenn dies der Billigkeit entspricht.	*Jetzt nennen wir dessen Voraussetzungen*
Erste Voraussetzung ist, dass es sich bei Gaby und Thomas um geschiedene Ehegatten handelt	*Jetzt widmen wir uns den Voraussetzungen im Einzelnen, und zwar so, dass sich in Bezug zu dem Fall gesetzt wird. Wir beginnen mit der 1. Voraussetzung.*
Gaby und Thomas werden nach Rechtskraft des Scheidungsurteils geschiedene Ehegatten sein.	*Jetzt wird insoweit subsumiert:*
Voraussetzung ist weiter, dass Janina gemeinschaftliches Kind von Gaby und Thomas ist.	*Die 2. Voraussetzung wird unter Herstellung des Bezuges zum Fall wiederholt.*
Dies könnte fraglich sein, da Janina nicht das leibliche Kind von Gaby und Thomas, sondern (lediglich) deren Adoptivkind ist. Nach § 1754 BGB sind Adoptivkinder jedoch gemeinschaftlichen Kindern der Ehegatten gleichgestellt.	*Der Begriff ‚gemeinschaftlich' ist aus sich heraus unklar und wird von 1570 BGB selbst nicht erklärt, er muss deswegen ausgelegt werden. Der Begriff ‚gemeinschaftliches Kind' wird an anderer Stelle des Gesetzes erläutert:*
Damit ist auch Janina ein gemeinschaftliches Kind i. S. d. § 1570 BGB.	*Die 2. Voraussetzung wird nun nach Begriffsklärung subsumiert*
Weiter müsste Gaby Janina pflegen und erziehen. Das ist zu bejahen.	*Die 3. Voraussetzung wird genannt, und da sie offensichtlich erfüllt ist, ohne weiteres subsumiert.*
Damit ist ein Anspruch bis zur Vollendung des dritten Lebensjahres von Janina nach § 1570 Abs. 1. Satz 1 BGB zu bejahen.	*Nun wird ein Zwischenergebnis festgehalten, indem die Rechtsfolge genannt wird.*
Fraglich ist jedoch, ob sich dieser Anspruch über den dritten Geburtstag von Janina hinaus verlängert. Das Gesetz räumt diese Möglichkeit ein, sofern dies der ‚Billigkeit entspricht.	*Die Voraussetzung einer Verlängerung des Unterhaltsanspruchs wird präzisiert und unter Herstellung des Bezuges zum Fall wiederholt.*

Das Gesetz lässt offen, was mit ‚Billigkeit' gemeint ist; es stellt jedoch klar, dass die ‚Belange des Kindes sowie die Möglichkeiten der Kinderbetreuung zu berücksichtigen' sind.	*Der Begriff der ‚Billigkeit' wird vom Gesetz nicht definiert, nennt aber Kriterien für diese.*
Die hier gebotene Auslegung ergibt, dass eine einzelfallbezogene Abwägung zwischen den Belangen des/ der Unterhaltsverpflichteten und des/der Unterhaltsberechtigten, der/die das Kind betreut und insoweit das Kindeswohl sicherzustellen hat, erfolgen muss. Nach dem SV spricht hier vieles dafür, dass Gaby noch nicht selbst wieder arbeiten kann, da hierdurch wegen des erhöhten Betreuungsaufwands das Kindeswohl von Janina in Mitleidenschaft gezogen würde. Das Interesse von Thomas, über sein Verdienst selbst zu verfügen, muss insoweit zurückstehen.	*Es bedarf deshalb der Auslegung dieses unbestimmten Rechtsbegriffes. In der Praxis hilft man sich mit Kommentaren. In der Klausur reicht der Hinweis auf die Rechtsprechung oder die ‚herrschende Meinung' (h. M.). Kennt man diese nicht, muss man argumentieren.*
Daher entspricht es vorliegend der Billigkeit, bis auf weiteres eine Verlängerung des Unterhaltsanspruchs über das dritte Lebensjahr hinaus anzunehmen.	*Die Voraussetzung der Verlängerung wird nun nach Auslegung subsumiert.*
Damit sind alle Tatbestandvoraussetzungen auch des § 1570 Abs. 1 Satz 2 BGB erfüllt. Gaby hat einen Anspruch auf verlängerten Unterhalt gegenüber Thomas.	*Nach Bejahung aller Tatbestandsmerkmale folgt auch hier der Schluss auf die Rechtsfolge, sodass das Endergebnis.*
Über die Höhe und Dauer des Unterhaltsanspruches können keine Aussagen getroffen werden, weil der Sachverhalt dazu keine Angaben enthält.	*Wenn dem Sachverhalt weitere Angaben fehlen und auch eine lebensnahe Auslegung keine Klärung bringt, müssen weitere Fragen offenbleiben.*

1.2.4 Juristische Prüfungsarbeiten

Klausuren

Zumeist werden Klausuren als Prüfungsarbeiten gestellt. In der juristischen Ausbildung an den Universitäten sind Durchfallquoten von 50 % keine Seltenheit. Angesichts solch furchteinflößender Verhältnisse verwundert es nicht, dass unter Uni-Studierenden ganz offen über die Klausurtaktik gesprochen wird: wie kann ich möglichst sicherstellen, dass ich nicht zu den 50 % Durchfallenden gehöre, sondern zu den 50 % Bestehenden und dass ich dort vielleicht ein ‚befriedigend' oder gar ein ‚voll-befriedigend' erreichen kann (‚gut' oder ‚sehr gut' sind meist zu weit entfernt, als dass man auf eine so seltene Note ‚setzt')?

Glücklicherweise sind die Anforderungen in den Studiengängen der Sozialen Arbeit meist nicht so hoch, die Durchfallquoten deutlich geringer, das hängt sehr von der jeweiligen FH bzw. HAW ab. Gleichwohl gilt es auch hier, die rechtswissenschaftlichen Klausuren zu bestehen, weshalb ein bisschen Klausurtaktik auch hier nicht schaden kann.

Als erstes: Was für ein Typ Klausur wird geschrieben? Wenn es sich um den (eher seltenen) Fall einer Multiple-Choice-Klausur handelt gibt es gegenüber anderen Fächern keine Besonderheiten. Viel häufiger dürften Fall-Klausuren geschrieben werden, in denen Sie, wie oben beschrieben, einen Lebenssachverhalt einer rechtlichen Lösung zuführen sollen. Hierzu folgende Hinweise:

- Teilen Sie die zur Verfügung stehende Zeit vorab auf. Meistens dürften die Klausuren zwischen zwei und vier Stunden dauern. Von der zur Verfügung stehenden Zeit sollten Sie – so eine Faustregel – maximal die Hälfte für die Lösungsskizze und etwaige Vorschrift einplanen; den Rest benötigen Sie für die Reinschrift.
- gehen Sie mit einer aktuellen Gesetzessammlung in die Klausur, nicht mit geliehenen oder bei ebay gekauften Altauflagen. Alle Abweichungen von der aktuellen Rechtslage gehen im Zweifel zu Ihren Lasten. Klären Sie mit Ihrem Dozenten bzw. der Dozentin vorab, welche Notizen, Verweise usw. in Ihrer Gesetzessammlung zulässig sind.
- Formulieren Sie Überschriften mit Gliederungsziffern und schreiben nicht einfach die Seiten voll. Die JuristInnen, von denen Sie geprüft werden, kennen dies so aus ihrer eigenen Ausbildung und Praxis; sie vermissen deshalb Struktur, wenn sie nur einen fortlaufenden Text vorfinden. Übernehmen Sie die Gliederungspunkte aus Ihrer Lösungsskizze als Überschriften in Ihre Reinschrift.
- Formulieren Sie – außer in den Überschriften – in ganzen Sätzen und vermeiden Sie Aufzählungen mit Spiegelstrichen. Auch dies sind JuristInnen gewohnt. Denken Sie immer daran, dass Sie die LeserInnen von Ihrer Lösung überzeugen wollen

Hausarbeiten und Bachelor-Abschlussarbeit

Rein juristische Hausarbeiten, die eine Falllösung zum Gegenstand haben, sind im Studium der Sozialen Arbeit außerordentlich selten. Sehr viel häufiger – insbesondere in den Fortgeschrittenen-Seminaren – sind Haus- oder Abschlussarbeiten, die sich thematisch mit Rechtsproblemen auseinandersetzen und stets auch einen Blick auf die sozialwissenschaftlichen Seiten derartiger Themen verlangen.

Hierzu möchten wir an dieser Stelle nur ein paar Hinweise zur Zitierweise[8] geben, alles weitere ist mit dem/der Dozenten/in abzuklären:

---

8 Vgl. hierzu auch Stüber (2014). Dieses Skript ist kostenlos online zu beziehen: www.niederle-media.de/Zitieren.pdf [Zugriff: 04.06.2016].

- Grundsätzlich wird bei juristischen Arbeiten mit dem Kurzbeleg-Verfahren in Fußnoten gearbeitet. Schauen Sie sich das ganze am einfachsten in einem juristischen Fachaufsatz in Ihrer Seminar-Bibliothek an!
- Der Kurzbeleg wird *sehr* kurz gehalten. Wenn etwa auf ein Argument des Beitrag ‚Fortschritt durch Recht' des Autors Reinhard Wiesner im ‚Zentralblatt für Jugendhilfe' nachgewiesen werden soll, das sich auf S. 248 der Zeitschrift findet, steht in der Fußnote nur: ‚Wiesner, ZfJ 2004, 241–249 (S. 248)'. Im Literaturverzeichnis findet sich dann die vollständige Quelle.
- Kommentare werden mit einem Kurzbeleg und einer Namensangabe des Bearbeiters und mit Randnummern (Rn.) nachgewiesen, also etwa so: Wiesner, SGB VIII (Struck), § 13, Rn. 22.
- Rechtsprechung wird ebenfalls sehr knapp zitiert und im Literaturverzeichnis *nicht wiedergegeben* In der Fußnote findet sich dann etwa für eine Entscheidung des Bundesverfassungsgerichts, abgedruckt im 59. Band der Entscheidungen des Bundesverfassungsgerichts: BVerfGE 59, 360-392. Falls die Entscheidung in einer Zeitschrift gefunden wurde, wird die Abkürzung der Zeitschrift verwendet (s. o.).
- Gesetze werden nicht nachgewiesen, sondern benutzt. Also etwa so: ‚Nach § 27 Abs. 1 SGB VIII hat der Personensorgeberechtigte einen Anspruch auf Hilfe zur Erziehung…'. Es ist dann nicht nachzuweisen, welche Gesetzessammlung man benutzt hat. Wichtig ist nur, dass sie zum Abgabezeitpunkt der Arbeit aktuell ist. Davon gibt es eine Ausnahme: Wer die historische Entwicklung eines Gesetzes thematisiert, u. U. mit verschiedenen – möglicherweise nicht mehr geltenden – Fassungen eines Gesetzes argumentiert, der/die muss den Verkündungszeitraum im Bundesgesetzblatt ausfindig machen und in der Fußnote angeben; ins Literaturverzeichnis werden auch Gesetze nicht aufgenommen.
- Alle Abkürzungen – auch die von Zeitschriften, Sammlungen usw. – sind in einem Abkürzungsverzeichnis darzustellen, das dem Literaturverzeichnis nachfolgt.
- Alternativ ist es auch möglich, die normale Harvard-Zitierweise zu verwenden, wie sie bei sozialwissenschaftlichen Arbeiten üblich ist. Beispiel: ‚Das Konzept der Lebensweltorientierung (Thiersch 1989) geht von der Alltagsbewältigung der Einzelnen aus…' Im Literaturverzeichnis wird dann die Quelle ausführlich zitiert. Wichtig ist, dass Sie sich für die eine oder andere Art entscheiden und diese konsequent für Ihre gesamte Arbeit durchhalten.
- Sprechen Sie bitte Einzelheiten mit Ihrem/Ihrer Dozenten/in ab!

1.3 Rechtsdurchsetzung

Während man sich für die Klausuren im Fach Recht in den Studiengängen der sozialen Arbeit in aller Regel auf die materiell-rechtliche Frage zu konzentrieren hat, **ob überhaupt und in welchem Umfang Ansprüche bestehen**, reicht dies in der Rechtswirklichkeit, also in der Arbeit mit KlientInnen bzw. für eine Behörde eigentlich nie aus: Hier bedarf es zumindest eines Überblicks über die Rechtsdurchsetzung. Diesen Überblick wollen wir im Folgenden wieder durch die Erläuterung von Stichwörtern aus diesem Bereich geben.

Recht haben und Recht kriegen

sind ‚zwei Paar Stiefel'. Es mag sein, dass man nach fehlerfreier Subsumtion einen Rechtsanspruch auf ein bestimmtes Interesse bejahen kann. Beugt sich die andere Seite nicht der Drohung, den Anspruch mittels der Einschaltung staatlicher Stellen durchzusetzen, *muss man ihn wirklich durchsetzen*. Dies bedeutet, sich durch die Welt des Rechts hindurch zu kämpfen, also: eine Rechtsanwältin einzuschalten, über mehrere Instanzen vor Gericht zu streiten, Beweismittel zu benennen und gegebenenfalls herbeizuschaffen, RichterInnen davon zu überzeugen, dass die eigenen Angaben stimmen, während die Gegenseite lügt, die Zwangsvollstreckung zu betreiben und nicht zuletzt das durch die Ingangsetzung dieses ganzen Justizapparates entstehende erhebliche Kostenrisiko zu tragen.

Das Beweisrecht

ist in den Studiengängen der Sozialen Arbeit kaum ein Lerngegenstand: in den juristischen Klausuren müssen alle Fakten so genommen werden, wie sie im Fall stehen. In der Rechtswirklichkeit dagegen ist das Beweisrecht von großer Bedeutung. Dabei geht es darum (und nur darum!), das Gericht von den Tatsachen, die einen gesetzlichen Tatbestand ausfüllen oder nicht ausfüllen können, zu überzeugen. Es dreht sich also alles um die Fakten; weder um deren Interpretation, noch um die sich daran anknüpfenden Rechtsfragen: juristische Meinungen sind nicht beweisbar. JuristInnen lernen spätestens im praktischen Teil ihrer Ausbildung das Merkwort *SAPUZ* kennen, das für Sachverständigengutachten, Augenschein, Parteivernehmung, Urkunden, Zeugen im Zivil- und Verwaltungsprozess steht und im Strafprozess *SABUZ* heißt, weil dort statt der Parteien Beschuldigte vernommen werden. Am bequemsten ist für die JuristInnen der Urkundsbeweis, also die Vorlage schriftlicher Urkunden, an zweiter Stelle folgt wohl der Zeugenbeweis. Sachverständigenbeweise erweitern die richterliche Urteilskraft durch die Expertise von Sachverständigen und können sehr teuer werden. Richterliche Inaugenscheinnahme kann bei Gegenständen wenig Aufwand verursachen, bei äußeren Verhältnissen aber durchaus großen Aufwand bedeuten: denken Sie an Baumängel, bei denen ggf. das Gericht, die beiden prozessbevollmächtigten RechtsanwältInne und die Parteien, bzw. Beteiligten anwesend sein müssen. Die Partei- bzw. Beschuldigtenvernehmung gilt als eher unsicheres Beweismittel, weil die Versuchung, die Unwahrheit zu sagen, für die unmittelbar Begünstigten oder Belasteten eines Prozesses recht hoch ist.

Rechtslage und Rechtswirklichkeit

unterscheiden sich notwendigerweise. Jeder richtet sich an den bestehenden Normen aus, soweit er/sie das wegen drohender Rechtsdurchsetzung anderer *muss* und geht damit zugleich berechnend um, soweit er/sie dies wegen ihm/ihr zu Gebote stehender Rechtspositionen gegenüber anderen *kann*. Nimmt man beides zusammen, und berücksichtigt ferner die ökonomische Macht, die jemand in die Waagschale werfen kann, ergibt sich so etwas wie ein *Rechtszustand*. Dieser ist im wahrsten Sinne des Wortes komplex. Die Politik, die die Gesetze macht, weiß darum, dass es eine Sache ist, eine Norm zu erlassen und eine andere, ob und inwiefern sich die Leute auch daran halten: ganz selbstverständlich geht sie von ,Dunkelziffern' bei Betrügereien mit Verbrauchern, häuslicher Gewalt oder Schwarzarbeit aus; von ,Mitnahmeeffekten' bei Sozialleistungen und Steuerentlastungen, aber auch von rechtswidriger Behördenwillkür, die zu ihrer Korrektur immer weiterer Mechanismen (Verbraucherzentralen, Ombudsstellen…) bedarf. Und: eine starke Rechtsposition muss gar nicht zusammenfallen mit einer starken Position in der bürgerlichen Hierarchie: Mietern z. B. wird vom BGH Jahr für Jahr der Rücken gegenüber ihren Vermietern hinsichtlich Schönheitsreparaturen gestärkt, und doch bleiben die Mieter in ihren schäbigen Wohnungen sitzen.

Alles in allem ist also das widersprüchliche Ding ,Rechtszustand' etwas ganz anderes, als ein Verhältnis zwischen egoistischem Privatinteresse und Allgemeinwohl, an das sich die Menschen immerzu nur auf Zwang halten mögen, wie es der Volksmund oder die JournalistInnen gerne darstellen. Der Rechtszustand zeigt an, inwiefern und inwieweit sich die Staatsgewalt mit ihrem Recht für die ökonomischen Verhältnisse funktional erweist – und das schließt offenbar ganze Abteilungen rechtswidriger Verhältnisse ein.

Klage

ist das formalisierte Mittel, um Rechtsschutz bei einem Gericht (dem Zivil-, Arbeits-, Verwaltungs-, Sozial- oder Finanzgericht) zu erreichen. Gehen wir zunächst vom Zivilprozess (vgl. §§ 253 ff. ZPO) aus: Die Klage ist hier als *Leistungsklage* darauf gerichtet, den Prozessgegner durch eine Entscheidung des Gerichts (also Urteil oder Beschluss) zu einem Tun oder Unterlassen zu zwingen. Durch Gestaltungsklage wird ein Rechtsverhältnis durch das Gericht unmittelbar begründet oder aufgelöst (Beispiel: Scheidungsurteil des Familiengerichts). Die Feststellungsklage stellt das Bestehen oder Nichtbestehen eines Rechtsverhältnisses (Beispiel: Rechtsmäßigkeit eines bestimmten Verhaltens) verbindlich fest und ist nur nachrangig zulässig. Die im Verwaltungs- und Sozialrecht normierten Anfechtungs- und Verpflichtungsklagen (§ 42 VwGO, bzw. 54 SGG) richten sich auf die Abwehr belastender, bzw. die Herbeiführung begünstigender Verwaltungsakte und beinhalten Elemente der Leistungs- und der Gestaltungsklage.

Rechtsmittel

sind die formalisierten Mittel, um gegen eine gerichtliche oder behördliche Entscheidung vorzugehen, indem ein anderes als das zunächst zuständige Entscheidungsorgan mit der Sache befasst wird. Es gibt die *Berufung*, die sowohl Tatsachen- als auch Rechtsfragen überprüft und die *Revision*, bei der nur Rechtsfragen überprüft werden. Kein echtes Rechtsmittel, sondern ein *Rechtsbehelf* ist der *Widerspruch* gegen Verwaltungsakte im Verwaltungsverfahren: über ihn entscheidet im Regelfall das gleiche Entscheidungsorgan wie dasjenige, das den ursprünglichen Verwaltungsakt erlassen hatte. Erst nach Durchführung dieses Vorverfahrens kommt mit der Klage zum Verwaltungs- bzw. Sozialgericht ein echtes Rechtsmittel zum Einsatz.

Zulässigkeit und Begründetheit.

sind die beiden Schritte, in denen Klagen und Rechtsmittel geprüft werden. In der Zulässigkeit geht es z. B. um die Fragen, ob das richtige (= ‚statthafte') Verfahren gewählt wurde, ob formale Voraussetzungen erfüllt sind und ob der Kläger bzw. die Klägerin die Verletzung eines *eigenen Rechts* geltend macht. Der letzte Punkt ist vor allem im Verwaltungs- und Sozialrecht wichtig: Man darf nämlich auch hier nicht jedes Unrecht angreifen, sondern nur solches, von dem man auch (grundsätzlich unmittelbar) betroffen ist (‚subjektiv-öffentliches Recht'). In der Begründetheit geht es dann um die eigentlichen materiell-rechtlichen Fragen eines Falls.

Rechtskraft

erlangt ein Urteil, wenn in der vorgesehenen Frist kein Rechtsmittel eingelegt, oder das Rechtsmittel von der nächsten Instanz zurückgewiesen wurde. Besteht diese *formelle Rechtskraft,* ist das Urteil als *Vollstreckungstitel* Grundlage der Zwangsvollstreckung. Nur ganz ausnahmsweise kann die Rechtskraft durchbrochen werden, nämlich nach einer Wiederaufnahme des Verfahrens z. B. bei Befangenheit der Richterin, Falschaussagen oder gefälschten Urkunden; im Strafprozess kann auch ein zugunsten des Angeklagten neu zu Tage getretenes Beweismittel zu einer Wiederaufnahme führen. Von *materieller Rechtskraft* spricht man hinsichtlich der Wirkung eines Urteils auf einen etwaigen Folgeprozess: Im Zivilprozess ist dieser über den gleichen Streitgegenstand unzulässig. Im Strafprozess tritt Strafklageverbrauch ein, d. h. dass jemand wegen einer Tat auch nur einmal verfolgt werden darf.

Bei Verwaltungsakten spricht man von Bestandskräftigkeit. Auch sie dienen als Vollstreckungstitel, was die herausgehobene Stellung der Exekutive im System der Gewaltenteilung unterstreicht: sie schafft nämlich zu ihren Gunsten eigene Vollstreckungstitel. Allerdings kann die Bestandskraft durch Rücknahme und Widerruf des Verwaltungsaktes auch leichter wieder durchbrochen werden.

Prozesskosten

entstehen durch die Honorare für Rechtsanwälte, sowie die Gerichts-, Notar- und Zwangsvollstreckungsgebühren. Dabei gilt, dass zunächst jede Seite ihre eigenen Kosten trägt; wer einen Prozess gewinnt, erwirbt jedoch einen Kostenerstattungsanspruch gegenüber der Gegenseite, die den Prozess verloren hat. Viele Prozesse werden nur teilweise gewonnen/verloren; dann bestimmt sich die Höhe des Kostenerstattungsanspruchs nach der Quote, mit der man gewonnen/verloren hat. Die Höhe der Rechtsanwaltsgebühren ist in Deutschland gesetzlich festgelegt und zwar im Rechtsanwaltsvergütungsgesetz (RVG). Sie bestimmen sich wie die Gerichtsgebühren grundsätzlich nach dem Streitwert der Angelegenheit. Immer häufiger ist man allerdings auf Spezialkenntnisse von Rechtsanwälten angewiesen, da sich die Rechtsordnung immer weiter ausdifferenziert und eine Rechtsberatung und -vertretung auf Standardniveau risikoreicher und teurer erscheint, als die Beauftragung einer Spezialistin, die zwar höhere Honorare verlangt, als sie gesetzlich vorgesehen sind, aber in vielen Fällen die Wahrscheinlichkeit, einen Prozess zu gewinnen, deutlich erhöht.

Prozessrisiko

ist die Zusammenfassung aller Risiken, die mit einem Prozess verbunden sind. Dies sind erst einmal die o.g. Prozesskosten; ferner aber auch der Umstand, die eigene Hauptforderung gegen den unterlegenen Gegner nicht erfolgreich durchsetzen zu können, weil er *insolvent, also zahlungsunfähig* geworden ist. Dann spricht man auch von *Insolvenzrisiko,* dem natürlich auch der Erstattungsanspruch der eigenen Prozesskosten zum Opfer fallen kann.

Prozesskostenhilfe kann die Benachteiligung mitteloser Menschen bei der Verfolgung ihrer Rechte nur teilweise ausgleichen: Hier gibt es nur das Standardniveau an Beratungsqualität, welches infolge der in diesem Bereich eher niedrigen Streitwerte ebenfalls eher niedrig liegt. Es geht hier auch nicht darum, armen Leuten eine Rechtsberatung zu bezahlen, die jener entspricht, die sich reiche Leute leisten können. Es geht vielmehr darum, dass der Staat, der seine BürgerInnen nur als Rechtspersönlichkeiten kennen will, diesen Bezug auch und gerade im Streitfall sicherstellt. Dies schließt es aber ein, dass jede/r BürgerIn die Möglichkeit haben muss, sich rechtsförmlich auf den Justizapparat zu beziehen, und zwar auch dann, wenn ihm bzw. ihr die materiellen Mittel dazu fehlen, z. B. wenn gegen eine überschuldete Privatperson vollstreckt wird.

Am deutlichsten wird dies im Strafrecht, wo es die Strafprozessordnung in den §§ 140ff. StPO dem/der Einzelnen auch nicht überlässt, vielleicht ohne Verteidiger bei Gericht zu erscheinen. Er bzw. sie bekommt stattdessen eine/n *PflichtverteidigerIn* zugeordnet. Die Gebühren werden dann folgerichtig von der Staatskasse getragen (allerdings werden sie vom verurteilten Straftäter bzw. der Straftäterin in der Folge zurückgefordert).

Warum aber gibt es überhaupt einen

Instanzenzug

mit mindestens zwei, meistens drei Instanzen und einem obersten Bundesgericht als letzter Instanz, bzw. im Falle des Bundesverfassungsgerichtes sogar noch eines darüber stehenden, auf Verfassungsverletzungen spezialisierten obersten Bundesgerichts? Die Frage lässt sich mit einem Blick auf den *allgemeinen Gleichheitssatz des Art. 3 GG* beantworten. Danach verspricht der Staat, alle Menschen *vor dem Gesetz gleich zu behandeln.*

Er erkennt also alle Menschen als gleiche Rechtspersonen an, einschließlich der durch die Nutzung ihres Eigentums hervorgerufenen Interessen und damit verbundenen *Gegensätze.* In gerichtlichen Verfahren geht es demnach *nicht um eine wissenschaftlich zu begründende ‚richtige Lösung';* es geht vielmehr immer um die hoheitliche Entscheidung von Interessengegensätzen, also ein *‚Machtwort'.* Das sind Wertungen, ob Interessen überhaupt gelten und wie weit sie gelten. Damit der Rechtsverkehr diese Wertungen als seine Geschäftsgrundlage akzeptiert, müssen sie allgemein, d. h. flächendeckend in ganz Deutschland gelten. Diese allgemeine Geltung kann nur über ein oberstes Entscheidungsgremium, also die obersten Bundesgerichte hergestellt werden. Das ist ein recht aufwendiges Verfahren; Zehntausende von JuristInnen beschäftigen sich damit. Und in Europa wird es noch ergänzt durch die EU-Gerichtsbarkeit in Luxemburg (EuGH) und Straßburg (EGMR). Dass es gleichwohl *notwendig* ist, zeigt sich daran, wie unterschiedlich die gleichen Angelegenheiten über die Instanzen bewertet werden. Hier gilt der alte Scherz: ‚Zwei Juristen, drei Meinungen'.

Die sich aufdrängende Frage, ob so viel Bürokratie denn wirklich notwendig ist, ist also bei näherem Hinsehen nicht wirklich zielführend: Wer ‚A' sagt zum Eigentum muss auch ‚B' sagen bei dessen Um- und Durchsetzung.

Die

Zwangsvollstreckung

macht Ernst mit dem der Rechtsordnung innewohnenden Anspruch, alle Bedürfnisse, Interessen und Zwecke einer Gesellschaft letztlich als Akt hoheitlicher Zuteilung zu behandeln. Der gesamte gesellschaftliche Stoffwechsel, alle Beziehungen der Bürger untereinander und zwischen Bürgern und Obrigkeit können im Grundsatz per Zwangsvollstreckung gewaltsam durchgesetzt werden, wenn der Schuldner sich weigert und der Vollstreckungsgläubiger einen entsprechenden *Titel* besitzt. Und weil in einem Rechtsstaat jede/r weiß, was ihm bzw. ihr blüht, wenn er/sie sich Zwangsvollstreckungsmaßnahmen widersetzt, gehorchen die Menschen weit überwiegend freiwillig der Aussage eines titulierten Anspruchs. Jedenfalls zeigt sich hier schlagend, dass die Freiheit kapitalistischer Staaten mit dem Zwang zur Akzeptierung der Ergebnisse der ökonomischen Konkurrenz einhergeht.

Die *Einzelzwangsvollstreckung* wird betrieben durch einen Antrag des/ der Gläubigers bzw. der Gläubigerin an den/die Gerichtsvollzieher/in bzw. das Vollstreckungsgericht. Der häufigste Fall ist die Vollstreckung von *Geldforderungen* (§§ 802a ff. ZPO): sie wird vollzogen durch *Pfändung beweglicher Sachen* und deren anschließende öffentliche Versteigerung, durch *Forderungspfändung (Lohnpfändung)*, oder durch die *Zwangsversteigerung von Grundstücken*. Der jeweilige Erlös wird dann an den/die Gläubiger/in ausgekehrt. Daneben existiert aber auch die Vollstreckung zur Erwirkung der *Herausgabe beweglicher Sachen und Grundstücke* und auf Erwirkung bestimmter *Handlungen oder Unterlassungen* (§§ 883 ff. ZPO). Sie wird vollzogen wiederum durch *Pfändung, Räumung, Zwangsgeld* oder -*haft* und ggf. durch *Ordnungsgeld* und -*haft,* die immer wieder verhängt werden können. Schlimmstenfalls findet die Zwangsvollstreckung eine Grenze im *Pfändungsschutz* (§§ 811 ff., 850 ff. ZPO), der unmittelbar im Verhältnis zum Existenzminimum besteht: Obdachlosigkeit und Bedürftigkeit nach SGB II/XII (,Hartz IV') soll vermieden werden, indem die Pfändungsfreigrenzen jeweils knapp über dem Hartz-IV-Satz beginnen, um so sicherzustellen, dass der Vollstreckungsschuldner sich nicht etwa aus der Konkurrenz abmeldet, indem er schlicht auf staatliche Fürsorger vertraut.

Das

Insolvenzverfahren

(früher: Konkursverfahren), geregelt in der InsO, ist im Unterschied zur Einzelzwangsvollstreckung ein Gesamtvollstreckungsverfahren, d. h. alle Gläubiger werden durch Zahlung einer Quote gleichzeitig aus dem schuldnerischen Vermögen befriedigt. Dieses wird dabei durch Zwangsversteigerung oder Zwangsverwaltung liquidiert. Es hat zur Voraussetzung die drohende Zahlungsunfähigkeit oder die Überschuldung von natürlichen oder juristischen Personen. Nach Möglichkeit soll das insolvente Unternehmen (durch einen Insolvenzplan) saniert werden, um so die Folgen für andere Wirtschaftssubjekte, die gar nicht direkt betroffen sind, so klein wie möglich zu halten.

Der besondere Fall der *Verbraucherinsolvenz* (§§ 304 ff. InsO) dient dazu, die akuten Liquiditätsprobleme der ,kleinen Leute' vereinfacht abzuwickeln. Unter Beteiligung von RechtsanwältenInnen und Schuldnerberatungsstellen sollen vorrangig außergerichtliche Einigungen zu einer Schuldenbereinigung beitragen. In einem derartigen Schuldenbereinigungsplan verzichten die Gläubiger auf einen großen Teil ihrer Forderungen (die meist ohnehin nicht mehr einzutreiben wären), während sich der Schuldner dazu verpflichtet, die vereinbarten Ratenzahlungen fristgerecht zu bedienen. Damit strebt er in der Regel eine Restschuldbefreiung an (§ 286 InsO).

2 Rechtsstaatliche Herrschaft

2.1 Moralische und politische Begründungen moderner Herrschaft

Moderne Staaten westlicher Prägung, so auch die Bundesrepublik Deutschland, sind *demokratische Rechtsstaaten.* Sie führen das von ihnen beanspruchte *Gewaltmonopol* auf einen Auftrag zurück, den sie sich von ihren Völkern in regelmäßigen Abständen durch *Wahlen* bestätigen lassen. Dabei unterwerfen sie sich einem komplexen Regelwerk des Staats- und Verfassungsrechts, dessen Urheber niemand anderes als sie, die Staaten selber, sind. Jean-Jacques Rousseau hat bekanntlich den Ursprungsakt, in dem sich die Staatsgewalt konstituiert, als einen *Gesellschaftsvertrag* gefasst, in dem alle Menschen von ihrem eigenen Willen ('volonté de tous') abstrahieren würden und sich darüber einig seien, dass das Allgemeinwohl ('volonté generale') über sie herrschen solle. Dieser Ursprungsakt ist indes eine *Fiktion*, was Rousseau auch eingesteht, wenn er ausführt, dass der Inhalt des Vertrages von der Natur vorgegeben sei und schon eine geringfügige Veränderung denselben null und nichtig machen würde[9]. So viel wird da also zwischen Volk und Führung gar nicht vereinbart. Es mag zwar sein, dass die BürgerInnen in einer Demokratie tatsächlich die Herrschaft über sich wollen; dies tun sie aber nicht aufgrund einer Vereinbarung, sondern weil sie sich auf ein ohnehin bestehendes Gewaltverhältnis einlassen. Auch das deutsche Grundgesetz (GG) als das Verfassungsdokument Deutschlands wurde nicht allgemein beraten, sondern im Jahre 1949 vom *Parlamentarischen Rat* erlassen, einem Gremium, welches in Übereinstimmung mit dem politischen Willen der drei westalliierten Mächte (USA, Großbritannien, Frankreich) die Gründung eines Nachfolgestaates des untergegangenen Deutschen Reichs anstrebte. Hier hatte sich also – wie stets bei Staatsgründungen – ein *politscher Wille praktisch* durchgesetzt. Dieser Wille hatte in den drei West-Zonen in etwa den Inhalt, einen demokratischen Rechtsstaat unter Abgrenzung gegen die besiegte Nazi-Herrschaft zu gründen, der mit der Gewährleistung der Rechtsinstitute von Privateigentum und Person einem kapitalistischen System dienen und zugleich auf dessen Erträge als seiner Machtbasis zurückgreifen können sollte. Außenpolitisch bestand damals durchaus die Intention, die 'Wiedervereinigung' mit der vierten, damals von der Sowjetunion besetzten Zone voranzutreiben. Zu solchen polit-öko-

---

9 Rousseau (1971: 17).

nomischen Zweckbestimmungen – deren Stimmigkeit zu diskutieren wäre – verhalten sich Konstruktionen wie der Rousseau'sche Gesellschaftsvertrag gar nicht; vielmehr begründen sie ganz jenseits davon eine ,eigentliche', ,höhere' Vernunft von Verfassungen bürgerlicher Staaten – und sind damit eher moralische Rechtfertigungen der damit einhergehenden Gewalttaten als eine Erklärung davon.

Wer sich die grundlegenden Bestimmungen des Staats- und Verfassungsrechts einschließlich der Grundrechte erklären möchte, sollte ohnehin trennen zwischen der Bestimmung dessen, was objektiv ,gilt' und was vielleicht subjektiv ,gelten soll', auch wenn es üblich ist, Diskussionen zum Thema Grundrechte mit Ideen darüber zu bestreiten, was man sich darunter alles vorstellen kann. Das wird der Sache nicht gerecht. Denn das Recht beansprucht für sich – auch im Verfassungsrecht – *verbindliche Geltung*: Die BürgerInnen müssen sich an dessen Verboten und Erlaubnissen ausrichten. Und dies ist keineswegs eine Frage von subjektiver Zuschreibung oder individueller Meinung, sondern eine Frage, die der Gesetzgeber, die Verwaltung und zuletzt die Rechtsprechung *entscheiden* oder längst entschieden haben. Staatliche Institutionen haben häufig das erste, in jedem Fall aber das letzte Wort und bestimmen daher, was objektiv in der Gesellschaft ,gilt'. – Auch die moderne Demokratie hat also manches an *Herrschaft* zu bieten.

2.2 Gewaltmonopol und Drei-Elementen-Lehre

Insofern ist es sachgerecht, auch im Hinblick auf den modernen Rechtsstaat mit einem antiquiert erscheinenden, in der Staatslehre aber herrschenden Theorem zu beginnen, der Drei-Elementen-Lehre[10], wonach sich ein Staat konstituiert durch *Staatsgebiet, Staatsvolk und Staatsgewalt*. Und tatsächlich beansprucht er damit die Hoheitsgewalt über die wesentlichen Quellen seiner Macht.

2.2.1 Staatsgebiet

Herrschaft wird über ein Territorium ausgeübt: *Alles* innerhalb dieses Territoriums unterliegt staatlicher Herrschaft. Begrenzt wird das Staatsgebiet durch Grenzen nach außen, an denen der Staat auf seinesgleichen trifft. Diese Grenzen verlaufen zwar häufig an natürlichen Hindernissen (Berggrate, Flüsse, Küstenlinien), sind aber dadurch nicht bestimmt, sondern durch das Verhältnis von diesseitig und jenseitig gelegener Staatsgewalt, das regelmäßig Resultat von Kriegen ist.

---

10 Jellinek (1966).

2.2.2 Staatsvolk

Das Staatsvolk ist die Summe aller Staatsangehörigen, also der Menschen, die sich die Staatsgewalt per Rechtsakt (in Deutschland: das Staatsangehörigengesetz, StAG) zu- und untergeordnet hat. Die Staaten verfolgen hier zwei Prinzipien: das *Abstammungsprinzip* (Staatsangehörigkeit wird bestimmt durch die der Eltern) und das *Territorialprinzip* (Staatsangehörigkeit wird bestimmt durch den Ort der Geburt), mit national unterschiedlichen Betonungen.

2.2.3 Staatsgewalt

Das alles entscheidende Element ist die Staatsgewalt, sie wird staatsrechtlich definiert als die *originäre Fähigkeit, einseitig hoheitlich über alle innerstaatlichen Fragen zu entscheiden.* Dies schließt das *Gewaltmonopol* ein, d. h. dass es den BürgerInnen verboten ist, selber Gewalt zur Durchsetzung ihrer Interessen auszuüben. Die Gewalt innezuhaben, war auch im *Feudalismus* das Kriterium für die Staatlichkeit, aber das Gewaltmonopol war noch nicht so ausschließlich gültig wie im modernen Staat: Der Adel hatte neben dem Staat gewisse Gewalt- und Zueignungsrechte, die Untertanen waren der allgemeinen Staatsgewalt als Leibeigene z. T. entzogen. Erst der Bürgerliche Staat setzt das Gewaltmonopol einer u*npersönlichen Herrschaft* wirklich durch und macht durch das Recht die Durchsetzung jedes Interesses von einer Billigung durch die Staatsgewalt abhängig: die Rechtsordnung als *Quelle von Anspruchsgrundlagen*, das *Gewaltverbot an jeden Bürger*, der *Justizgewährungsanspruch* bis hin zur Gewährung von *Prozesskostenhilfe* für den verarmten Bürger.

2.3 Bedeutung des Grundgesetzes (GG) für die Rechtsordnung im Allgemeinen

2.3.1 Grundrechte

Wer das GG aufschlägt, stößt als erstes auf die in *Art. 1–19 GG niedergelegten Grundrechte.* Sie überschneiden sich weitestgehend mit den Menschenrechten der UN-Menschenrechtscharta und werden ergänzt durch weitere UN-Konventionen; für den Bereich der Sozialen Arbeit wichtig sind vor allem die UN-Kinderrechtskonvention sowie die UN-Behindertenrechtskonvention. Die Normaussage der UN-Vereinbarungen ist allerdings weniger verbindlich. Insbesondere wird hier häufig kein subjektiv-öffentliches (also: Klage-) Recht normiert, sondern lediglich die objektiv-rechtliche Verpflichtung der unterzeichnenden Staaten begründet, für eine Verwirklichung des Norminhalts zu sorgen.

2 Rechtsstaatliche Herrschaft

Dagegen begründen die Grundrechte des Grundgesetzes unmittelbar subjektiv-öffentliche Rechte (vgl. Art. 1 Abs. 3 GG). Sie gewähren den BürgerInnen in Form von *Abwehrrechten* gegen staatliche Übergriffe Rechtspositionen, auf die sie sich kalkulierend beziehen dürfen. Die Grundrechte sind zugleich eine *‚objektive Wertordnung'*, sie fließen in die Interpretation der Normen des einfachen Rechts, insbesondere unbestimmter Rechtsbegriffe ein (vgl. z. B: die *‚guten Sitten'* gem. § 138 BGB, *‚Treu und Glauben'* gem. § 242 BGB und die *‚verfassungsmäßige Ordnung oder das Sittengesetz'* in Art. 2 Abs. 1 GG; das *‚sonstige Recht'* gem. § 823 BGB und das *‚allgemeine Persönlichkeitsrecht'* des Art. 1, 2 Abs. 1 GG). Nahezu jede Grundsatzfrage des einfachen Rechts wirft auch Grundrechtsfragen auf, z. B. die Frage der Beschneidung von Jungen (vgl. hierzu § 1631d BGB): Hier ist abzuwägen zwischen der Glaubensfreiheit (Art. 4 GG) einerseits und dem Recht des Kindes auf körperliche Unversehrtheit (Art. 2 Abs. 2 GG) andererseits. Außer Frage steht dabei stets, dass es zur Definition der gesellschaftlichen Verkehrsformen einer übergeordneten Macht bedarf, die diese Definition anhand *ihrer* Kriterien zu ihrer Sache macht: Die Existenz der *Staatsgewalt*, die Erlaubnisse und Verbote erteilt, wird im Grundgesetz nicht begründet, sondern unterstellt.

2.3.2 Staats- und Staatsorganisationsrecht

Das GG enthält viele Bestimmungen, in denen der Staat im Wesentlichen *sich* organisiert. Herausragende Bedeutung haben die in Art. 20 GG festgehaltenen Verfassungsprinzipien (*Demokratie-, Rechtsstaats-, Sozialstaats- und Bundesstaatsprinzip; Volksherrschaft, Gewaltenteilung, Bindung an Recht und Gesetz, Verhältnismäßigkeitsgrundsatz*), die freilich auch Wirkungen auf das Volk einschließen. Es folgen Bestimmungen zu Parteien, dem Bundesgebiet, den Bundesländern, der Selbstverwaltung der Städte und Gemeinden, Beziehungen zu anderen Staaten, Beamte, Staatsorgane (Bundestag, Bundesrat, Bundeskanzler, Bundesregierung, Bundespräsident ...), wer welche Gesetzgebungskompetenzen hat, welche Bundesinstitutionen es gibt (Bundeswehr, Bundesbank, Bundesverfassungsgericht...), wie die Finanzverfassung aussieht usw. Hier soll insbesondere auf den staatsrechtlichen Begriff des Volkes eingegangen werden, da ihm eine große ideologische Bedeutung zukommt. An mehreren Stellen bezieht sich der Staat innerhalb dieser Normen auf sein *Volk:*

- Art. 20 Abs. 2 GG dekretiert: ‚Alle Staatsgewalt geht vom Volke aus.'
- Art. 21 GG enthält Regeln zu den Parteien, die die politische Willensbildung, aus denen die sogenannte ‚Politische Klasse' besteht, also Politiker, deren Beruf es ist, die an Verfassung, Recht und Gesetz gebundene Staatsgewalt auszuüben.
- Art. 38 GG regelt die Wahlen zum Bundestag. Die Bestellung des Herrschaftspersonals durch das Volk wird in Wahlen vollzogen; die Gewählten

führen nicht Aufträge des Wählers aus, sondern sind VertreterInnen des ganzen Volkes und nur ihrem Gewissen verantwortlich (vgl. auch Art. 20 Abs. 2 Satz 1 GG).

- Auch in den justiziellen Grundrechten (Rechtsweggarantie des Art. 19 Abs. 4 GG, Anspruch auf den gesetzlichen Richter, Art. 101 GG, Anspruch auf rechtliches Gehör, Art. 103 Abs. 1 GG, Grundsatz der Gesetzlichkeit der Strafe, Art. 103 Abs. 2 GG, Doppelbestrafungsverbot, Art. 103 Abs. 3 GG, Begrenzung der Freiheitsentziehung, Art. 104 GG) ist erkennbar, wie die Menschen angesprochen werden: als der Staatsgewalt untergeordnete BürgerInnen, denen der Staat *dann* durch Gewährungsakt Rechte einräumt.

Wichtig ist bei all diesen Bestimmungen, dass das GG dieses ‚Volk‘ nie einfach als *‚Bevölkerung‘*, sondern bereits als *Staatsorgan* anspricht, also als formierten Stoff staatlicher Herrschaft. ·

2.4 Bedeutung des Grundgesetzes für die Soziale Arbeit im Besonderen

2.4.1 Handlungsfelder der Sozialen Arbeit und ihre Bezüge zu den Grundrechten

Die Soziale Arbeit wird in der Praxis tätig, wenn der/die mündige ErwerbsbürgerIn die ihm bzw. ihr von Rechts wegen zugewiesenen Funktionen nicht mehr erfüllt. Insofern sind mehrere Grundrechte und Verfassungsprinzipien von besonderer Bedeutung für die Soziale Arbeit: Wenn der Mensch sich nicht mehr durch Erwerbsarbeit über Wasser halten kann, weil die Unternehmen keinen Bedarf nach seiner Arbeit haben: *Menschenwürde, Art. 1 GG*; wenn Eltern ihre Kinder vernachlässigen oder misshandeln, weil sie ihrer Erziehungsverantwortung in Folge Überforderung oder dysfunktionaler Glückserwartung nicht mehr entsprechen: *Schutz von Ehe und Familie, Art. 6 GG*; wenn politisch Verfolgten ein Bleiberecht in Deutschland zu- oder abgesprochen wird: *Asylrecht, Art. 16a GG*.

Viele weitere Handlungsfelder sozialer Arbeit sind nicht dem Schutzbereich einzelner Grundrechte zuzuordnen, wohl aber dem allgemeinen *Grundrecht der freien Entfaltung der Persönlichkeit, Art. 2 Abs. 1 GG*, das als *Auffanggrundrecht* dient: wenn etwa junge Menschen in Bildung und Beruf an den Bedingungen der Konkurrenz scheitern; wenn Menschen mit dem Gesundheitswesen nicht zu Recht kommen, wenn sie in Strafhaft genommen oder entlassen werden usw. usf. Darüber hinaus gilt vielen der allgemeine Gleichheitssatz, Art. 3 GG als Verbürgung sozialer Gerechtigkeit. Stets ist jedoch Art. 20 Abs. 1 GG berührt, der Deutschland als Sozialstaat konstituiert

(*Sozialstaatsgebot'*) und damit auch die verfassungsmäßige Grundlage der Sozialen Arbeit darstellt.

Hier sollen daher die Menschenwürde, die allgemeine Handlungsfreiheit, der Gleichheitssatz sowie der Schutz von Ehe und Familie näher besprochen werden.

2.4.2 Vorstellungen in der Sozialen Arbeit zum Gehalt der Grundrechte

Der Bezug der Sozialen Arbeit auf die Grundrechte ist nicht selten von idealistischen Vorstellungen geprägt.[11] So wird etwa dem *Sozialstaatsgebot* zuweilen entnommen, dass der Staat im Sinne einer allgemeinen Wohlfahrt für seine BürgerInnen sorgen müsse; als ob aus dem Attribut ‚sozial' auch folgen würde, dass der Staat ein Diener der materiellen Interessen seiner Bevölkerung wäre. Und aus dem *Allgemeinen Gleichheitssatz* des Art. 3 GG wird geschlossen, dass der Staat sich für eine Angleichung der Lebensverhältnisse im Sinne eines ‚guten Lebens für alle' einsetzen müsste. Weder das eine noch das andere ist die Aussage des Grundgesetzes: Das Sozialstaatsgebot verpflichtet den Gesetzgeber nur dazu, für eine ‚gerechte Sozialordnung zu sorgen', d. h. für ‚einen Ausgleich der sozialen Gegensätze zu sorgen' – die Existenz der Gegensätze werden also vorausgesetzt und sollen in ihrer Existenz funktional für das Gemeinwohl organisiert werden. Und aus dem allgemeinen Gleichheitssatz folgt nur, dass die Bürger *vor dem Gesetz* gleich behandelt werden – sodass die ökonomische Ungleichheit gerade konserviert wird. Schließlich folgt aus der aus Art. 3, Art. 12 und Art. 20 Abs. 1 GG hergeleiteten *Chancengleichheit* auch nicht, dass die verschiedenen bürgerlichen Karrieren vom ungelernten Hilfsarbeiter bis zum Unternehmer oder Politiker beseitigt werden sollten, indem z. B. die Schulnoten abgeschafft werden. Chancengleichheit heißt nur: Gewährleistung einer gleichen Ausgangslage für den alles entscheidenden Vergleich, der umso perfekter ausfällt, weil er auf diese Weise viel ‚objektiver' Gewinner und Verlierer hervorbringt.

---

11 Die JuristInnen sehen es übrigens im Ergebnis ähnlich. Im Unterschied zu vielen im Sozialbereich tätigen Menschen machen sich die JuristInnen allerdings über den gewaltmäßigen Charakter des Rechts weniger vor. In aller Regel sind JuristInnen umstandslose Befürworter staatlicher Gewaltanwendung, weil sie diese für die angeblich dahinterstehenden höheren Werte für notwendig halten.

2.4.3 Geltungsgrund der Verfassung und der Grundrechte – Die Naturrechtsfrage

Es gibt die Auffassung, dass Grund- bzw. Menschenrechte den Menschen nicht erst durch ein rechtssetzendes Subjekt verliehen werden, sondern ihnen quasi von Natur aus zukommen – *Naturrechte* eben. Der oben genannte Philosoph Rousseau etwa ist dieser Auffassung. Sie übersieht freilich, dass die *Natur keine Rechte* verleihen kann. Es ist sicher so, dass die Menschen Interessen haben und dass man über den Inhalt dieser Interessen etwas aussagen kann, z. B. ob das Interesse für den Menschen nützlich ist und ob die dem Interesse zu Grunde liegenden Gedanken in sich schlüssig sind. Aber um auf die Ebene eines *berechtigten Interesses* zu gelangen, bedarf es immer einer *berechtigenden Instanz*, die die politische Macht hat, diese Zuweisung vorzunehmen. Im wirklichen Recht ist dies der Staat mit seinem Gewaltmonopol, der jedes Interesse an seinen Kriterien misst und festhält, ob es diesen Kriterien entspricht – dann ist es rechtmäßig – oder widerspricht – dann ist es rechtswidrig. Im vorgestellten Naturrecht ist diese berechtigende Instanz gerade nicht der Staat, dies soll ja das Unterscheidungsmerkmal zum wirklichen und für ‚schnöde‘ befundenen Recht sein, sondern eine vorstaatliche Instanz: ein höheres Wesen namens Natur, Menschheit, Geschichte oder gleich eine Gottheit. Die Leistung dieses Gedankens, nämlich der Schein, der Ursprung der Rechtsgeltung läge in einer vorstaatlichen Instanz, deren bloßer Diener die rechtssetzende Gewalt wäre, kommt dabei der modernen Staatsgewalt (wie ihren feudalen Vorgängern) durchaus entgegen: Diese höhere Weihe verträgt sich nämlich außerordentlich gut mit dem Anspruch und der Notwendigkeit eines souveränen Staates, als solcher von den BürgerInnen auch anerkannt zu sein. Die Präambel des Grundgesetzes, das der Parlamentarische Rat 1946–1949 verfasst hat, zeugt davon: Er nahm seine ganze ‚Verantwortung vor Gott und den Menschen‘ zusammen, war ‚von dem Willen beseelt‘, ‚dem Frieden der Welt zu dienen‘ und hat stellvertretend für ‚das Deutschen Volk‘ demselben ‚dieses Grundgesetz gegeben‘ (alle Zitate aus der Präambel des Grundgesetzes): Die Etablierung einer Staatsgewalt als Dienst am Menschen.

Der Rechtstheoretiker und -philosoph Hans Kelsen zum Naturrecht:
„Die Frage, die auf das Naturrecht zielt, ist die ewige Frage, was hinter dem positiven Recht steckt. Und wer die Antwort sucht, der findet, fürchte ich, nicht die absolute Wahrheit einer Metaphysik noch die absolute Gerechtigkeit eines Naturrechts. Wer den Schleier hebt und sein Auge nicht schließt, dem starrt das Gorgonenhaupt der Macht entgegen."[12]

2.5 Einzelne Verfassungsgrundsätze

Von der Existenz des Staates als Rechtssubjekt und Inhabers des Gewaltmonopols [2.2] geht das Grundgesetz aus, wenn es in Art. 1 Abs. 1 GG formuliert, die Würde des Menschen zu schützen sei *Verpflichtung aller staatlichen Gewalt*; wenn es in Art. 20 Abs. 1 GG heißt, die Bundesrepublik Deutschland sei ein demokratischer und sozialer Bundes*staat* und wenn es in Art. 20 Abs. 2 GG heißt, alle *Staatsgewalt* gehe vom Volke aus.

2.5.1 Demokratieprinzip und Republik, Art. 20 Abs. 1, 2 GG

Es herrscht *Volkssouveränität*, d. h., dass das Volk die einzige Legitimationsquelle staatlicher Herrschaft bildet. Die *Verselbständigung des Volkswillens zur Staatsgewalt*, die dem Volk gegenübertritt, wird durch *Wahlen* und *Abstimmungen bestätigt*. Darin enthalten sind die Prinzipien der *Freiheit und Gleichheit*, die den Volkswillen konstituieren und durch die Grundrechte ausgestaltet werden.

2.5.2 Bundesstaatsprinzip, Art. 20 Abs. 1 GG

Der Staat ‚Bundesrepublik Deutschland' besteht als ein Bund mehrerer Gliedstaaten, der Länder, die durch die sogenannte ‚Bundestreue' zur Loyalität gegenüber dem Gesamtstaat verpflichtet sind.

---

12 Kelsen (1927: 54f.). Um das Bild zu verstehen, muss man wissen, was ‚Gorgonen' sind: Nach der griechischen Mythologie handelt es sich um geflügelte Schreckgestalten mit Schlangenhaaren, die jeden, der sie anblickt, zu Stein erstarren lassen. Kelsen gehört zu den bedeutendsten Rechtstheoretikern des 20. Jahrhunderts; er begründete den ‚Neukantianischen Rechtspositivismus', verfasste Lehrbücher wie die ‚Reine Rechtslehre' sowie große Teile der österreichischen Verfassung.

2.5.3 Gewaltenteilungsprinzip, Art. 20 Abs. 2, 3 GG

Das Gewaltenteilungsprinzip geht zurück auf die Staatslehre Montesquieus.

> **Charles de Montesquieu zur Gewaltenteilung:**
> „Eine Erfahrung lehrt, dass jeder Mensch, der Macht hat, dazu neigt, sie zu missbrauchen. Deshalb ist es nötig, dass die Macht der Macht Grenzen setzt. (...) Es gibt in jedem Staat dreierlei Vollmacht: die gesetzgebende Gewalt, die vollziehende und die richterliche. (...) Es gibt keine Freiheit, wenn diese nicht voneinander getrennt sind."[13]

Ob es wirklich die ‚Menschen' sind, die diese merkwürdige ‚Neigung' haben, sei dahingestellt. Jedenfalls ist es ein Gebot effektiver Machentfaltung im modernen Staat, dass sich die Macht selbst kontrolliert. Es handelt sich also um eine funktionale Untergliederung der Macht im Innenverhältnis und nicht, wie häufig falsch geschlossen wird, im Verhältnis zum Volk. Die Gewaltenteilung *optimiert die Staatsgewalt*, die dem Volk gegenübertritt.

Man unterscheidet:

- *Gesetzgebende Gewalt – Legislative,* ‚der Gesetzgeber', das Parlament (Bundestag, Landtag, Stadtrat)
- *Ausführende Gewalt – Exekutive*, die Regierung, die Verwaltung (Bundeskanzler, Minister, Behörde, Bürgermeister)
- *Rechtsprechende Gewalt – Judikative*, sämtliche Gerichte bis zum Bundesverfassungsgericht.

Es gibt allerdings auch *Ausnahmen* in diesem System: So entscheiden beispielsweise die Verwaltungsgerichte bei Verpflichtungsklagen gleich über den materiellen Anspruch; die Verwaltung entscheidet über Rechtsbehelfe (Widerspruchs- und Einspruchsverfahren) und hat durch das Gesetz über Ordnungswidrigkeiten (OWiG) begrenzte Strafgewalt, Familiengerichte üben auch exekutive Funktionen aus; die Justiz hat die Verwaltungshoheit im Prozess und in der Vollstreckung von gerichtlichen Titeln.

2.5.4 Rechtsstaatsprinzip, Art. 20 Abs. 3 GG

Das Rechtsstaatsprinzip (dem i. Ü. auch der Gewaltenteilungsgrundsatz entnommen wird) beinhaltet vor allem die *Bindung der Staatsgewalt(en) an Recht und Gesetz.* Diese Bindung macht sich fest am Gesetzesvorrang, dem Gesetzesvorbehalt und dem Verhältnismäßigkeitsgrundsatz. Dies schließt die

---

13 Montesquieu (1965: 215 passim).

Möglichkeit ein, dass eine staatliche Maßnahme rechtswidrig ist, was historisch eine Abgrenzung zur feudalen Herrschaft darstellt: Während es nämlich damals für den Fürsten als Inhaber aller Staatsgewalt hieß: *„The king can do no wrong – Der König kann kein Unrecht tun"*, kontrolliert sich der Rechtsstaat an dem von ihm gesetzten Maßstab, dem Gesetz und dekretiert, dass staatliche Maßnahmen, die gegen Recht und Gesetz verstoßen, rechtswidrig sind (aber ggf. gültig bleiben, wie etwa ein nicht angefochtener aber bestandskräftiger Verwaltungsakt), oder nichtig sind, wie vor allem verfassungswidrige Gesetze (vgl. Art. 95 Abs. 3 GG).

Der *Gesetzesvorrang* besagt, dass staatliches Handeln nicht gegen höherrangiges Recht, letztlich also das Grundgesetz, verstoßen darf.

Besonders praxisrelevant ist der *Gesetzesvorbehalt:* Er sichert ab, dass die Herrschaft im Wesentlichen durch *unpersönliche und allgemeine Gesetze* ausgeübt wird. Zuständig für den Erlass von Gesetzen ist *der Gesetzgeber*, also die Legislative. In diesem Gremium, das durch Wahlen legitimiert ist, werden alle staatlichen Maßnahmen im Grundsatz öffentlich diskutiert, alle Sonderinteressen am Maßstab des Allgemeinwohls relativiert.

Nahezu alle Grundrechte stehen unter einem *ausdrücklichen Gesetzesvorbehalt*, vgl. etwa Art. 2 Abs. 2 GG: „In diese Rechte darf nur aufgrund eines Gesetzes eingegriffen werden." Besteht ein solches förmliches Parlamentsgesetz, kann es den Eingriff in der Regel rechtfertigen. Bestimmte Grundrechte weisen keinen Gesetzesvorbehalt auf, so etwa Art. 1 Abs. 1 GG oder Art. 4 Abs. 1 GG. Dann sind Eingriffe nur aufgrund gleichrangigen Verfassungsrechts möglich (sogenannte *verfassungsimmanente Schranken*).

Nach der *Wesentlichkeitsrechtsprechung* des Bundesverfassungsgerichts[14] ist ein Gesetz auch dann erforderlich, wenn zwar kein ausdrücklicher Gesetzesvorbehalt besteht, aber grundrechtsrelevantes staatliches Handeln vorliegt; der Gesetzgeber muss ‚das Wesentliche' des Eingriffs – Voraussetzungen und Rechtsfolgen – selbst durch Gesetz geregelt haben.

Im Bereich der *Leistungsverwaltung* wird ein Gesetzesvorbehalt nicht durchgängig verlangt. Jedoch wird man – jedenfalls im Bereich des *Fürsorgerechts* – häufig Grundrechtsrelevanz (Artt. 1 Abs. 1, 6 Abs. 1, 2 GG; im *Leistungserbringungsrecht* auch Art. 12 GG) annehmen müssen; sodass ein Gesetzesvorbehalt über die Wesentlichkeitstheorie zu fordern ist. Im Übrigen gilt im Sozialrecht der besondere Gesetzesvorbehalt des § 31 SGB I.

2.5.5 Verhältnismäßigkeitsgrundsatz/Übermaßverbot

Der Verhältnismäßigkeitsgrundsatz bzw. das Übermaßverbot sollen gewährleisten, dass der Staat nur diejenigen Eingriffe vornimmt, die funktional auf

---

14 BVerfG v. 08.08.1978 - 2 BvL 8/77 – BVerfGE 49, 89, S. 126; BVerfG v. 26.06.1991 – 1 BvR 779/85 – BVerfGE 84, 212, S. 226.

die ökonomische Konkurrenz der Bürger bezogen sind, darüber hinausgehende, als willkürliche, sinnlose, schikanöse empfundene Eingriffe aber unterbleiben. In der Leistungsverwaltung gilt der Verhältnismäßigkeitsgrundsatz nicht. Eine Relativierung staatlicher Machtausübung im absoluten Sinne ist der Verhältnismäßigkeitsgrundsatz nicht: der Staat schreckt nicht vor Eingriffen zulasten seiner BürgerInnen zurück, wenn sie vom Allgemeinwohl geboten und anders nicht zu realisieren sind.

Prüfungsfolge Verhältnismäßigkeitsgrundsatz
Jeder staatliche Eingriff in Grundrechte muss
a) geeignet sein, den gesetzlichen Zweck einer Ermächtigungsgrundlage zu erreichen;
b) erforderlich sein, darf also nicht durch weniger einschneidende Mittel erreichbar sein;
c) zumutbar sein, darf also nur erfolgen, wenn die für den Einzelnen zu erwartenden Nachteile nicht außer Verhältnis zum angestrebten Erfolg stehen.

Im Gesetzestext findet sich häufig der Terminus der ‚Erforderlichkeit'. Damit ist der Verhältnismäßigkeitsgrundsatz angesprochen. Eine Verletzung dieser Maßstäbe führt zur Rechtswidrigkeit der Entscheidung.

In der Sozialen Arbeit hat der Verhältnismäßigkeitsgrundsatz demgemäß Bedeutung in allen eingreifenden Maßnahmen der Sozialbehörden und Gerichte: die *Kindeswohlgefährdung* gem. §§ 1666, 1666a BGB, die Anordnung einer rechtlichen Betreuung gemäß §§ 1896ff. BGB, die (geschlossene) Unterbringung gem. § 1631b BGB, die Anordnung von Sanktionen durch die Agentur für Arbeit gemäß §§ 31ff. SGB II, sowie alle Maßnahmen im Straf- und Jugendstrafrecht sind entsprechende Beispiele.

2.5.6 Weitere rechtsstaatliche Prinzipien

Es seien hier nur angedeutet: Vertrauensschutz, Justizgewährungsanspruch, Anspruch auf rechtliches Gehör, Rechtsweggarantie, Gesetzlichkeit der Strafe, Doppelbestrafungsverbot. All diese Prinzipien dienen vor allem der Berechenbarkeit der staatlichen Maßnahmen durch die BürgerInnen.

2.5.7 Sozialstaatsprinzip, Art. 20 Abs. 1 GG

Das Sozialstaatsprinzip gilt zwar unmittelbar und bindet die drei Gewalten. Seine materielle Aussage ist aber sehr unbestimmt; unmittelbare Leistungsansprüche lassen sich aus ihm nicht ableiten. Stattdessen wird vor allem der Gesetzgeber dazu aufgefordert, für eine gerechte Sozialordnung zu sorgen, wobei ihm ein weiter Spielraum eingeräumt wird[15]. Der Sache nach handelt es sich um das Bekenntnis des Staates dazu, dass er ,sozialer Interventionsstaat'[16] sein *will* – weil er es sein *muss*. Eine kapitalistische Konkurrenzgesellschaft zu regieren, schließt viele Widersprüche ein, die wegen der Funktionsfähigkeit des gesamten Systems in hoheitliche Hände genommen werden müssen: Keine Gesundheit ohne Pflichtversicherung, keine Rente ohne staatlich verfügte Vorsorge, kein Überleben ohne Hartz IV und Sozialhilfe, kein Kindeswohl ohne Schutz durch das Familiengericht und das Jugendamt...

2.5.8 Subsidiaritätsprinzip

Das Subsidiaritätsprinzip bezeichnet das herrschende gesellschafts- und familienpolitische Konzept, wonach jeder zuerst für sich selbst zu sorgen hat und bei Hilfebedürftigkeit in gestufter Reihenfolge die Leistungen seiner Angehörigen, die der Sozialversicherung und schließlich die der allgemeinen sozialstaatlichen Daseinsvorsorge beanspruchen soll.[17] Es folgt aus Art. 20 Abs. 1, 3 GG und ist vor allem im Fürsorgerecht (Sozialhilfe, Grundsicherung, Jugendhilfe; Stichwort Eigenverantwortung) von großer Bedeutung.

2.6 Einzelne exemplarische Grundrechte

2.6.1 Menschenwürde, Art. 1 Abs. 1 GG

Menschenwürde ist begrifflich ein *,Recht auf Rechte'*.[18] Sie ist das sogenannte ,Muttergrundrecht', weil es die nachfolgenden Grundrechte begrifflich mitenthält. Für die Soziale Arbeit ist sie von besonderer Bedeutung, weil sich ein Großteil der Sozialen Arbeit als ,Menschenrechtsprofession' versteht und sich dabei insbesondere auf die Menschenwürde stützt[19]. Die Menschenwürde hat isoliert weniger Bedeutung als in Verbindung mit anderen Grundrechten, da sie wegen ihrer zentralen Rolle in der Zuweisung von Subjektivität an den/die Bürger/in Wirkung auf jedes andere Grundrecht entfaltet. Dies zeigt sich z. B. in § 1 Satz 1 SGB XII, der ausdrücklich auf die Menschenwürde Bezug nimmt.

---

15 Vgl. insbesondere BVerfG v. 09.02.2010 – 1 BvL 1/09 u. a. – BVerfGE 125, S. 175–260 (,Hartz IV').
16 Pitschas in: Maydell/Ruland (2003: 824).
17 Der Subsidiaritätsgrundsatz geht zurück auf die Enzyklika ,Quadrogesimo anno' von Papst Pius XI. aus dem Jahr 1931 und prägt die katholische Soziallehre bis heute.
18 Enders (1997: 501f.).
19 Vgl. z. B. Staub-Bernasconi (2008: 19).

Ferner wurde etwa das *allgemeine Persönlichkeitsrecht* aus Art. 1 Abs. 1 i. V. m. Art. 2 Abs. 1 GG abgeleitet; oder das Recht auf Sicherung eines *menschenwürdigen Existenzminimums* aus Art. 1 Abs. 1 i. V. m. Art. 20 Abs. 1 GG. Die Menschenwürde war für den Parlamentarischen Rat 1948 die Schnittmenge zwischen den säkular orientierten eher linken, verfassungspatriotischen und den eher rechten, konservativ-christlichen Staatsrechtlern: die einen dachten an Immanuel Kant, der Würde dem Menschen attestierte, *insofern dieser sich selbst Gesetze gibt*[20]; die anderen dachten an den Menschen als einem *Abbild Gottes* („imago dei'). Einig waren sich beide Seiten über die Menschenwürde als dem höchsten diesseitigen Wert. Nur die Kommunisten lehnten diese Einigung im Parlamentarischen Rat ab.

Prüfungsschritte

Die Menschenwürde *schützt* den sozialen Wert- und Achtungsanspruch, der dem Menschen wegen seines Menschseins zukommt. Geschützt wird die Würde des Menschen als Gattungswesen. Jeder Mensch muss als gleichberechtigtes Glied mit Eigenwert anerkannt werden. Der Mensch ist Subjekt, nicht Objekt.[21] Geschützt wird also nicht der materiell vorhandene Mensch, sondern der Mensch als ein abstraktes Wesen. Ein *Eingriff* liegt vor, *wenn der Einzelne zum bloßen Objekt staatlichen Handelns* gemacht wird oder ihn einer Behandlung auszusetzen, die seine Subjekt-Qualität prinzipiell infrage stellt. Dies ist die sogenannte *Objekt-Formel* nach dem Verfassungsrechtler Eugen Dürig, der sich das Bundesverfassungsgericht seit 1957 angeschlossen hat[22]. Da der Wortlaut des Art. 1 Abs. 1 GG klarstellt, dass die Menschwürde „unantastbar' ist, handelt es sich um das einzige Grundrecht, in das nicht rechtmäßig eingegriffen werden kann; jeder Eingriff stellt eine Verletzung dar.

Einzelne Fälle

Folter verstößt grundsätzlich gegen die Menschenwürde. Im *Strafvollzug* steht die Belegung einer 12m² großen Zelle mit zwei Personen am Rande einer Verletzung der Menschenwürde. Das *Abhören von Äußerungen innerster Gefühle* oder *sexueller Ausdrucksformen* in einer Wohnung oder über das Telefon verletzt die Menschenwürde, Ebenso das *gentechnische Klonen* von Menschen.[23]

Das *Bundesverfassungsgericht* hat in seiner Entscheidung vom 09.02.2010[24] das *Grundrecht auf Sicherung eines menschenwürdigen Existenzminimums* aus Art. 1 Abs. 1 i. V. m. Art. 20 Abs. 1 GG abgeleitet und die bisherigen Regelsätze im Rahmen des SGB II für verfassungswidrig erklärt. Allerdings hat es keine konkrete Höhe vorgegeben; dies sei vielmehr Auf-

---

20 Kant (1977: 67f.)
21 Jarass in: Jarass/Pieroth (2011), Art. 1 GG Rn. 6 m. w. N.
22 Jarass in: Jarass/Pieroth (2011), Art. 1 GG Rn. 11.
23 Jarass in: Jarass/Pieroth (2011), Art. 1 GG Rn. 18ff. m. w. N.
24 BVerfG v. 09.02.2010 – 1 BvL 1/09 u. a. – BVerfGE 125, S. 175–260 („Hartz IV').

gabe des Gesetzgebers, bei der er nur eingeschränkt überprüfbar sei, insbesondere nur hinsichtlich methodischer Fehler der Berechnung. Dies ist insofern konsequent, als die Menschenwürde begrifflich *nicht* mit den Voraussetzungen eines guten Lebens, also der Sicherung von Bedürfnisbefriedigung zusammenfällt. Was die Menschen – zumal die durch die Wirkungen der kapitalistischen Ökonomie in Not geratenen – *benötigen*, interessiert die Menschenwürde des Grundgesetzes nur als eine untergeordnete Größe. Die Diskussion zur Menschenwürde findet auf einer *anderen Ebene* statt: der Ebene abstrakter Zuweisungen, die das politische Gemeinwesen im Namen ‚des Menschen‘ vornimmt. Und die Eckpunkte für solche Zuweisungen, liefert in der Tat die Menschenwürde selbst: In den fürsorgerechtlichen Topoi der ‚*Eigenverantwortlichkeit*‘ und des ‚*Nachrangs staatlicher Hilfe*‘ steckt schon die Verpflichtung, sich den Sachzwängen der kapitalistischen Konkurrenz zu stellen, nur eben ausgedrückt als Postulat der Menschenwürde. All dies hat das Bundesverfassungsgericht geteilt und festgehalten, dass es Aufgabe des Gesetzgebers sei, eine sachgerechte Umsetzung zu leisten. Der Gesetzgeber hat denn auch diese Ermächtigung wahrgenommen und, nach Berechnungen der Bundesregierung und einem entsprechenden Gesetzentwurf, eine Erhöhung der Hartz-IV-Regelsätze beschlossen: um ganze 5 €.

Stichwort Menschenrecht/Menschenwürde
„Was einen Preis hat, an dessen Stelle kann auch etwas anderes, als Äquivalent, gesetzt werden; was dagegen über allen Preis erhaben ist, mithin kein Äquivalent verstattet, das hat eine Würde." (Immanuel Kant)[25]

„Würde des Menschen
Nichts mehr davon, ich bitt euch. Zu essen gebt ihm, zu wohnen.
Habt ihr die Blöße bedeckt, gibt sich die Würde von selbst."
(Friedrich Schiller)[26]

„Erst wenn der wirkliche individuelle Mensch den abstrakten Staatsbürger in sich zurücknimmt und als individueller Mensch in seinem empirischen Leben, in seiner individuellen Arbeit, in seinen individuellen Verhältnissen, Gattungswesen geworden ist, erst wenn der Mensch seine eigenen Kräfte als gesellschaftliche Kräfte erkannt und organisiert hat und daher die gesellschaftliche Kraft nicht mehr in der Gestalt der politischen Kraft von sich trennt, erst dann ist die menschliche Emanzipation vollbracht." (Karl Marx)[27]

---

25 Kant (1968: 68).
26 Schiller (2004: 248).
27 Marx (1976: 370).

2.6.2 Allgemeine Handlungsfreiheit, Art. 2 Abs. 1 GG

Nur sprachliche Gründe haben den Parlamentarischen Rat dazu bewogen nicht zu formulieren: „Jeder kann tun und lassen was er will." Die Norm verfügt ganz grundsätzlich, dass der moderne Bürger *Herr seiner Mittel* ist – freilich nur *seiner* Mittel, also derjenigen, die *ihm* unter Beachtung der Rechtsordnung (insbesondere des Eigentumsrechts, Art. 14 GG) auch zu Gebote stehen. Was hier also gewährleistet wird, ist die Freiheit des Einzelnen, sich in einer Gesellschaft konkurrierender Privateigentümer zu bewähren („Jeder ist seines Glückes Schmied").

Prüfungsschritte

Nach herrschender Meinung[28] erstreckt sich der Schutz von Art. 2 Abs. 1 GG auf jedes menschliche Handeln, also jede praktische Äußerung des freien Willens. Damit handelt es sich um ein sogenanntes Auffanggrundrecht, das – nachrangig – immer dann zum Tragen kommt, wenn andere Grundrechte thematisch nicht einschlägig sind. Neben dieser allgemeinen Funktion, jegliches menschliche Verhalten rechtlicher Beurteilung zu unterwerfen (vgl. die Beispiele weiter unten) sind besonders zu nennen die *Privatautonomie, insbesondere die Vertragsfreiheit* als ‚Selbstbestimmung des Einzelnen im Rechtsleben', die Freiheit der wirtschaftlichen Betätigung (z. B. ein Unternehmen zu eröffnen, oder die eigene Arbeitskraft zu verkaufen). Hier muss stets abgegrenzt werden gegen andere möglicherweise (auch) einschlägige Grundrechte. Dies gilt auch für sämtliche *Bereiche privater Lebensgestaltung*, die abzugrenzen sind gegenüber dem ‚allgemeinen Persönlichkeitsrecht', welches aus Art. 1 Abs. 1 i. V. m. Art. 2 Abs. 1 GG abgeleitet wird (z. B. das ‚Recht am eigenen Bild')[29].

In das Grundrecht wird durch jede generelle oder individualisierende Regelung staatlicher Stellen in das geschützte Verhalten *eingegriffen*[30]. Hierzu können auch faktische oder mittelbare Einwirkungen gehören.

Art. 2 Abs. 1 GG steht unter dem Vorbehalt der ‚verfassungsmäßigen Ordnung', der Rechte anderer und des Sittengesetzes oder der Rechte anderer Art. 2 Abs. 1 2. Halbs. GG. Soweit hoheitliche Eingriffe diese Schranken konkretisieren, schließen sie eine Verletzung des Grundrechts aus. Unter den Begriff der ‚Verfassungsmäßigen Ordnung' fallen alle formell und materiell verfassungsmäßigen Gesetze. Damit drückt die Norm im Ergebnis einen Gesetzesvorbehalt dar. Nur ganz ausnahmsweise kommt es heute noch auf das ‚Sittengesetz' an, da es bei dem heutigen Grad der Verrechtlichung kaum noch sittliche Bereiche geben dürfte, die nicht ihren Ausdruck in einer Rechtsnorm gefunden hätten.

28 Ständige Rechtsprechung seit BVerfG v. 16.01.1957 – 1 BvR 253/56 – NJW 1957, S. 297–298 (‚Elfes').
29 Jarass in: Jarass/Pieroth (2011), Art. 2 GG Rn. 3ff. m. w. N.
30 Vgl. Jarass in: Jarass/Pieroth (2011), Art. 2 GG Rn. 12ff.

Einzelne Fälle

Jeweils durch Rückgriff auf Art. 2 Abs. 1 GG sind erfasst etwa: Schutz vor Geld-zahlungspflichten im Abgabenrecht[31]; Schutz wirtschaftlicher Freiheit, wo berufsregelnder Charakter fehlt[32]; Rauchen in der Öffentlichkeit[33], Reiten im Walde[34]; Mofa-Fahren ohne Helm[35]; Drogenkonsum[36].

Stichwort Freiheit:

„In einem Staat, das heißt einer mit Gesetzen ausgestatteten Gesellschaft, kann Freiheit lediglich bedeuten, dass man zu tun vermag, was man wollen soll." (Charles de Montesquieu)[37]

Schöner kann man kaum ausdrücken, dass es sich bei der staatsbürgerlichen Freiheit um eine *Konzession* handelt, die erlaubte Interessen freisetzt und die Einzelnen dadurch auf die Sachgesetze der Konkurrenz festlegt.

2.6.3 Allgemeiner Gleichheitssatz

Nach allgemeiner Auffassung schützt der allgemeine Gleichheitssatz davor, dass ‚etwas gleiches willkürlich ungleich, und etwas ungleiches willkürlich gleich behandelt wird'. Wichtig ist, dass es hier im Grundsatz nur um hoheitli-che Behandlungen geht, da Art. 3 Abs. 1 GG formuliert, dass jeder Mensch *vor dem Gesetz* gleich behandelt wird. Insofern fallen zunächst alle Ungleichbe-handlungen durch Private aus dem Anwendungsbereich des Art. 3 Abs. 1 GG heraus; es folgt auch kein Auftrag zur Beseitigung solcher Ungleichbehand-lungen aus Art. 3 Abs. 1 GG[38], mag dies auch in politischen Diskussionen ver-treten werden.

Sofern klar ist, dass es bei dem zu überprüfenden Sachverhalt um hoheit-liches Handeln geht, erweitert sich allerdings der Anwendungsbereich: Das Bundesverfassungsgericht entnimmt der Vorschrift ein allgemeines Willkür-verbot[39]: Jede Gleich- oder Ungleichbehandlung hat sich vor dem Maßstab des Allgemeinwohls zu rechtfertigen. Dies ist der inhaltliche Kern des Gleichheits-satzes, mit dem sich der bürgerliche Rechtsstaat gegen den Feudalismus ab-setzt: Die Verpflichtung der Hoheit darauf, ihre Bürger nur derjenigen Gewalt auszusetzen, die notwendig für die Betreuung der kapitalistischen Konkur-

---

31 BVerfG v. 16.05.1961 – 2 BvF 1/60 – BVerfGE 12, S. 341–354.
32 BVerfG v. 07.10.1987 – 2 BvR 674/84 – juris.
33 BVerfG v. 30.07.2008 – 1 BvR 3262/07 u. a. – BVerfGE 121, S. 317–388.
34 BVerfG v. 06.06.1989 – 1 BvR 921/85 – BVerfGE 80, S. 137–170.
35 BVerfG v. 26.01.1982 – 1 BvR 1295/80 u. a. – BVerfGE 59, S. 275–279.
36 BVerfG v. 09.03.1994 – 2 BvL 43/92 u. a. – BVerfGE 90, S. 145–226.
37 Montesquieu (1965: 214).
38 Jarass/Pieroth (2011) Art. 3, Rd. 12 m. w. N.
39 BVerfG v. 07.10.1980 – 1 BvL 50, 89/79, 1 BvR 240/79 – BVerfGE 55, S. 72–95.

renz ist. Auf der Basis dieser gleichen Unterwerfung ökonomisch ungleicher Ausgangslagen kommt dann notwendigerweise eine Verstetigung der Ungleichheit heraus und nicht, wie viele meinen, eine Angleichung der tatsächlichen Lebensverhältnisse.

Prüfungsschritte

Art. 3 Abs. 1 GG weist keinen spezifischen sachlichen Schutzbereich auf, sondern bezieht sich auf alle staatlichen Handlungen. Natürliche und juristische Personen des Privatrechts sind Grundrechtsträger, nicht jedoch juristische Personen des öffentlichen Rechts (Kommunen, Länder usw.)[40] In einer Grundrechtsprüfung ist zunächst eine Ungleichbehandlung festzustellen. Dabei dürfen nicht ,Äpfel mit Birnen verglichen werden'; es ist also zunächst die Vergleichbarkeit der Sachverhalte festzustellen. Auch die Personen müssen vergleichbar sein. Ein ,Eingriff' in den Schutzbereich des Art. 3 GG liegt vor, wenn es zwischen einem solchen Vergleichspaar zu einer Ungleichbehandlung gekommen ist. Der Eingriff ist gerechtfertigt, wenn Gleich- bzw. Ungleichbehandlung nicht gegen das Willkürverbot verstoßen. Willkür liegt vor, wenn sich ein vernünftiger, aus der Natur der zu regelnden Sache ergebender oder sonst wie sachliche Grund für eine Ungleichbehandlung nicht erkennen lässt. Je größer die Ungleichbehandlung und je mehr dadurch die Wahrnehmung der Freiheitsrechte des Bürgers erschwert wird, desto höhere Anforderungen an die Begründung der Ungleichbehandlung werden gestellt.

Die in Art. 3 Abs. 2 u. 3 GG genannten besonderen Merkmale von Personengruppen dürfen dabei kein Anknüpfungspunkt für eine Ungleichbehandlung sein. Dies gilt für direkte und indirekte Differenzierungen. Der Grundgesetzgeber hat hier also einzelne, in der Gesellschaft bestehende Diskriminierungsgründe aufgegriffen und sie paradigmatisch als „unsachlich" i. S. d. Art. 3 Abs. 1 GG (s. o.) und damit gleichheitswidrig zurückgewiesen. Liegt gleichwohl eine solche Diskriminierung durch eine hoheitliche Maßnahme vor, ist sie nur zulässig, wenn durch sie Probleme gelöst werden, die nur bei der diskriminierten Gruppe auftreten. Sehr restriktive Leistungsrechte für Behinderte ergeben sich aus Art. 3 Abs. 2 S. 2 GG. Denn es geht hier nicht um Ergebnisgleichheit, sondern nur um Chancengleichheit.

Einzelne Fälle

Der gesetzliche Mutterschutz bevorzugt Frauen und benachteiligt Männer, bezieht sich aber auf die biologische Unterschiede der Geschlechter, denen aus staatlicher Sicht nicht anders begegnet werden kann (vgl. hierzu Art. 6 Abs. 4 GG)[41]. Kindergeld muss bei unverheirateten und verheirateten Eltern

---

40 Jarass/Pieroth (2011) Art. 3, Rd. 6.
41 BVerfG v. 28.01.1992 – 1 BvR 1025/82 – BVerfGE 85, S. 191–214.

gleich hoch sein.[42] Bei der Vergabe öffentlicher Aufträge muss Art. 3 GG beachtet werden.[43] Im staatlichen Bildungswesen gilt das Prinzip der Chancengleichheit.[44] Ausländer dürfen grundsätzlich schlechter gestellt werden als Inländer.[45]

2.6.4 Ehe und Familie, Art. 6 Abs. 1 GG

In Art. 6 Abs. 1 GG werden Ehe und Familie institutionell garantiert und besonders geschützt, d. h. privilegiert, z. B. im Familienrecht, im Steuerrecht und im Erbrecht. Der Staat macht deutlich, dass er Ehe und Familie *will* und dass er andere Formen des Zusammenlebens an diesen *Leitbildern* misst. Es zeichnet sich ab, dass homosexuelle Lebensformen, die bislang nur als ‚Lebenspartnerschaften' anerkannt waren, dem Eherecht angenähert werden.

Prüfungsschritte

Stichwort Ehe:
Die Ehe ist die Vereinigung von Mann und Frau zur nach § 1353 BGB grundsätzlich unauflöslichen Lebensgemeinschaft[46]. Es müssen so enge Bindungen bestehen, dass ein gegenseitiges Einstehen in den Not- und Wechselfällen des Lebens zu erwarten ist. Diese Verantwortungs- und Einstehensgemeinschaft geht über eine Haushalts- und Wirtschaftsgemeinschaft hinaus und lässt daneben keine weitere Lebensgemeinschaft gleicher Art zu[47].

Geschützt ist also die monogame Einehe; der Schutz beginnt mit der Eheschließung mit einem/einer frei gewählten Partner/in über das eheliche Zusammenleben (einschließlich der Entscheidung ob, wann und wie viele Kinder die Eheleute haben wollen) bis über Trennung und Scheidung hinaus: nacheheliche Unterhaltsansprüche resultieren aus diesem Schutz. Familie ist die ‚umfassende Gemeinschaft von Eltern und Kindern', seien diese ehelich oder nicht ehelich, seien es Adoptiv-, Stief- oder Pflegekinder und seien die Eltern alleinstehend, hetero- oder homosexuell. Die Familie wird damit als ‚Keimzelle des Staates' (seit Cicero, 103–43 v. Chr. gebräuchliche Redensart) eingerichtet, indem den Eltern verbindliche Bahnen für das Kinderkriegen gewiesen werden.

Eingriffe sind nach dem Bundesverfassungsgericht alle staatlichen Maßnahmen, die Ehe und Familie schädigen, stören oder sonst beeinträchtigen.

---

42 BVerfG v. 29.10.2002 – 1 BvL 16/95 – BVerfGE 106, 166.
43 BVerfG v. 13.06.2006 – 1 BvR 1160/03 – BVerfGE 116, 135.
44 BVerfG v. 13.11.1979 – 1 BvR 1022/78 – BVerfGE 52, 380.
45 BVerfG v. 31.01.1990 – 1 BvR 306/86 – BVerfGE 81, 208.
46 BVerfG v. 29.07.1959 – 1 BvR 205/58 – BVerfGE 10, S. 59–89.
47 BVerfG v. 17.11.1992 – 1 BvL 8/87 – BVerfGE 87, S. 234–269.

Nur verfassungsimmanente Schranken können Eingriffe rechtfertigen, da Art. Abs. 1 GG keine ausdrücklichen Schranken vorsieht. Im Ergebnis wird daher der Kern der das Familienrecht bildenden Vorschriften, insbesondere des bürgerlichen Rechts gegen staatliche Maßnahmen, die bestimmende Merkmale des Bildes von der Familie, das der Verfassung zu Grunde liegt, beeinträchtigen.

2.6.5 Elternrecht und -pflicht, Art. 6 Abs. 2, 3 GG

Recht und Pflicht der Eltern ist es, ihre Kinder zu erziehen. Dieses Erziehungsvorrecht beinhaltet das *Recht* der Eltern, Kinder zur Erfüllung des eigenen familiären Lebensglücks zu bekommen und diese zu erziehen (*„Kinder sind das größte Glück auf Erden"*). Eltern sollen dies explizit im Rahmen eigener Vorstellungen und Zwecke als *private Angelegenheit* tun dürfen. Weil aber die Gleichung von Wunsch und Wirklichkeit der Familie im modernen Kapitalismus nicht einfach aufgeht, sondern vor lauter Bewährungsproben eines feindlichen Alltags gestellt ist, kann es dabei nicht bleiben; denn dann könnten Eltern womöglich auf dieses Recht zum Schaden der Kinder verzichten. Also wird dieses Recht ergänzt durch eine *Pflicht* desselben Inhalts, sodass im Ergebnis besser von *Elternverantwortung* gesprochen werden kann.

Stichwort Elternverantwortung:
„Die Eltern haben das Recht, die Pflege und Erziehung ihrer Kinder frei zu gestalten und genießen Vorrang vor anderen Erziehungsträgern. Dieser Grundrechtsschutz darf aber nur für ein Handeln in Anspruch genommen werden, das als Pflege und Erziehung gewertet werden kann, nicht aber für die Vernachlässigung des Kindes. Diese Pflichtbindung unterscheidet das Elternrecht von allen anderen Grundrechten. In Art. 6 Abs. 2 Satz 1 GG sind Recht und Pflicht unlöslich miteinander verbunden; die Pflicht ist nicht eine das Recht begrenzende Schranke, sondern ein Bestandteil dieses ‚Elternrechts', das insoweit treffender als ‚Elternverantwortung' bezeichnet werden kann."[48]

Elternverantwortung knüpft damit sehr konsequent an den Begriff der *Verantwortungs- und Einstehensgemeinschaft der Ehe*[49] an.

Prüfungsschritte

Der *Schutzbereich* des Art. 6 Abs. 2 GG ist sehr umfassend: alles, was das Kind im weitesten Sinne betrifft, gehört zum Schutzbereich, seine Grenzen werden durch den Begriff der Kindeswohlgefährdung markiert.

---

48 BVerfG v. 29.07.1968 – 1 BvL 20/63, 1 BvL 31/66 – BVerfGE 24, S. 119–155.
49 BVerfG v. 17.11.1992 – 1 BvL 8/87 - BVerfGE 87, S. 234–269.

Eingriffe erfolgen vor allem im Rahmen des *staatlichen Wächteramtes* also insbesondere der Maßnahmen des Familiengerichts, im Ausnahmefall auch des Jugendamtes[50]. Eingriffe sind alle staatlichen Maßnahmen, die das Elternrecht im Verhältnis zum Kind beschränken, also zunächst Eingriffe, die unmittelbar das Eltern-Kind-Verhältnis betreffen. Allerdings liegt dann, wenn das Familiengericht die Inanspruchnahme einer erzieherischen Hilfe durch das Jugendamt anordnet, nur ein Eingriff vor: der des Familiengerichts; das Jugendamt bleibt hier Leistungsbehörde. Die Jugendämter selbst dürfen mangels Rechtsgrundlage keine Hilfen anordnen. Auch *mittelbare Eingriffe* sind denkbar und müssen sich an Art. 6 Abs. GG messen lassen.

Schranken des Grundrechts und damit Rechtfertigungen für Eingriffe ergeben sich insbesondere aus dem Begriff des *Kindeswohls* (§ 1697a BGB) bzw. negativ aus dem Begriff der *Kindeswohlgefährdung* (§ 1666 BGB). Eingriffe sind erst dann gerechtfertigt, wenn die Schwelle zur Kindeswohlgefährdung überschritten ist.

Aus dem *Gesetzesvorbehalt* des Art. 20 Abs. 3 und der hierzu ergangenen ‚Wesentlichkeitsrechtsprechung' des Bundesverfassungsgerichts[51] folgt, dass diese Eingriffe nur durch oder aufgrund eines Gesetzes zulässig sind. Dabei ist das weitere Verfassungsrecht zu beachten, insbesondere der *Verhältnismäßigkeitsgrundsatz*. Die jeweilige Maßnahme muss also den Kriterien der Geeignetheit – Erforderlichkeit – Zumutbarkeit entsprechen.

Einzelne Fälle

Das Familiengericht entzieht beiden Elternteilen gem. § 1666 BGB die elterliche Sorge für einen Säugling, weil diese das Kind hungern und verwahrlosen lassen. Das Jugendamt nimmt nach einer Meldung das 10-jährige Kind in Obhut, weil es zuhause geschlagen wird und eine Entscheidung des Familiengerichts zu spät käme. Das Familiengericht ordnet eine Umgangsregelung gem. § 1684 Abs. 3 Satz 1 BGB an. Das Familiengericht ordnet gem. § 1666 BGB die Inanspruchnahme öffentlicher Hilfen nach § 27 SGB VIII an.

---

50 Die einzige, aber bedeutsame Ausnahme eines direkten Eingriffs ist die Inobhutnahme, § 42 SGB VIII.
51 BVerfG v. 08.08.1978 – 2 BvL 8/77 – BVerfGE 49, S. 89–147; BVerfG v. 26.06.1991 – 1 BvR 779/85 – BVerfGE 84, S. 212–232.

3 Das Zivilrecht

3.1 Die Logik des Zivilrechts

3.1.1 Von Tauschverhältnissen und Ansprüchen

Im Zivilrecht (man spricht auch von Privatrecht, oder bürgerlichem Recht) geht es – dies wurde bereits im Kapitel ‚Rechtssystematik, Rechtsanwendung, Rechtsdurchsetzung' [1] gezeigt – um die Rechtsbeziehungen der Bürger zueinander. Schauen wir uns dies einmal an einem *Alltagsbeispiel* an: Student Ansgar einigt sich bei einem Gespräch in der Mensa mit der alleinerziehende Mutter Beate über den Kauf eines gebrauchten VW Golf für 2.000 €:

Zunächst erscheint in diesem Austauschverhältnis alles ganz einfach. Beide, Ansgar und Beate, werden sich darüber einig, dass sie einen Kaufvertrag schließen wollen. Sie tauschen Ware gegen Geld und gehen dabei davon aus, dass die 2.000 € dem Wert des gebrauchten Autos entsprechen. Sie wissen beide, dass sie an das, was sie haben wollen, nur dann herankommen, wenn sie das was sie haben, weggeben. Man spricht von einem *synallagmatischen Verhältnis*, oder nach einer alten römisch-rechtlichen Rechtsformel: Es gilt der Grundsatz ‚do-ut-des' = ‚ich gebe, damit du gibst'.

Solange alles glatt läuft, scheint das Verhältnis keinerlei Schwierigkeiten aufzuweisen, am Ende kann Ansgar Autofahren und Beate hat 2.000 € in der Tasche. Schaut man aber etwas näher hin, zeigt sich, dass in diesem Verhältnis lauter Verhältnisse stecken und Setzungen unterstellt sind, die dann gar nicht mehr so einfach zu verstehen sind.

3.1.2 Die Perspektive des Gerichts

Um diese zu entdecken, ist es hilfreich, sich in die Rolle der Institution begeben, die die Gültigkeit dieses Verhältnisses (*pacta sunt servanda'* = ‚Verträge müssen erfüllt werden') garantiert. Diese Institution heißt *Gericht* und ist beiden Parteien dieses Verhältnisses übergeordnet, sonst könnte sie nichts garantieren. Zuständig wäre das Amtsgericht. Stellen wir uns also z. B. vor, Beate hätte es sich anders überlegt (*warum* interessiert uns hier genauso wenig, wie das Gericht), sodass Ansgar sie nur mit gerichtlicher Hilfe dazu zwingen könnte, den VW Golf herauszurücken. Was muss nun das Gericht tun, damit am Ende ein für beide Seiten gleichermaßen geltender Zwang herauskommt, sich an den Vertrag zu halten?

Es muss die geäußerten Interessen an einem für beide Parteien verbindlichen Maßstab messen und prüfen, ob sie *davor* Bestand haben. Dieser abstrakte, d. h. losgelöst vom Einzelfall bestehende Maßstab, besteht aus der Gesamtheit des Zivilrechts. Dies zeigt sich erst einmal daran, dass alles einen neuen Namen bekommt und auf einzelne Paragrafen bezogen wird. Für das Gericht, das von A durch eine Klage mit der Sache befasst wird, stellt sich die Sache so dar, wie in der folgenden Skizze angedeutet. Es muss in einem Urteil die materiell-rechtlichen Voraussetzungen für die jeweiligen Anspruchsgrundlagen überprüfen. Es muss weiter seine Anspruchsprüfung in vollstreckungsfähiger Form festhalten. Dies geschieht in Form des *Tenors ("Im Namen des V*olkes..."), in dem penibel aufgeschrieben wird, wer von dem wie viel und gegebenenfalls mit wie viel Zinsen verlangen darf und wer die Prozesskosten in welchem Verhältnis zu tragen hat.

Lauter Unterstellungen können einem hier auffallen: A und B gelten nicht einfach als Menschen, sie tauchen vielmehr nur als Stellvertreter ihrer selbst, als *natürliche Personen* (§ 1 BGB) auf. Als solche werden sie genauso behandelt, wie *juristische Personen* (§§ 21ff. BGB), sind diesen also gleichgesetzt; sie gelten nur als Träger von Rechten und Pflichten. Daher ist es dem Gericht auch egal, dass Ansgar Student ist und Beate alleinerziehende Mutter. Wir können die beiden Rechtspersonen daher im Folgenden einfach nur A und B nennen.

A (wir rollen die Angelegenheit von seiner Seite auf, später wird sich zeigen, dass es sich für B unterm Strich ebenso verhält) kann die Gegenstände seines Bedarfs (Sachen, § 90 BGB) nicht einfach benutzen, sondern muss feststellen, dass sie in der Hand anderer Personen, als deren Eigentum (§ 903 BGB), vorliegen. Will er sie benutzen, muss er durch Einigung und Übergabe erst einmal eigenes Eigentum erwerben (§ 929 BGB). Damit eine andere Rechtsperson – hier B – ihr Eigentum übergibt, muss sie sich einen eigenen Nutzen versprechen, auf den sie sich verlassen kann, anders ausgedrückt: sie wird dies nur tun, wenn dem Geschäft ein *Vertrag* zugrunde liegt. Dieser Vertrag, im Beispielfall ein *Kaufvertrag* (§ 433 BGB) kommt nur durch zwei übereinstimmende *Willenserklärungen*, nämlich *Angebot und Annahme* (§§ 145ff. BGB) zustande, die wirksam sein müssen, also nicht nichtig sein dürfen.

Das Gericht beginnt seine Prüfung mit einer Hypothese, die sich am Klageziel des A orientiert: *A könnte gegen B einen Anspruch auf Übergabe und Eigentumsübertragung gem. § 433 Abs. 1 BGB haben.* Dann wird es die Voraussetzungen dafür einzeln nennen und deren Vorliegen überprüfen: *Dann müsste zwischen A und B ein wirksamer Kaufvertrag gem. §§ 145ff. BGB vorliegen. Dies setzt seinerseits zwei übereinstimmende Willenserklärungen (WE) voraus, eine von A, eine von B; bei Verträgen heißen diese Angebot und Annahme.* Sollte das

Gericht zu der Überzeugung gelangen, dass A und B bei ihrem Gespräch in der Mensa jeweils eine solche Willenserklärung abgegeben haben, und zwar durch die Äußerung eines Handlungs- und Rechtsbindungswillens sowie mit Handlungs- und Erklärungsbewusstsein, frei von Willensmängeln, dann wird es das *Vorliegen eines Kaufvertrages bejahen*. Dies hat zur Folge, dass das Gericht einen *Anspruch* (§ 194 Abs. 1 BGB) auf Übergabe und Eigentumsübertragung gem. § 433 Abs. 1 BGB bejahen wird; entsprechend wird es auch den Gegenanspruch gem. § 433 Abs. 2 BGB auf Zahlung des Kaufpreises bejahen. Auf diese Weise verleiht das Gericht dem privat geschlossenen Vertrag durch ein *Urteil ,im Namen des Volkes'* mit hoheitlicher Gewalt (Zivilgerichte gehören zur Justiz – eine der drei Staatsgewalten) *Geltung*. Und dabei bleibt es nicht. Sollte B sich dem nach Ausschöpfung aller Rechtsmittel rechtskräftig werdenden Urteil widersetzen, hätte A die Möglichkeit, das Urteil als Vollstreckungstitel einem Gerichtsvollzieher zu übergeben, damit dieser in unserem Fall den VW Golf ,Zug um Zug' gegen Zahlung von 2.000 € gewaltsam der B wegnimmt und an A herausgibt.

Was wäre nun, wenn nicht B, sondern A es sich anders überlegt hätte, etwa weil er festgestellt hätte, dass er sich verkalkuliert und die 2.000 € gar nicht zur Verfügung hätte? Dann würde das Gericht nach Einreichung einer Klage durch B prüfen, ob ein Anspruch nach § 433 Abs. 2 BGB gegeben wäre. Auch hier wäre wieder darauf einzugehen, ob ein wirksamer Vertragsschluss durch Angebot und Annahme zustande gekommen wäre. Wenn wir davon ausgehen, dass sich die beiden in der Mensa wirksam geeinigt haben, würde das Gericht den Zahlungsanspruch von B bejahen und A zur Zahlung von 2.000 € Zug um Zug gegen Übergabe des VW Golf verurteilen.

3.1.3 Komplikationen bei mehr als zwei Beteiligten

Kompliziert wird die ganze Sache spätestens dann, wenn mehr als zwei Personen ins Spiel kommen. Denken wir uns etwa zu dem Beispiel Fall noch eine dritte Person hinzu, nämlich den C, dem die B nach Vertragsschluss mit A das Auto für 2.500 € verkauft und übergeben, also gemäß § 929 BGB Eigentum verschafft hat. Hier hätte A keinerlei Anspruch auf Herausgabe des Autos gegen C, da dieser wirksam Eigentümer geworden ist. Es gilt (in Deutschland; in anderen Ländern ist es anders) das *Abstraktionsprinzip*, welches schuldrechtliche Verpflichtungsgeschäfte strikt von sachenrechtlichen Verfügungsgeschäften abtrennt. B hat sich in diesem Fall zwar sicher vertragswidrig verhalten, was aber die Wirksamkeit der Eigentumsübertragung unberührt lässt. Allerdings hätte A in diesem Fall einen Anspruch auf Schadensersatz gemäß §§ 275, 281 BGB gegen B, da es ihr durch ihren Verkauf unmöglich geworden ist, dem A Eigentum an dem Auto zu verschaffen. Die Höhe dieses Schadensersatzanspruches bemisst sich daran, wie A stehen würde, wenn ordnungsgemäß erfüllt worden wäre. Wenn das Auto für A ein ‚Schnäppchen' war, es also tatsächlich (nach dem Verkehrswert) 2.500 € wert war, dann könnte er von B die Differenz zwischen seinem vereinbarten Kaufpreis von 2.000 € zu diesen 2.500 € verlangen, also 500 €.

3.1.4 Eine Rechtsordnung für das Leben der Gesellschaft

Das gesamte ökonomische Leben der Gesellschaft, vom Alltagsgeschäft wie in unserem Beispiel bis zu milliardenschweren Transaktionen großer Unternehmen ist so unter die Regeln des Zivilrechts (also das BGB mit Ergänzungen im HGB = Handelsgesetzbuch für ‚Kaufleute') subsumiert. Jedes sich äußernde Interesse wird – im Streitfall – am Gesetz gemessen und entweder als *Anspruch* ins Recht gesetzt, oder eben nicht. Dies gilt für die angesprochenen vertraglichen Ansprüche ebenso wie für die gesetzlichen Ansprüche. Bekannte Beispiele dafür sind etwa der Herausgabeanspruch des Eigentümers gegen den (unrechtmäßigen) Besitzer gem. § 985 BGB, oder der Schadensersatzanspruch wegen unerlaubter Handlung gem. § 823 BGB. Insgesamt kann man die *Verwandlung von Interessen in Ansprüche, d. h. Klagerechte* als das wesentliche Konstruktionsprinzip des Zivilrechts festhalten. Dies geht sogar so weit, dass auch Bereiche, die für sich gar nicht der Marktlogik unterliegen, als Feld zivilrechtlicher Ansprüche konstruiert sind. Man denke etwa an das Familienrecht, das Lebenslagen regelt, die sich eher im Privatleben abspielen, aber dennoch nach der typischen Anspruchslogik funktioniert.

3.1.5 Der Geltungsgrund des Zivilrechts

Es zeigt sich ferner, dass die Aussage, dass es sich beim Zivilrecht lediglich um Rechtsbeziehungen zwischen BürgerInnen handeln würde, nur halb richtig ist. Es stimmt zwar, dass es die ökonomischen Verhältnisse der BürgerInnen sind, die hier geregelt werden. Und es stimmt auch, dass es zur Abwicklung dieser ökonomischen Verhältnisse keineswegs immer einer Entscheidung eines Gerichts bedarf; tatsächlich wird nur ein Bruchteil der Geschäfte von Gerichten entschieden. Aber es stimmt eben auch, dass die BürgerInnen fremdes Eigentum nur respektieren, sich an die von Ihnen geschlossenen Verträge nur halten und die gegen sie gerichteten Ansprüche nur erfüllen, wenn Gerichte diese als übergeordnete Zwangsinstanz in Kraft setzen (können). Dafür, dass sich die Leute im Großen und Ganzen an die Vorgaben des Rechts halten, reicht am Ende die *bloße Möglichkeit* aus, diese Ansprüche durch richterliche Entscheidung zu Vollstreckungstiteln werden zu lassen. Der *Geltungsgrund des Rechts* ist und bleibt die *Staatsgewalt*, die es garantiert.

3.1.6 Die Unerbittlichkeit des Zivilrechts und ihr Grund

Zivilrechtliche Ansprüche werden unerbittlich durchgesetzt. Dies zeigt sich z. B. an Supermärkten, die ihr Eigentumsrecht gegen das *,Containern'*, also den unbefugten Zugriff mittelloser Menschen auf weggeworfene Lebensmittel, mit Polizeigewalt verteidigen; oder an Mietern, denen wegen säumiger Mietzahlung gekündigt wird und die vor der Obdachlosigkeit stehen; oder an hoffnungslos überschuldeten Menschen, die verzweifelt versuchen, aus der *,Schuldenfalle'* zu entkommen und dabei sogar von Schuldnerberatungsstellen konstruktiv unterstützt werden. All diese Phänomene verweisen darauf, *wieviel Gewalt* schon in den ökonomischen Beziehungen steckt, die vom Zivilrecht in Kraft gesetzt werden. Was ist der Grund für diese Gewalt? – Dies ist für die JuristInnen eigentlich keine Frage. Es ist ja nicht ihre Aufgabe, zu erklären, was sie regeln. Die Gegensätzlichkeit der Interessen in der bürgerlichen Gesellschaft ist für sie ein schlichtes Faktum. Rechtsphilosophen kommen allerdings in ihren Erklärungsversuchen auch nicht viel weiter: sie zitieren seit dem 17. Jahrhundert die These von Thomas Hobbes, dass „der Mensch dem Menschen ein Wolf", also böse, sei und den Schaden des anderen wolle, sodass der Staat nötig sei, um die böse Menschennatur zu zähmen. Dies ist freilich eher die Deklaration eines Menschenbildes, statt einer Erklärung der Gegensätzlichkeit der Interessen.

Obwohl die Frage nach dem Grund für die Gegensätzlichkeit privater Interessen letztlich dazu herausfordert, den formalen juristischen Rahmen des BGB zu verlassen, um sich auf die Suche nach polit-ökonomischen Gründen zu machen, lohnt es sich doch, noch ein paar innerjuristische Überlegungen anzustellen. Die juristischen Konstruktionen zeugen nämlich durchaus davon, welche Gegensätze mit Ihnen geregelt werden. Zuallererst ist hier das *Eigentum* zu nennen. § 903 BGB bestimmt, dass der Eigentümer mit der Sache nach Belieben verfahren und jeden anderen von der Einwirkung *ausschließen* darf. Es handelt sich also um ein *negatives Abwehrrecht*, welches sich gegen alle übrigen Gesellschaftsmitglieder richtet und keineswegs darin besteht, die bloße Benutzung einer Sache sicherzustellen. Daher ist auch die Bezeichnung ,Sachenrecht' missverständlich: Rechte können nur zwischen Menschen gelten, nicht aber im Verhältnis von Personen zu Dingen. Der springende Punkt besteht jedoch darin, dass mit dem Eigentum die Benutzung einer Sache ganz grundsätzlich von der rechtlich sanktionierten Verfügung über sie abhängig gemacht ist. Die Güterzuordnung innerhalb der Gesellschaft folgt also unter Geltung des Privateigentums nicht einer beabsichtigten Nutzung, sondern der rechtlich geschützten Verfügungsmacht über Natur und Arbeitsprodukte, die gegen alle anderen mit Rechtsgewalt verteidigt wird.

Das BGB belässt es natürlich nicht bei einem solchen negativen Bezug der Personen aufeinander, sondern zeigt mit dem Mittel des Vertrages, wie mit diesem Gegensatz so etwas wie eine gesellschaftliche Kooperation zustande kommt: jeder Eigentümer versucht im Vertrag das entgegengesetzte Interesse des anderen Eigentümers für sich zu instrumentalisieren und nach Kräften auszunutzen. Dies ist ein wichtiger Punkt: anders als das entsprechende Sprichwort es behauptet, *‚kommt Vertrag' gerade nicht ‚von vertragen'*; vielmehr stellt sich darin der gegensätzliche Ausgangspunkt der Eigentümer im Vertrag in einer neuen Qualität dar. Diese zeigt sich unter anderem darin, dass beide Vertragspartner stets versuchen, bessere Bedingungen für sich heraus zu handeln und dem anderen die schlechteren Bedingungen zuzumuten, wobei die Übergänge zu kleineren oder größeren Betrügereien fließend sind. Dies setzt sich bei Gericht fort, wo bekanntermaßen häufig gelogen wird und endet schließlich handgreiflich und grell im Zwangsvollstreckungsverfahren.

Schauen wir uns noch einmal die obigen Beispiele im Hinblick auf die ihnen innewohnenden Gegensätze an: das ‚Containern' untergräbt den negativen Bezug zwischen Verkäufer und Käuferin; niemand würde mehr kaufen, wenn er die Waren umsonst aus dem Supermarkt holen könnte; jedenfalls drückt diese Möglichkeit die Preise und muss daher ganz prinzipiell unterbunden werden. Das Bedürfnis nach einem Dach über dem Kopf ist für die Menschen so essenziell wichtig, dass es von den Grundeigentümern profitabel auszunutzen ist; dies gilt nicht zuletzt deshalb mit besonderer Schärfe, weil andere – gewerbliche – Nutzungsbedürfnisse über eine höhere Zahlungsfähigkeit verfügen als diejenigen von Menschen, die einfach nur wohnen müssen. Im Ergebnis ist das Wohnen unter bürgerlichen Eigentumsverhältnissen teuer, für manche eben zu teuer. Schließlich: Die Lebenslage ‚Überschuldung' ist nicht nur selbst miserabel; sie zeugt vom gegensätzlichen Charakter des vorausgehenden oder noch fortbestehenden Arbeitsverhältnisses, das die Mittel für eine finanzielle Vorsorge gegen Krankheit, Alter, Scheidung usw. einfach nicht abwirft. Warum? – Weil ArbeitgeberInnen die Angewiesenheit der ArbeitnehmerInnen auf einen Arbeitsplatz zu ihren Gunsten ausnutzen, also die Löhne drücken und die Arbeit so verdichten können, dass an einem einmal eingerichteten Arbeitsplatz möglichst viel und billig gearbeitet wird, um damit die Rentabilität des Unternehmens zu steigern.

All diese gegensätzlichen ökonomischen Verhältnisse werden vom BGB in Kraft gesetzt. An der *Eigentumsfrage scheiden sich Arm und Reich* ganz grundsätzlich: ob man Reichtum in seiner konkreten Form als irgendwie nutzbares Ding in den Blick nimmt, oder gleich in seiner abstrakten Form als Geldreichtum – stets bedarf er der rechtlichen Absicherung einer Eigentumsordnung gegenüber all jenen, die die entsprechenden Gegenstände, bzw. Geld *nicht haben, aber brauchen*, die man also ‚arm' zu nennen pflegt.

Blickt man nun etwas über den juristischen Tellerrand hinaus, zeigt sich freilich noch eine ganz andere Dimension des Gegensatzes von Arm und Reich. Denn so viel ist klar: unter Geltung des zivilrechtlichen Eigentumsschutzes ist jeder gezwungen, das alleinige Mittel zum Eigentumserwerb, nämlich *Geld*, zu verdienen. Zu diesem Zweck darf jede/r nur mit den ihm/ihr gehörigen

Mitteln aktiv werden. Diese Mittel sind allerdings hinsichtlich ihrer Durchschlagskraft sehr unterschiedlich beschaffen (und damit greifen wir das oben angesprochene *Arbeitsverhältnis* wieder auf): *Entweder* man verkauft seine Arbeit einem Unternehmen, welches über die erforderlichen sachlichen Mittel zur Produktion irgendeiner Ware (oder Dienstleistung) verfügt. Dann ist man Arbeitnehmer/in (altmodisch: Lohnarbeiter), arbeitet sein Leben lang, ohne dass einem die Produkte der Arbeit gehören würden und bleibt mehr oder weniger arm. *Oder* man besitzt als Unternehmen die sachlichen Mittel zur Produktion irgendeiner Ware und lässt andere daran arbeiten. Dann ist man Arbeitgeber/in (altmodisch: Kapitalist), verfügt über die produzierten Waren, kann sie gewinnbringend verkaufen und wird damit mehr oder weniger reich. So gesehen stellt sich der Gegensatz von Arm und Reich als funktionelles Herrschaftsverhältnis des Reichtums über die gesellschaftliche Arbeit dar. Das Kapital nutzt die Arbeit zu seiner Vermehrung.[52] Dieses gegensätzliche Verhältnis bedarf zu seiner alternativlosen Geltung zwingend der zivilrechtlichen Eigentumsordnung, die vom Staat unerbittlich und in aller Form (vgl. Art. 14 GG, § 903 BGB) geschützt wird.

3.2 Zum Aufbau des BGB

3.2.1 Überblick

Das BGB hat fünf Bücher, Der Begriff ‚Bücher' steht für nichts anders als eine Gliederungsebene. Man hätte genauso gut Kapitel, Abschnitt oder ähnliches sagen können. Diese fünf Bücher unterteilen sich zunächst in einen ‚Allgemeinen Teil' (Buch 1, ‚AT') sowie die vier weiteren ‚Besonderen Teile' (Buch 2–5, ‚BT'). Der AT (§§ 1–240 BGB) enthält *vor die Klammer gezogene*, eben ‚allgemeine' Regelungen, die für die jeweiligen Vorschriften des besonderen Teils mitgelten. Der Besondere Teil gliedert sich nach den vier Sachgebieten

- Recht *der Schuldverhältnisse* (auch ‚Schuldrecht' genannt), §§ 241–853 BGB)
- *Sachenrecht* (§§ 854–1296 BGB)
- *Familienrecht* (§§ 1297–1921 BGB)
- *Erbrecht* (§§ 1922–2385 BGB)

Innerhalb des Schuldrechts (§§ 24–853 BGB) unterscheidet der Gesetzgeber zwischen

- Schuldrecht – AT
- Schuldrechts – BT.

---

52 Karl Marx, ohne dessen Erklärungen man zur inhaltlichen Bestimmung der Interessenlagen des Zivilrechts nach unserer Auffassung kaum auskommt, hat vom Kapital als ‚Kommando über die Arbeit' gesprochen. K. Marx, Kapital I, MEW 23, 328.

Wie oben beschrieben geht es auch hier darum, bestimmte Regelungen vor die Klammer zu ziehen; die Regelungen des Schuldrecht – AT gelten aber eben nur für das Schuldrecht. Auch für das Schuldrecht – AT gilt, dass sich hier grundsätzlich keine Anspruchsgrundlagen finden, durchaus aber Modifikationen bestehender Ansprüche.

Man versteht diese Regelungstechnik am ehesten, wenn man sich an die Klammersetzung in der Mathematik erinnert: dort bedeutet eine Klammer bekanntlich, dass das In-Klammern-Gesetzte *vor* allen anderen Bestandteilen einer Gleichung zu berechnen ist; *danach* hat man sich den außerhalb der Klammer befindlichen Bestandteilen zu widmen. Genauso ist es im BGB auch: die BTs gelten als in-Klammern-gesetzt; man hat sich also zunächst ihnen zu widmen. Kommt man mit diesen Regelungen nicht weiter, ist es zulässig und auch erforderlich, zu den ATs als vor die Klammer gezogenen Regelungen zu wechseln.

3.2.2 Ein Beispielfall aus dem Minderjährigenrecht

Wie diese unterschiedlichen Teile ineinandergreifen, soll wiederum an einem *Beispiel* deutlich gemacht werden. Stellen wir uns ein 14-jähriges Mädchen (T) vor, das bei Ebay ein gebrauchtes iPhone im Wert von 650 € im Internet mithilfe des eigenen Guthabenkontos von V kauft. Die dort angesparten 800 € waren eigentlich gemeinsam mit der Mutter (M) für den Kauf eines neuen Fahrrads vorgesehen. M erfährt von dem Geschäft erst, als T nach einer Woche das neue Telefon präsentiert. M hält davon gar nichts und wendet sich trotz heftigen Protests von T an den V (der kein professioneller Händler ist) und verlangt, dass der Kaufvertrag rückgängig gemacht wird, also Rückerstattung des Kaufpreises gegen Rückgabe des Telefons. V meint, T habe einen wirksamen Vertrag geschlossen, da die Widerrufsfrist abgelaufen sei und der ‚Taschengeld-Paragraf‘ gelte. Wie ist die Rechtslage?

Als erstes müssen wir eine *Anspruchsgrundlage* für M finden. Dabei geht man in einer bestimmten Reihenfolge vor, nämlich: *Vertrag, Vertrauen, Gesetz.* Man prüft also zunächst vertragliche Ansprüche, dann solche, die den sogenannten Vertrauensschutz zum Gegenstand haben und schließlich solche, die sich unmittelbar aus dem Gesetz ergeben.

Da es sich beim Vertrag über das iPhone um einen Kaufvertrag gemäß §§ 433ff. BGB handelt, starten wir mit unserer Suche im Besonderen Teil des Schuldrechts, müssen aber feststellen, dass wir dort eine Anspruchsgrundlage für eine Rückgängigmachung nur bezüglich eines Mangels der Kaufsache finden, und zwar in den §§ 434ff. BGB. Da in unserem Fall von einem Sachmangel nicht die Rede sein kann, erweist sich diese Überlegung daher als Sackgasse. Wir dürfen uns nun auf die Suche nach Anspruchsgrundlagen im Schuldrecht – AT machen. In Betracht kommt eine Rückabwicklung des Vertrages nach den

Regelungen des Rücktritts (§§ 346ff. BGB), des Widerrufs von Fernabsatzverträgen (§§ 312b ff. BGB). Diese Regelungen befinden sich im Schuldrecht – AT, weil die Problematik von Rücktritt und Widerruf die verschiedensten Verträge aus dem BT (also etwa Kauf-, Tausch-, Miet-, Dienst- oder Werkvertrag) betreffen kann. Ferner kommt in Betracht das gesetzliche Schuldverhältnis über die Herausgabe einer ungerechtfertigten Bereicherung (§§ 812ff. BGB), dass sich allerdings wieder im Schuldrecht – BT befindet – durchaus folgerichtig, denn es ist ein besonderes Schuldverhältnis, das kraft Gesetzes gilt, also nicht eines Vertragsschlusses bedarf (wie etwa auch der Anspruch auf Schadensersatz wegen einer unerlaubten Handlung gemäß § 823 BGB).

Zunächst zum Rücktritt: ein solcher wäre für M nur möglich, wenn sie einen Rücktritts*grund* geltend machen könnte, der nach § 346 Abs. 1 BGB im Vertrag vereinbart sein oder ihr aus Gesetz zustehen müsste. Beides ist vorliegend nicht der Fall, sodass dieser Anspruch ausscheidet.

Der Widerruf gemäß § 312d BGB setzt voraus, dass es sich um ein Fernabsatzvertrag handelt, was wiederum nach § 312b Abs. 1 BGB zu beurteilen ist. Dort finden wir zwei wesentliche Voraussetzungen: das Geschäft müsste zwischen einem ‚Unternehmer' und einem ‚Verbraucher' abgeschlossen worden sein. Wo finden wir nun die Definition dieser Begriffe? Nicht im Schuldrecht, da beide Begriffe im gesamten BGB Verwendung finden und daher im AT definiert sind. § 14 Abs. 1 BGB knüpft die Unternehmereigenschaft an den gewerblichen oder selbstständigen beruflichen Abschluss von Rechtsgeschäften. § 13 BGB ist der entsprechende Gegenbegriff: kein gewerblicher oder selbstständiger beruflicher Abschluss von Rechtsgeschäften. Da im vorliegenden Fall T zwar Verbraucher, der eBay-Händler aber nicht Unternehmer ist, scheidet ein Widerruf gemäß § 312d BGB aus.

Kommen wir nun zum Bereicherungsanspruch gemäß § 812 Abs. 1 BGB. M könnte dann (für ihre Tochter) ein Anspruch auf Rückübereignung des Geldes zustehen, wenn der V etwas *durch Leistung ohne Rechtsgrund* erlangt hätte. Dies könnte der Fall sein, wenn der von T geschlossene Vertrag unwirksam wäre. Die Unwirksamkeit des Vertrages könnte sich daraus ergeben, dass T als 14-jährige unter 18, also minderjährig ist, vgl. § 2 BGB; denn Minderjährige bis zum 7. Lebensjahr sind geschäftsunfähig, zwischen dem 7. und dem 18. Lebensjahr, sind sie in ihrer Geschäftsfähigkeit beschränkt, §§ 106ff. BGB. Dies bedeutet, dass ihre Willenserklärungen, sofern sie durch diese nicht lediglich einen rechtlichen Vorteil erlangt haben, zu ihrer Wirksamkeit der Einwilligung ihres gesetzlichen Vertreters bedürfen, § 107 BGB. Was bedeutet das? – So gut wie alle gegenseitigen Verträge verpflichten zu einer Leistung oder Gegenleistung. Damit sind sie – mit Ausnahme der Schenkung, § 516 BGB – nicht lediglich rechtlich vorteilhaft, also zustimmungspflichtig. Und wer ist nun der gesetzliche Vertreter von T? Dies ist wiederum eine Frage des Familienrechts, genauer des Kindschaftsrechts. Wir müssen also in den §§ 1626 ff.

BGB nachschauen und finden dort in § 1629 Abs. 1 BGB eine Vorschrift, die die sorgeberechtigten Eltern als Vertreter des Kindes bestimmt.

Von M liegt weder eine Einwilligung für den Kaufvertrag vor, noch eine nachträgliche Genehmigung gemäß § 108 BGB. Damit schlägt die bis dahin bestehende ‚schwebende Unwirksamkeit' der Willenserklärung von T in eine endgültige Unwirksamkeit um mit der Folge, dass der Kaufvertrag als nicht geschlossen gilt. Doch halt! Was ist mit der Ausnahmevorschrift des soge-nannten Taschengeldparagrafen, § 110 BGB? Dieser dürfte im vorliegenden Fall dem eBay-Händler nicht weiterhelfen, denn die gezahlten 650 € waren der T eben nicht zur freien Verfügung, wie ein Taschengeld, überlassen, son-dern sollten dem Kauf eines Fahrrads dienen.

Damit ist insgesamt klar, dass der eBay-Händler ‚etwas', nämlich das Geld ohne Rechtsgrund und zwar durch ‚Leistung' erlangt hat und dafür keinen Rechtsgrund, insbesondere keinen wirksamen Vertrag vorweisen kann. Dies hat zur Folge, dass er ‚das Erlangte' an T, vertreten durch ihre M nach den §§ 818 BGB herauszugeben hat. Entsprechendes gilt natürlich für das iPhone auch: es ist nach §§ 812, 818 BGB an den eBay-Händler herauszugeben.

Dieses Beispiel zeigt, dass selbst vermeintlich einfache Fälle ein großes Überblickswissen über den Aufbau des BGB, seine Funktionsweise und spe-zielles Wissen zu Voraussetzungen und Rechtsfolgen einzelner Anspruchs-grundlagen voraussetzen. Dieses Wissen zu vermitteln, ist nicht Aufgabe unserer Einführung, sondern bleibt den juristischen Seminaren in den Studi-engängen der Sozialen Arbeit vorbehalten. Vgl. hierzu auch die weiterführen-de Literatur am Ende dieses Kapitels.

3.2.3 Zivilrechtliche Grundbegriffe

Trotzdem wollen wir im Folgenden kursorisch auf einzelne Rechtsbegriffe des BGB eingehen, die z. T. im gesamten Recht Bedeutung haben und auch in der Sozialen Arbeit benötigt werden. Die Teile des BGB, die für die Soziale Arbeit von besonderer Relevanz sind (insbesondere Familienrecht und Betreuungs-recht) sind in [6.3] und [6.5] ausführlich behandelt. Das Arbeitsrecht findet sich ausführlich dargestellt in [7.3].

Personen sind Abstraktionen des bürgerlichen Gesetzgebers. Die allge-mein verbreitete Definition lautet, dass eine Person mit der Geburt *fähig* wird, Träger von Rechten und Pflichten zu sein (§ 1 BGB). Das Bemerkenswerte: Das Recht behandelt seine eigenen *Zuschreibungen* als *Eigenschaften* der Perso-nen; folglich darf eine Person auch nicht auf ihre Rechtsfähigkeit verzichten. Das Recht kennt also den wirklichen Menschen nur als das Produkt seiner Abstraktionen. Man sieht es daran, dass die *juristischen Person*en (Stiftungen, Vereine, Aktiengesellschaften...), die erklärtermaßen ein von ihren mensch-lichen Mitgliedern getrenntes Kunstprodukt sind, im Rechtsverkehr so behandelt werden, wie natürliche Personen: Beide Arten von Personen können Eigentum an etwas haben, Willenserklärungen abgeben usw.. Ein anderes Beispiel: Dass man mit 18 Jahren volljährig ist, folgt nicht aus dem Erwachsensein eines Menschen, sondern aus der rechtlichen Setzung (§ 2 BGB), dass man mit 18 Jahren als erwachsen *behandelt wird*; und zwar grundsätzlich auch dann, wenn man es vielleicht wegen einer verzögerten individuellen Entwicklung noch gar nicht ist. Diese Umkehrung wird von dem alten Staatsrechtler Georg Jellinek sehr treffend ausgedrückt, wenn er die Person als die ,zum Sein verdichtete Relation zwischen Individuum und Staat' fasst.[53]

Das

Eigentum

regelt die Zuordnung von Sachen und Grundstücken zu Personen und stellt nach § 903 BGB ein ausschließendes Verfügungsrecht des Berechtigten dar: niemand darf über den Gegenstand verfügen, außer dem Eigentümer. Für kapitalistische Verhältnisse ist es unverzichtbar und genießt umfassenden grundrechtlichen (Art. 14 GG) und strafrechtlichen Schutz (§§ 242 ff. StGB).

Der

Vertrag

wird in den §§ 145 ff. BGB geregelt und setzt zwei übereinstimmende Willenserklärungen – Angebot und Annahme – voraus. Er ist wesentlicher Ausfluss der grundrechtlich geschützten ,Privatautonomie' (Art. 2 Abs. 1 GG): in einer modernen Konkurrenzgesellschaft wird niemand zum Abschluss von Verträgen gezwungen; vielmehr entscheidet sich jede/r aufgrund eigener Kalkulationen frei dazu. Insofern entscheidet allerdings auch die ökonomische Lage, in der man sich befindet darüber, ob man die Vertragsfreiheit offensiv zum eigenen Erfolg nutzen kann, oder ob man im Wesentlichen von anderen gesetzten Sachzwängen zu genügen hat.

Der

Anspruch

wird in § 194 Abs. 1 BGB (in den Vorschriften zur Verjährung) definiert als das Recht, von einem anderen ein Tun oder Unterlassen zu verlangen. Man spricht auch von subjektivem Recht. Der Begriff hat im BGB zentrale Bedeutung, jedes Interesse davon abhängt, als Anspruch ins Recht gesetzt zu sein. Seine Durchsetzung fällt zusammen mit dem Recht ihn im Wege der Klage gerichtlich durchzusetzen und zu vollstrecken. Auch im öffentlichen Recht ist der Begriff wichtig, hängt doch an ihm in Gestalt des ,subjektiv-öffentlichen Rechts' die Befugnis, den Staat zu verklagen.

---

53 Jellinek (1964: 118).

Die
Altersstufen

im Zivilrecht sind wichtig u. a. für die Rechts-, Geschäfts- und Deliktsfähigkeit. Sinn und Zweck ist der Schutz von Minderjährigen vor den Gefahren des Rechtsverkehrs.

Mit der Geburt wird man *rechtsfähig* (also ‚Person‘, s. o.): man kann z. B. Eigentum (§ 903 BGB) erwerben, oder eine Sache besitzen (§ 854 BGB). Erben kann man allerdings – eine wichtige Ausnahme – schon vor der Geburt (§ 1923 Abs. 2 BGB).

Zwischen Geburt und vor Vollendung des 7. Lebensjahres ist man *geschäftsunfähig*; alle abgegebenen Willenserklärungen (WE) sind nichtig. Danach, also ab dem 7. Geburtstag, ist man *beschränkt geschäftsfähig* und bedarf der vorherigen Einwilligung oder nachträglichen Genehmigung seines gesetzlichen Vertreters für Willenserklärungen, die nicht lediglich rechtlich vorteilhaft sind. Mit der Vollendung des 18. Lebensjahres (also am 18. Geburtstag) ist man volljährig.

Deliktsfähigkeit bedeutet, dass das BGB an bestimmte Handlungen eine Schadensersatzpflicht knüpft. Gem. § 828 BGB liegt die Altersgrenze dafür wieder beim 7. Geburtstag. Allerdings muss ein Gericht im Einzelfall die erforderliche Zurechnungsfähigkeit feststellen. Bis zur Vollendung des 10. Lebensjahrs gilt ein Haftungsprivileg für fahrlässig herbeigeführte Schäden u. a. im Straßenverkehr.

Erwähnt seien noch folgende Altersstufen: Mit dem 14. Geburtstag erhält man ein Vetorecht gegenüber einvernehmlichen Anträgen der Eltern auf Übertragung des elterlichen Sorgerechts nach Trennung (§ 1671 BGB). Man wird – bei Einsichtsfähigkeit – *jugendstrafmündig* (§§ 1ff. JGG), gilt im SGB VIII nicht mehr als Kind, sondern als Jugendlicher (§ 7 Abs. 1 SGB VIII) und ist in der Wahl des religiösen Bekenntnisses frei (§ 5 RelKErzG). Sexuelle Kontakte zu strafmündigen Personen sind nicht mehr strafbar (§ 174 StGB). Mit dem 15. Geburtstag wird man sozialrechtlich handlungsfähig, kann also auch – eingeschränkt – selbst Sozialleistungen in Anspruch nehmen (§ 36 SGB I). Mit dem 16. Geburtstag kann man mit Einschränkungen heiraten (§ 1303 Abs. 2 BGB), darf in der Öffentlichkeit Alkohol trinken (§ 9 Abs. 1 JuSchG) und muss einen Personalausweis bei sich führen (§ 1 PAuswG).

Mit Vollendung des 18. Lebensjahrs ist man volljährig, d. h. voll geschäftsfähig, kann also im eigenen Namen alle Willenserklärungen abgeben, also auch alle Verträge schließen (§ 2 BGB). Man wir voll deliktsfähig, voll ehemündig, voll testierfähig und die elterliche Sorge endet (§ 1626 BGB). Es kann ggf. eine rechtliche Betreuung eingerichtet werden (§ 1896 BGB). Es kann das Erwachsenenstrafrecht angewendet werden. Man wird sozialrechtlich voll handlungsfähig und im SGB VIII gilt man als junge/r Volljährige/r (§ 7 Abs. 1 Nr. 4 SGB VIII). Man darf in der Öffentlichkeit rauchen (§ 10 JuSchG).

Das BGB enthält

bestimmte und unbestimmte Rechtsbegriffe.

Beispielsweise lautet § 90 BGB: ‚Sachen im Sinne des Gesetzes sind nur körperliche Gegenstände.' – dies ist ein bestimmter, bzw. deklaratorischer Rechtsbegriff. Seine Anwendung bereitet kaum Schwierigkeiten, weil unter diese äußerlich fassbaren Merkmale einfach subsumiert werden kann. Schwierig sind dagegen unbestimmte, bzw. normative Rechtsbegriffe, z. B. in § 123 Abs. 1 BGB: ‚Wer zur Abgabe einer Willenserklärung durch arglistige Täuschung oder widerrechtlich durch Drohung bestimmt worden ist, kann die Erklärung anfechten.' – Was bedeutet ‚Arglistige Täuschung'? Dieser schon im römischen Recht bekannte dolus malus = böser Vorsatz ist auslegungsbedürftig. Nach der Rechtsprechung ist hierunter eine Täuschung zum Zweck der Erregung oder Aufrechterhaltung eines Irrtums zu verstehen, wobei weder eine Bereicherungsabsicht des Täuschenden noch eine Schädigung des Vermögens des Getäuschten erforderlich ist.[54] Solche Auslegungen muss man in der Fallbearbeitung *wissen*; dafür gibt es juristische Lehrbücher und Kommentare. In der Klausur muss man sich daran mangels verfügbarer Literatur entweder erinnern, oder man muss sich solche Auslegungen fallbezogen erschließen. Generell kann man sagen, dass unbestimmte Rechtsbegriffe dem Gericht viel Flexibilität im Einzelfall eröffnen, während bestimmte Rechtsbegriffe zu einer eher statischen Rechtsprechung führen. Der Gesetzgeber versäumt also häufig nicht etwa, genauer zu formulieren, sondern bezweckt damit eine größere Regelungskompetenz der Gerichte. Im für die Soziale Arbeit wichtigen Familienrecht sind unbestimmte Rechtsbegriffe wegen des sittlichen Charakters der Regelungsmaterie sehr häufig (Beispiel: Das ‚Kindeswohl' gem. § 1697a BGB).

Die

Auslegung

ist in zweierlei Hinsicht wichtig: zum einen müssen *Willenserklärungen* auf ihren rechtlich relevanten Inhalt hin untersucht werden. Nicht selten drücken sich die Leute falsch oder missverständlich aus. Nach § 134 BGB gilt grundsätzlich das wirklich Gemeinte und nicht der unmittelbare Wortlaut. Dabei ist die Grenze zwischen dem, was da an ‚eigentlichem' Willen herausabstrahiert und dem, was ihm unterstellt wird, durchaus fließend: es kommt durchaus vor, dass einen erst ein eingeschalteter Rechtsanwalt damit vertraut macht, was man ‚eigentlich' mit einer bestimmten Willensäußerung gewollt habe. Zum anderen werfen die *Gesetze* bei ihrer Anwendung lauter Auslegungsfragen auf, die – siehe die Ausführungen oben zu bestimmten und unbestimmten Rechtsbegriffen – durchaus schwer zu entscheiden sind. JuristInnen kennen hierfür vier *Auslegungsmethoden*: 1. die *wörtliche* Auslegung , die sich am unmittelbaren Wortlaut einer Norm orientiert; 2. die *systematische* Auslegung,

---

54 Ellenberger in: Palandt (2009), § 123 BGB Rn. 2.

die danach fragt, in welchem Verhältnis eine Norm oder ein Rechtsbegriff zu anderen Normen oder Rechtsbegriffen steht; 3. die *historische* Auslegung, die ermittelt, was der Gesetzgeber in seinen Begründungen als Grund angeführt hat und schließlich 4. die *teleologische* Auslegung, die nach dem Sinn und Zweck einer Norm fragt und damit bisweilen sogar eine Auslegung vertritt, die vom Wortlaut nicht mehr gedeckt ist.

Der Grundsatz von

Treu und Glauben

ist in § 242 BGB geregelt und gehört zu den schwierigsten (unbestimmten) Rechtsbegriffen überhaupt, Kommentierungen hierzu umfassen Hunderte von Seiten. Der Grundsatz gilt unmittelbar nur im Schuldrecht, hat aber Bedeutung für das gesamte Rechtssystem. Er verbietet nämlich den Rechts*missbrauch* und verweist zur Frage, was denn der Rechts*gebrauch* ist, auf die ‚Verkehrssitte‘. Es mag sein, dass die unmittelbare Anwendung des Gesetzestextes zu Ergebnissen führt, die mit den Grundannahmen des jeweiligen Rechtsgebietes nicht vereinbar sind: Dann greift § 242 BGB und erklärt diese Rechtsausübung, oder eine bestimmte Auslegung, für unzulässig. Beispiele: Etwas zu fordern, was man aus anderen Rechtsgründen sofort wieder herauszugeben hätte, ist rechtsmissbräuchlich. Ebenso darf man sich nicht in Widerspruch zu seinem eigenen Verhalten setzen; oder, etwas profaner: man darf nicht eine geschuldete Leistung um 2.00 Uhr morgens anliefern.

Stellvertretung,

also das rechtsgeschäftliche Handeln für eine/n andere/n mit Wirkung für und gegen die vertretene Person, ist gem. § 164 ff. BGB möglich und setzt eine Vollmacht oder gesetzliche Vertretungsmacht voraus. Eine sogenannte Anscheinsvollmacht kann eine erteilte Vollmacht ersetzen. Liegt keine Vertretungsmacht vor, ist die Wirksamkeit des Geschäfts von der Genehmigung der Vertretenen abhängig. Verweigert sie diese, handelt der Vertreter der anderen Seite auf Erfüllung oder Schadensersatz (§§ 177 ff. BGB). Ein schönes Beispiel schwer verständlicher Rechtssprache enthält § 164 Abs. 2 BGB (lesen!), der lediglich aussagt, dass man eine Stellvertretung transparent machen muss, will man nicht selber an den Vertrag gebunden sein.

Nichtig

können Willenserklärungen aus verschiedenen Gründen sein.

- *Mangelnde Geschäftsfähigkeit*, § 104 BGB – der Minderjährigenschutz (s. o.) steht einer Wirksamkeit entgegen.
- *Geheimer Vorbehalt*, § 116 BGB – der geheime Vorbehalt, das erklärte nicht zu wollen, ist gemäß § 116 Satz 1 BGB unbeachtlich. Geheim ist der Vorbehalt, wenn er vor demjenigen, für den die Willenserklärung bestimmt ist,

verheimlicht wird. Zur Nichtigkeit führt allerdings nur der vom anderen Teil erkannte Vorbehalt, § 116 Satz 2 BGB.

- *Scheingeschäft* gemäß § 117 Abs. 1 BGB – eine nur zum Schein abgegebene Willenserklärung ist nichtig. Stattdessen gilt das verdeckte Rechtsgeschäft, wenn es die Parteien wirklich gewollt haben.
- *Scherzerklärung,* § 118 BGB – nichtig ist hier nur der ‚gute Scherz‘, von dem erwartet wird, dass die andere Seite ihn erkennt; der ‚böse Scherz‘ fällt unter § 116 BGB.
- *Formmangel.* Grundsätzlich sind Rechtsgeschäfte formlos wirksam, z. T. wird aber Schriftform (§ 126 BGB) vorausgesetzt, etwa beim Wohnraummietvertrag (§ 550 BGB), der Bürgschaft (§ 766 BGB), oder beim Schuldanerkenntnis (§ 780 BGB). Noch weitergehend bedürfen Grundstückskaufverträge der notariellen Beurkundung (§§ 311b, 128 BGB). Grund: Formerfordernisse erfüllen eine Warnfunktion und stellen sicher, dass Ansprüche auch durchsetzbar sind (Beweisfunktion).
- *Gesetzliches Verbot.* Nach § 134 BGB ist ein Rechtsgeschäft, welches gegen ein gesetzliches Verbot verstößt, nichtig. Häufigster Fall ist der Verstoß gegen ein Strafgesetz mit der Folge, dass dem strafrechtlich sanktionierten Verhalten die Rechtsschutzmöglichkeit genommen wird. Es handelt sich bei dieser Norm um ein wichtiges Element zur Herstellung der *Einheit der Rechtsordnung.*
- *Sittenwidrigkeit.* Nach § 138 sind sowohl sittenwidrige, als auch wucherische Rechtsgeschäfte nichtig. Sittenwidrig ist ein Rechtsgeschäft, welches gegen das Anstandsgefühl aller billig und gerecht Denkenden verstößt. Ein wucherisches Rechtsgeschäft weist ein auffällig großes Missverhältnis zwischen Leistung und Gegenleistung auf (Ständige Rechtsprechung). Es handelt sich wieder um unbestimmte Rechtsbegriffe. Wie bei dem Grundsatz von Treu und Glauben zeigt sich auch hier, dass das Zivilrecht nicht einfach in einem technokratischen Regelkanon besteht, sondern vielmehr offen ist für moralische Wertungen. Selbstredend handelt es sich um die Wertungen, die zum Kapitalismus passen: Schutz der freien Willensbetätigung sowie Grundsatz des Äquivalententausches gegen erpresserische Willensbeeinflussung und Übervorteilung.
- *Anfechtung wegen Irrtums* §§ 119, 120 BGB – unterschieden werden Inhalts-, Erklärungs- und Eigenschaftsirrtum, die jeweils zur Anfechtung berechtigen. Hier geht es ebenfalls um den Schutz der freien Willensbetätigung, die nicht durch Fehlvorstellungen beeinträchtigt werden soll. Dementsprechend ist der sogenannte Motivirrtum, bei dem der Erklärende lediglich falsche Kalkulationen bezüglich des von ihm angestrebten Nutzens hat, unbeachtlich. Weiter kann gemäß § 123 BGB wegen *Täuschung oder Drohung* angefochten werden. Auch dies ist folgerichtig: eine freie Willensbetätigung liegt eben nur vor, wenn man sich ohne derartige erpresserische Einwirkungen der Gegenseite zu einer Willenserklärung

entschlossen hat. Die Irrtumsanfechtung nach §§ 119, 120 BGB muss gemäß § 121 BGB *unverzüglich* erfolgen, d. h. ohne schuldhaftes Zögern. Die Anfechtung nach § 123 BGB muss innerhalb eines Jahres erklärt werden, § 121 Abs. 1 Satz 2 BGB. Erfolgt sie wirksam, so gilt das Rechtsgeschäft gemäß § 142 Abs. 1 BGB als von Anfang an nichtig.

Zum
Schadensersatz

kann man aufgrund vertraglicher (z. B. § 280 BGB) oder gesetzlicher (z. B. § 823 BGB) Bestimmungen verpflichtet sein. Wir möchten hier nur kurz auf das gesetzliche Schuldverhältnis wegen deliktischer Haftung („unerlaubter Handlung') gem. § 823 Abs. 1 BGB eingehen. Im Grunde handelt es sich hier um die Umkehrung aller geschützten Rechtspositionen. Jeder Schaden, der einer materiellen oder im Einzelfall auch ideellen Vermögensposition einer Person zugefügt wird, kann Gegenstand dieses Anspruchs sein. Im Einzelnen werden Leben, Körper, Gesundheit, Freiheit, das Eigentum oder ein ‚sonstiges Recht' genannt, wobei das letztgenannte als unbestimmter Rechtsbegriff besonders umstritten ist. Weitere Voraussetzung ist die Zurechenbarkeit, die durch Vorsatz oder Fahrlässigkeit begründet wird. Wichtig zu erwähnen ist ferner § 823 Abs. 2 BGB: wer gegen ein ‚Schutzgesetz' verstößt, hat den hieraus entstehenden Schaden ebenfalls zu ersetzen. Es handelt sich hierbei um eine wichtige Querverbindung zum Strafgesetzbuch, sodass im Grundsatz jeder, der Opfer einer Straftat wird, einen zivilrechtlichen Schadensersatzanspruch erhält. Ein Anspruch aus § 823 BGB kann sowohl durch eine *Handlung*, als auch durch ein *Unterlassen* verwirklicht werden, letzteres allerdings nur, wenn eine Rechtspflicht zum Handeln bestand; man spricht von einer *Garantenstellung* (vgl. § 13 StGB). Die Haftung des *Aufsichtspflichtigen* besteht gem. § 832 BGB, wobei die Haftung der personensorgeberechtigten Eltern für ihre Kinder (§§ 1626 ff. BGB) den häufigsten Fall darstellt.[55]

Vorsatz und Fahrlässigkeit

sind in § 276 BGB geregelt. Es handelt sich um die zentrale Zurechnungsnorm im BGB. Nach herrschender Ansicht ist Vorsatz das Wissen und Wollen des pflichtwidrigen Erfolgs. Fahrlässigkeit ist in § 276 Abs. 2 BGB gesetzlich definiert: danach handelt fahrlässig, wer die im Verkehr erforderliche Sorgfalt außer Acht lässt.

---

55 Vgl zu dieser Problematik im Bereich der Kinder- und Jugendhilfe: Tammen/Bänfer (2006).

Weitergehende Literaturempfehlungen

Kalwass, Wolfgang/Abels, Peter (2015): Privatrecht: Bürgerliches Recht, Handelsrecht, Gesellschaftsrecht, Zivilprozessrecht, Insolvenzrecht. München: Franz Vahlen Verlag.

Lorenz, Annegret (2013): Zivil- und familienrechtliche Grundlagen der Sozialen Arbeit: Ein Studienbuch. Baden-Baden: Nomos Verlag.

4 Das Strafrecht

4.1 Zweck des Strafrechts

Im Strafrecht legt der Staat fest, welche Verhaltensweisen verboten sind und setzt mit der Bestrafung dieser Verhaltensweisen deren Verbot durch. Dabei geht es nicht um die Wiedergutmachung eines individuellen Schadens, den eine Person durch das verbotene Verhalten einer anderen Person erlitten hat, sondern um den **Schutz von Rechtsgütern.**

Nimmt eine Person einer anderen Person ohne dessen Erlaubnis das Fahrrad weg, so stellt das möglicherweise einen verbotenen Diebstahl nach § 242 StGB dar. Bestraft wird diese Tat mit einer Freiheitstrafe bis zu fünf Jahren oder einer Geldstrafe, § 242 Abs. 1 StGB. Dass der/die Täter/in eventuell eine Haftstrafe antreten muss, hilft der geschädigten Person im konkreten Fall wenig. Ihr Fahrrad hat sie damit nicht wieder. Ob und inwieweit der Schaden, den sie erlitten hat, von dem Täter zu ersetzen ist, ist Gegenstand z. B. des zivilrechtlichen Haftungsrechts [3.2.3]. Der Schadenersatzanspruch hängt in seiner Durchsetzung davon ab, dass die geschädigte Person diesen Anspruch überhaupt vor einem Zivilgericht geltend macht, den Anspruch zugesprochen bekommt und ihn gegen den Täter vollstrecken lassen kann. Strafrechtlich kommt es auch nicht darauf an, dass die geschädigte Person ihr Fahrrad möglicherweise gar nicht wiederhaben will, weil es nicht mehr funktionierte und sie vielleicht sogar froh ist, es nicht entsorgen zu müssen.

Wenn der Gesetzgeber die Wegnahme einer fremden beweglichen Sache unter Strafe stellt, schützt er also nicht ein individuell geschädigtes Interesse. Geschützt wird ein Rechtsgut, hier das Eigentum an einer Sache[56]. Welche Rechtsgüter im Einzelnen durch das Strafrecht geschützt werden sollen, legt der Gesetzgeber fest[57]. Bestraft wird der Täter, weil er gegen die Festsetzung des Gesetzgebers, die Rechtsordnung verstoßen hat. Damit regelt das Strafrecht eine Rechtsbeziehung zwischen dem Staat, als dem Urheber der

---

56 Eser/Bosch in: Schönke/Schröder (2014), § 242 StGB Rn. 1.
57 Zur Strafbarkeit des Beischlafs zwischen leiblichen Geschwistern: „Es ist grundsätzlich Sache des Gesetzgebers, den Bereich strafbaren Handelns unter Berücksichtigung der jeweiligen Lage festzulegen. Das Bundesverfassungsgericht hat lediglich darüber zu wachen, dass die Strafvorschrift materiell in Einklang mit den Bestimmungen der Verfassung steht und den ungeschriebenen Verfassungsgrundsätzen sowie Grundentscheidungen des Grundgesetzes entspricht.", BVerfG v. 26.02.2008 – 2 BvR 392/07 – BVerfGE 120, S. 224–273 – juris, Rn. 38.

Rechtsordnung und dem Bürger bzw. der Bürgerin, der diese Rechtsordnung verletzt.

4.2 Zweck der Strafe

Kontrovers diskutiert wird der Zweck der Strafe. Hierzu haben sich zahlreiche Theorien ausgebildet, die sich drei Richtungen zuordnen lassen. Den **absoluten Straftheorien** zufolge zielt Strafe auf die *gerechte Vergeltung* des durch die Tat verwirklichten Unrechts. Vertreter von **relativen Straftheorien** sind davon überzeugt, dass das Strafrecht die zukünftige die Begehung von Straftaten zumindest vermindert. Dabei nimmt die Spezial- oder *Individualprävention* die Wirkungen der Strafe auf den einzelnen bereits straffällig gewordenen Täter in das Blickfeld. Die *Generalprävention* stellt auf die verhaltenssteuernden Wirkungen des Strafrechts auf die Gesamtheit der Rechtsunterworfenen ab. Die sogenannten **Vereinigungstheorien** sehen den Zweck der Strafe in allen genannten Aspekten.[58]

Die Strafrechtsfolgen [4.8] schädigen jedenfalls die elementaren durchs Recht geschützten Güter wie Freiheit (Freiheitstrafe) und Eigentum (Geldstrafe) des verurteilten Verbrechers. Das hat vielleicht gewisse präventive Wirkungen. Dass weiter gegen die Rechtsordnung verstoßen wird, ist aber nie ein Grund dafür die Strafe abzuschaffen.

> Dazu Immanuel Kant:
> „Selbst, wenn sich die bürgerliche Gesellschaft mit aller Glieder Einstimmung auflöste (z. B. das eine Insel bewohnende Volk beschlösse auseinander zu gehen, und sich in alle Welt zu zerstreuen), müsste der letzte im Gefängnis befindliche Mörder vorher hingerichtet werden, damit jedermann das widerfahre, was seine Taten wert sind."[59]

4.3 Rechtsquellen

Die wesentlichen Vorschriften des Strafrechts, also die Vorschriften über die allgemeinen Voraussetzungen der Strafbarkeit sowie die einzelnen Straftatbestände, enthält das Strafgesetzbuch (StGB). Straftatbestände finden sich aber auch in zahlreichen anderen Gesetzen (Nebenstrafrecht). So ist es beispielsweise nach § 29 BtMG (Betäubungsmittelgesetz) verboten, Betäubungsmittel unerlaubt anzubauen. Das Versammlungsgesetz verbietet in § 21 VersammlG (Versammlungsgesetz) grobe Störungen zwecks Verhinderung von nicht ver-

---

58 Miebach in: Joecks/Miebach (2012), § 46 StGB Rn. 24 ff.
59 Kant (1977: 455).

botenen Versammlungen. Ausländer machen sich strafbar, wenn sie unerlaubt in die Bundesrepublik Deutschland einreisen, § 95 AufenthG (Aufenthaltsgesetz). Den Ablauf des Strafverfahrens vom Ermittlungsverfahren über die Anklage bis hin zum Gerichtsverfahren regelt die Strafprozessordnung (StPO). Sie ist die Grundlage für das Tätigwerden der Polizei, der Staatsanwaltschaft und des Strafgerichts. Nach den Vorschriften des Gerichtsverfassungsgesetzes (GVG) bestimmt sich, welche Gerichte in Strafsachen zuständig sind. Das Jugendgerichtsgesetz (JGG) enthält zusätzliche, vom Erziehungsgedanken geprägte, strafrechtliche Vorschriften für Jugendliche und junge Erwachsene (Heranwachsende). Dem Bundeszentralregistergesetz (BZRG) lässt sich entnehmen, welche Verurteilungen wie lange gespeichert und wem gegenüber mitgeteilt werden. Der Bereich des Strafvollzugs wird durch die Strafvollzugs- und Jugendstrafvollzugsgesetze der Länder geregelt.

4.4 Aufbau des Strafgesetzbuches

Das Strafgesetzbuch hat zwei Teile, einen allgemeinen und einen besonderen Teil. Der allgemeine Teil des Strafgesetzbuches (§§ 1 – 79b StGB) enthält allgemeine Vorschriften darüber, wann ein bestimmtes Verhalten oder Nichtverhalten strafrechtlich relevant ist, welche Strafen das Gericht verhängen darf und wie es diese Strafen bemessen soll. Der besondere Teil des Strafgesetzbuchs (§§ 80–358 StGB) definiert, welche Verhaltensweisen in welchem Maße strafbar sind, enthält also die Straftatbestände und die dazu gehörigen Strafrahmen. Aus der Gliederung des besonderen Teils ergeben sich die rechtlich anerkannten und daher zu schützenden Interessen entweder des/der Einzelnen oder der Allgemeinheit (Rechtsgut). Am Anfang steht der demokratische Rechtsstaat selbst. Die §§ 80–92b StGB schützen ihn vor Verrat und Gefährdung. Es folgen – auszugweise:

- die äußere Sicherheit, §§ 93–101a StGB
- die Verfassungsorgane, §§ 105–108e StGB
- der Verkehr mit Geld, Wertpapieren und Wertzeichen, §§ 146–152b StGB
- die Rechtspflege, §§ 153–162 StGB
- der Personenstand, Familie und Ehe, §§ 169–173 StGB
- die Ehre, §§ 185–200 StGB
- das Leben, §§ 211–222 StGB
- die persönliche Freiheit, §§ 232–241a StGB
- das Eigentum, §§ 242–248c StGB
- das Vermögen, §§ 263–266b StGB
- der freie Wettbewerb, §§ 298–302 StGB

4.5 Das Gesetzlichkeitsprinzip

Zu den wichtigsten Prinzipien des Strafrechts gehört das Gesetzlichkeitsprinzip. Es bedeutet, dass eine Tat nur bestraft werden kann, wenn die Strafbarkeit der Tat gesetzlich bestimmt war, bevor die Tat begangen wurde (Art. 103 Abs. 2 GG, § 1 StGB). Damit soll sichergestellt werden, dass der/die Bürger/in erkennen kann, welches Verhalten verboten ist, und dass er/sie sein/ihr Verhalten darauf einstellen kann. In den einzelnen Vorschriften des Strafgesetzbuches oder des Nebenstrafrechts wird daher formuliert, auf welches konkrete Verhalten welche Bestrafung folgt. So lautet § 223 Abs. 1 StGB beispielsweise: ‚Wer eine andere Person körperlich misshandelt oder an der Gesundheit schädigt, wird mit Freiheitsstrafe bis zu fünf Jahren oder mit Geldstrafe bestraft.' Den ersten Teil des Satzes bezeichnet man als Straftatbestand oder Tatbestand. Der zweite Teil des Satzes enthält die Rechtsfolge.

4.6 Das Schuldprinzip

Ein weiteres wesentliches Prinzip des Strafrechts ist das Schuldprinzip. Es besagt, dass ein Mensch nur für eine Tat bestraft wird, wenn ihm vorgeworfen werden kann, sich bewusst für das strafbare Verhalten und den Bruch der geltenden Rechtsordnung entschieden zu haben. Es genügt daher nicht, dass lediglich festgestellt wird, dass jemand etwas Verbotenes getan hat, also einen Straftatbestand verwirklicht hat (objektive Tatbestandsmäßigkeit). Zu ermitteln ist daneben der Wille zum Rechtsbruch, also die Schuld des Täters[60]. Die Zumessung einer bestimmten Strafe soll der festgestellten Schuld des Täters entsprechen (z. B. § 46 Abs. 1 StGB), also verhältnismäßig sein.

Das Strafmaß richtet daher zunächst immer danach, ob der Rechtsbruch selbst beabsichtigt war oder nur in Kauf genommen wurde (subjektive Tatbestandsmäßigkeit). Ferner kann das grundsätzlich verbotene Handeln ausnahmsweise erlaubt sein, weil der Täter mit seiner Tat gar nicht gegen die Rechtsordnung verstoßen, sondern vielmehr einen Schaden für ein anderes Rechtsgut abwenden wollte (Rechtswidrigkeit). Schließlich wird, weil die Strafe der Schuld des Täters entsprechen muss, immer auch danach gefragt, ob der Täter überhaupt schon strafmündig ist und ob er einen freien Willen besitzt (Schuld).

---

60 Zwecks besserer Lesbarkeit wird in den folgenden Unterpunkten entweder nur die männliche oder die weibliche Genusbezeichnung verwandt. Prinzipiell sind alle Geschlechter gemeint.

4.7 Voraussetzungen der Strafbarkeit

Aus den vorangegangenen Ausführungen zum Schuldprinzip ergibt sich ein dreistufiger Deliktsaufbau. Das bedeutet, dass bei der Frage danach, ob sich jemand strafbar gemacht hat, immer die folgenden Aspekte zu prüfen sind:

- Tatbestandsmäßigkeit (objektiv/subjektiv)
- Rechtswidrigkeit
- Schuld

Was sich konkret hinter diesen Prüfschritten verbirgt, soll nun im Einzelnen erläutert werden.

4.7.1 Tatbestandsmäßigkeit

Zunächst muss festgestellt werden, ob überhaupt ein strafrechtlich relevantes Verhalten vorliegt. Dies muss einerseits anhand des konkreten Straftatbestands aus dem besonderen Teil des Strafgesetzbuches geprüft werden. Andererseits fließen in die Prüfung auch die Vorschriften über die Voraussetzungen der Strafbarkeit im allgemeinen Teil des Strafgesetzbuches ein.

Objektive Tatbestandsmäßigkeit

Ein Straftatbestand gliedert sich in einzelne **Tatbestandsmerkmale**. Diese beschreiben einerseits das äußere Erscheinungsbild der Tat, wie etwa den **Täterkreis**, das Tatobjekt und die Tathandlung selbst (objektiver Tatbestand). Den Regelfall bilden die *Allgemeindelikte*, bei denen jede Person Täter sein kann. Dagegen handelt es sich um *Sonderdelikte*, wenn nur bestimmte Personen diese begehen können. Hier definiert der Gesetzgeber im Tatbestand auch den Täterkreis. So kann nur ein Amtsträger wegen Vorteilsannahme bestraft werden (§ 331 StGB). § 242 StGB stellt die Wegnahme ,einer fremden beweglichen Sache' unter Strafe. **Tatobjekt** ist hier eine Sache. Keine Sache ist aber der elektrische Strom, deshalb ist die Strafbarkeit der Entziehung elektrischer Energie in § 248c StGB ausdrücklich geregelt[61]. Die mit Strafe bedrohte **Tathandlung** des § 242 StGB ist die ,Wegnahme'. Wegnehmen kann man nur etwas, was man nicht bereits in eigenem Gewahrsam (=tatsächliche Herrschaft über eine Sache[62]) hat. Daher ist das Aneignen einer Sache ohne Bruch fremden Gewahrsams in § 246 StGB als Unterschlagung unter Strafe gestellt.

Strafrechtlich relevant kann nicht nur ein aktives **Tun**, sondern auch ein **Unterlassen** (Nicht-Tun) sein. Vorausgesetzt ist, dass die Täterin rechtlich verpflichtet ist, den Eintritt eines bestimmten Schadens zu verhindern (*Garantenpflicht*, § 13 StGB). So macht sich die Mutter, die ihr Kind verhungern

---

61 Wittig in: von Heintschel-Heinegg (2015), § 242 StGB Rn. 4.
62 Kühl in: Lackner/Kühl (2014), § 242 StGB Rn. 8a.

lässt, des Mordes schuldig. Man spricht hier von *unechten* Unterlassungsdelikten. Unecht deshalb, weil nicht das Unterlassen selbst, sondern der dadurch verursachte Erfolg die Strafbarkeit begründet. Ein *echtes* Unterlassungsdelikt ist dagegen die unterlassene Hilfeleistung nach § 323c StGB. Danach wird bestraft, wer z. B. bei Unglücksfällen keine Hilfe leistet, obwohl dies erforderlich und ihm den Umständen nach zuzumuten und möglich ist. Es kommt bei der unterlassenen Hilfeleistung nicht darauf an, ob man eine Garantenpflicht hat, sondern es wird jeder bestraft, der unter den beschriebenen Voraussetzungen keine Hilfe leistet.

Nicht immer muss die Täterin die Tat vollendet haben. In bestimmten Fällen stellt der Gesetzgeber auch schon den **Versuch** einer Tat unter Strafe. Bestraft wird der Täter für seinen Tatentschluss und dafür, dass er nach seiner Vorstellung von der Tat auch unmittelbar zur Tatbestandsverwirklichung angesetzt hat. Dass die Tat – warum auch immer – nicht gelungen ist, ändert nichts daran, dass hier jemand zum Rechtsbruch entschieden war und dazu angesetzt hat. Überlegt es sich der Täter aber anders und gibt freiwillig (nicht aus Angst vor Entdeckung!) die weitere Ausführung der Tat auf oder verhindert deren Vollendung, kann ein *strafbefreiender Rücktritt* vorliegen (§ 24 StGB). Denn dann zeigt sich, dass der verbrecherische Wille des Täters nicht so stark war, wie es zur Durchführung der Tat erforderlich gewesen wäre, und eine Strafe erscheint nicht mehr nötig, um die verletzte Rechtsordnung wiederherzustellen[63].

Ob der Versuch einer Tat strafbar ist, richtet sich nach dem Strafmaß, mit dem die Tat bedroht ist. Der Versuch eines Verbrechens ist stets strafbar, der Versuch eines Vergehens nur, wenn das Gesetz es ausdrücklich bestimmt (§ 23 StGB). *Verbrechen* sind rechtswidrige Taten, die mit einer Freiheitsstrafe von mindestens einem Jahr bedroht sind (§ 12 Abs. 1 StGB). *Vergehen* sind rechtswidrige Taten, die mit einer geringeren Freiheitsstrafe oder einer Geldstrafe bedroht sind (§ 12 Abs. 2 StGB). Obwohl der Diebstahl nur ein Vergehen ist, ordnet der Gesetzgeber ausdrücklich an, dass auch dessen Versuch strafbar ist (§ 242 Abs. 2 StGB).

Als Täter wird nicht nur bestraft, wer die Tat alleine ausführt. Auch derjenige, der die Tat mit einer anderen Person zusammen begeht, macht sich strafbar (*Mittäterschaft*, § 25 Abs. 2 StGB). Von der **Täterschaft** ist die **Teilnahme** zu unterscheiden. Eine Teilnehmerin begeht die Tat nicht selbst, sondern leistet lediglich einen Beitrag zur Straftat eines anderen. In welchem Maße die Teilnahme bestraft wird, hängt daher von dem Gewicht des zur Straftat geleisteten Beitrags ab. Diejenige Person, die als *Anstifter* eine andere Person dazu bringt, eine Straftat zu begehen, wird bestraft als hätte er die Tat selbst begangen (§ 26 StGB), weil er das Geschehen plant, lenkt und kontrolliert. Für den Anstifter ist der unmittelbare Täter lediglich ein Werkzeug, dessen er sich

---

63 BGH v. 28.02.1956 – 5 StR 352/55 – BGHSt 9, S. 48–53 – BeckRS 9998, 121163.

bedient, um die Straftat zu begehen. Als *Gehilfe* wird dagegen bestraft, wer vorsätzlich einem anderen zu dessen vorsätzlich begangener rechtswidriger Tat Hilfe geleistet hat. Weil die Gehilfin nicht selbst den Straftatbestand verwirklicht und ihre Rolle an der Straftat im Verhältnis zur Rolle der Täterin nur nachgeordnet ist, wird sie allerdings milder bestraft als die Täterin (§ 27 StGB).

Subjektive Tatbestandsmäßigkeit

Die Tatbestandsmäßigkeit eines Verhaltens setzt neben der Erfüllung der objektiven Tatbestandsmerkmale voraus, dass der Täter die Handlung, mit welcher er einen Straftatbestand verwirklicht hat, auch bewusst vorgenommen hat, oder anders: dass er wollte, was er tat. Bei der subjektiven Tatbestandsmäßigkeit geht es also um die Haltung des Täters zu seiner Tat. Dabei unterscheidet das Strafrecht grundsätzlich zwischen **Vorsatz** und **Fahrlässigkeit**. Vorsätzlich handelt ein Täter, wenn er weiß, dass er mit seinem Verhalten einen Straftatbestand verwirklicht und das auch will (*direkter Vorsatz*) oder jedenfalls billigend in Kauf nimmt (*bedingter Vorsatz*). Grundsätzlich ist nur vorsätzliches Handeln strafbar (§ 15 StGB). Nur wenn die konkrete Strafvorschrift das fahrlässige Handeln ausdrücklich mit Strafe bedroht, wird auch der fahrlässige Täter bestraft, wie z. B. bei der fahrlässigen Körperverletzung (§ 229 StGB).

Beim fahrlässigen Handeln wird danach unterschieden, ob der Täter den Erfolg seiner Tat entweder nicht vorhersieht (*unbewusste Fahrlässigkeit*) oder doch vorhersieht, aber darauf vertraut, dass der Schaden nicht eintreten wird (*bewusste Fahrlässigkeit*). Dem Täter wird also nicht Eintritt eines Schadens für ein Rechtsgut vorgeworfen, sondern dass er die erforderliche und ihm zumutbare Sorgfalt nicht aufgebracht hat. Daher ist die fahrlässig begangene Tat mit einer geringeren Strafe bedroht als die vorsätzliche Tat. Die Abgrenzung zwischen den einzelnen Formen des Vorsatzes und der Fahrlässigkeit ist mitunter schwierig, aber wegen des unterschiedlichen Strafmaßes nicht egal.

Da entscheidend ist, wie der Täter zu seiner Tat steht, liegt ein strafrechtsrelevantes Verhalten nicht vor, wenn der Täter nicht weiß, dass er mit seinem Verhalten einen Straftatbestand verwirklicht (*Irrtum über Tatumstände*, § 16 StGB). Geht der sich auf der Jagd befindende Täter z. B. davon aus, dass er auf ein Reh geschossen hat, obwohl er tatsächlich einen Menschen erschossen hat, dann kann ihm kein vorsätzlicher Totschlag nach § 212 StGB vorgeworfen werden. Er handelt dann nach § 16 StGB ohne Vorsatz. Beruhte der Irrtum auf einer Fahrlässigkeit, kann der Täter wegen fahrlässiger Tötung verurteilt werden, weil § 222 StGB auch die fahrlässige Tötung unter Strafe stellt.

In manchen Fällen hängt die Strafbarkeit außerdem von einer besonderen Absicht oder einem besonderen Motiv ab (**sonstige subjektive Tatbestandsmerkmale**). So wird beim Diebstahl nicht nur die vorsätzliche Wegnahme einer fremden Sache betraft. Dem Täter muss außerdem noch nachgewiesen werden, dass er die Sache weggenommen hat, ‚um die Sache sich oder einem Dritten rechtswidrig zuzueignen' (§ 242 Abs. 1 StGB).

4.7.2 Rechtswidrigkeit

Ebenfalls oben erläutert wurde, dass allein die Verwirklichung eines Straftatbestandes nicht strafbar ist. Die Tat muss rechtswidrig sein, also im Widerspruch zu dem rechtlich Gebotenen stehen. Grundsätzlich geht man aber davon aus, dass die Person, die einen Straftatbestand verwirklicht, auch rechtswidrig handelt[64]. Nur wenn ein **Rechtfertigungsgrund** vorliegt, wird die Täterin nicht bestraft. Auf die Feststellung, ob die Täterin schon keinen Straftatbestand verwirklicht hat [4.7.1] oder ob sie zwar etwas Verbotenes getan hat, was ausnahmsweise erlaubt war, kommt es dennoch sehr wesentlich an. ‚*Tötung in Notwehr ist nicht dasselbe wie Kaffeetrinken, obwohl beides im Ergebnis kein strafrechtliches Unrecht ist.*' [65]

Entscheidend für die Rechtswidrigkeit einer Tat ist wieder der Wille der Täterin. Geprüft wird, ob die Täterin tatsächlich etwas Verbotenes tun wollte. Daher kann ein an sich verbotenes Verhalten ausnahmsweise erlaubt sein, wenn die Täterin nicht gegen die Rechtsordnung verstoßen, sondern sie in erster Linie schützen wollte. Davon geht der Gesetzgeber z. B. aus, wenn die Täterin mit der an sich verbotenen Tat einen Angriff auf eine andere Person abwenden wollte (*Notwehr*). In so einem Fall ist die Tat gerechtfertigt und damit nicht rechtswidrig (§ 32 Abs. 1 StGB). Außer der Notwehr existieren weitere Rechtfertigungsgründe, auf die wir hier aber nicht im Einzelnen eingehen wollen. Sie sind teilweise gesetzlich definiert, wie in § 228 BGB (*Defensivnotstand*), § 904 BGB (*Aggressivnotstand*), § 859 BGB (*Besitzkehr*), § 229 StGB (*Selbsthilfe*), § 34 StGB (*Notstand*) und § 127 Abs. 1 Satz 1 StPO (*Jedermann-Festnahmerecht*). Daneben kennt das Strafrecht aber auch ungeschriebene Rechtfertigungsgründe wie die Pflichtenkollision, die Einwilligung oder die mutmaßliche Einwilligung.

Das Strafrecht berücksichtigt auch die Fälle, in denen dem Täter, der objektiv etwas Unrechtes tut, das Bewusstsein fehlt, etwas Unrechtes zu tun. So kann der Täter irrtümlich Umstände für gegeben halten, die, sollten sie tatsächlich vorliegen, die Voraussetzungen eines anerkannten Rechtfertigungsgrundes erfüllen und dadurch sein Handeln rechtfertigen würden (**Erlaubnistatbestandsirrtum**). Es ist umstritten, wie ein Erlaubnistatbestandsirrtum rechtlich zu bewerten ist. Demnach handelt der Täter bei Vorliegen des Erlaubnistatbestandsirrtums entweder vorsatzlos [4.7.1, subjektiver

---

64 Ausnahmsweise muss die Rechtswidrigkeit ausdrücklich festgestellt werden, weil sie zu den Tatbestandsmerkmalen gehört, vgl. § 240 StGB (Nötigung) oder § 253 StGB (Erpressung).
65 Hassemer (1990: 212).

Tatbestand] oder schuldlos [4.7.3]. Im Ergebnis kann ein solcher Irrtum jedenfalls dazu führen, dass die Täterin straffrei bleibt.

4.7.3 Schuld

Steht fest, dass der Täter einen Straftatbestand verwirklicht hat und war diese Tat auch rechtswidrig, stellt sich die Frage, ob die Tat dem Täter auch vorwerfbar ist, entsprechend dem Grundsatz: nulla poena sine culpa (=Keine Strafe ohne Schuld). Der Täter muss das Unrecht seiner Tat einsehen. Vorgeworfen wird ihm nämlich, dass er entgegen dieser Einsicht gehandelt hat. Die Einsicht setzt voraus, dass der Täter die Rechtsordnung grundsätzlich kennt und anerkennt, also prinzipiell zwischen Recht und Unrecht unterscheiden und sein Verhalten entsprechend steuern kann (**Schuldfähigkeit**). Kinder gelten, solange sie noch nicht vierzehn Jahre alt sind, grundsätzlich als *schuldunfähig* (§ 19 StGB)[66]. Ab dem 14. Lebensjahr muss die Schuldfähigkeit von Kindern an Hand ihrer sittlichen und geistigen Entwicklung zum Zeitpunkt der Tat positiv festgestellt werden (§ 3 Satz 1 JGG). Bei volljährigen Menschen wird vermutet, dass sie schuldfähig sind. Von diesem Grundsatz wird nur in Ausnahmefällen abgewichen. So kann die Schuld einer Person ausgeschlossen oder vermindert sein, wenn sie, z. B. wegen einer krankhaften Störung, unfähig ist, das Unrecht der Tat einzusehen oder nach dieser Einsicht zu handeln (§§ 20, 21 StGB).

Darüber hinaus kennt das Gesetz Ausnahmesituationen, in denen die Tat dem grundsätzlich schuldfähigen Täter nicht vorgeworfen wird, weil er im Affekt, also quasi unwillentlich, die Grenze zwischen Recht und Unrecht überschritten hat. Er hat dann zwar rechtswidrig gehandelt, ist aber ggf. entschuldigt und wird nicht bestraft. Verteidigt sich der Täter gegen einen Angreifer mit Messerstichen, obwohl ein Schlag ins Gesicht den Angriff bereits beendet hätte, so hat er die Grenzen der Notwehr überschritten (*Notwehrexzess*) und seine Tat ist nicht gerechtfertigt [4.7.1]. Geschah der Notwehrexzess aus Verwirrung, Furcht oder Schrecken[67], handelte der Täter aber nicht schuldhaft und wird nicht bestraft (§ 33 StGB).

Die Schuld des Täters kann außerdem ausgeschlossen sein, wenn er in Unkenntnis darüber handelt, dass sein Verhalten verboten ist (*Verbotsirrtum*). Nur wenn dieser Irrtum unvermeidbar war, bleibt der Täter ohne Schuld. Konnte der Täter den Irrtum vermeiden, so kann die Strafe gemildert werden (§ 17 StGB).

---

66 Überblick über die Diskussion zur Reform des Strafmündigkeitsgrenze siehe Streng in: Joecks/Miebach (2011), § 19 StGB Rn. 16 ff.

67 Entschuldigend sind nur die asthenischen (defensiven), nicht aber die sthenischen (aggressiven) Affekte wie Hass, Empörung, Zorn.

4.7.4 Strafverfolgungsvoraussetzungen und Strafverfolgungshindernisse

Bei der überwiegenden Anzahl der Delikte kommt es nicht darauf an, ob die geschädigte Person die Verfolgung des Täters will oder nicht. Das ist auch nur konsequent, da das Strafrecht der Wiederherstellung der Rechtsordnung und nicht dem Ausgleich eines erlittenen Schadens dient. Nur vereinzelt macht der Gesetzgeber die Verfolgung der Straftat davon abhängig, ob ein **Strafantrag** gestellt wird. Die Gründe hierfür sind unterschiedlich. So knüpfen beispielsweise die Strafantragserfordernisse der § 123 Abs. 2 StGB (Hausfriedensbruch) und § 248a StGB (Diebstahl und Unterschlagung geringwertiger Sachen) an die Geringfügigkeit der Tat an. § 247 StGB (Haus- und Familiendiebstahl) nimmt auf die enge persönliche Beziehung zwischen Täterin und Opfer Rücksicht. § 205 StGB (Verletzung des persönlichen Lebens- und Geheimbereichs) schließlich dient dem Schutz der Privatsphäre des Verletzten. In all diesen Fällen ist das staatliche Interesse an einer strafrechtlichen Sanktionierung typischerweise gering und tritt deshalb zurück, soweit nicht der Verletzte sie verlangt.[68] Unterschieden werden absolute Antragsdelikte und relative Antragsdelikte. Bei den *absoluten* Antragsdelikten kann die Tat nur dann verfolgt werden, wenn der durch die Tat Verletzte die Strafverfolgung will. Auch die Verfolgung der *relativen* Antragsdelikte setzt grundsätzlich einen Strafantrag voraus. Doch kann die Staatsanwaltschaft im Einzelfall ein besonderes öffentliches Interesse an der Strafverfolgung geltend machen (§ 248a StGB), wenn z. B. die Täterin schon wiederholt straffällig geworden ist.

Ausgenommen Mord verjähren alle Delikte nach einer bestimmten vom Gesetzgeber in Abhängigkeit von der Strafandrohung festgelegten Frist (§ 78 StGB). Nach Ablauf dieser Frist darf die Täterin nicht mehr bestraft werden. Umstritten ist der *Sinn und Zweck* der **Verjährung**. Vorherrschend ist die Meinung, dass mit Zeitablauf das Bedürfnis des Staates nach einem gerechten Schuldausgleich nachlasse[69].

4.7.5 Prüfungsschema

Wie genau die Strafbarkeit zu prüfen ist, hängt davon ab, ob sich um eine Begehungstat oder ein Unterlassungsdelikt handelt und ob die Tat vollendet oder nur versucht ist. Nachfolgend stellen wir ein Schema zur Prüfung eines vollendeten Begehungsdeliktes vor[70].

---

68 Schwarz, Sengbusch (2006: 673).
69 Dallmeyer in: von Heintschel-Heinegg (2015), § 78 StGB Rn. 2.
70 Prüfungsschema nach Krüger (2015: 16).

I. Tatbestandsmäßigkeit
1. Objektiver Tatbestand
   a. Täter, Tathandlung, Taterfolg
   b. Kausalzusammenhang
   c. Objektiver Zurechnungszusammenhang zwischen Handlung und Erfolg

2. Subjektiver Tatbestand
   a. Vorsatz oder Fahrlässigkeit
   b. Ggf. spezielle subjektive Tatbestandselemente

II. Rechtswidrigkeit
= Keine Rechtfertigungsgründe

III. Schuld
1. Schuldfähigkeit
2. Keine Entschuldigungsgründe

IV. Strafverfolgungsvoraussetzungen oder -hindernisse
1. Strafverfolgungsverjährung
2. Strafantrag

4.8 Rechtsfolgen der Straftat

Wesentliche Folge einer rechtswidrig und schuldhaft begangenen Straftat ist die *Strafe*. Weil die Strafe – ganz im Sinne des Schuldprinzips – der festgestellten Schuld des Täters entsprechen soll (§ 46 Abs. 1 Satz 1 StGB), legt der Gesetzgeber im Straftatbestand kein konkretes Strafmaß fest, sondern gibt lediglich einen *Strafrahmen*[71] vor. Das bedeutet, dass die Strafe entweder ein Höchstmaß (,bis zu einem Jahr', § 241 StGB) nicht überschreiten oder ein Mindestmaß (,nicht unter fünf Jahren', § 212 Abs. 1 StGB) nicht unterschreiten darf oder sowohl nach oben als auch nach unten begrenzt ist (,von einem Jahr bis zu zehn Jahren', § 213 StGB). Die unterschiedlichen Strafrahmen geben Auskunft darüber, für wie schwerwiegend der Gesetzgeber den Verstoß gegen die Rechtsordnung grundsätzlich einstuft[72]. Welche Strafe innerhalb des vorgegebenen Strafrahmens aber schuldangemessen ist, hat das

---

71 Eine Ausnahme gilt für Mord: Der Mörder wird mit lebenslanger Freiheitsstrafe bestraft, § 211 Abs. 1 StGB.
72 Heintschel-Heinegg in: von Heintschel-Heinegg (2015), § 46 StGB Rn. 1.

Gericht zu ermitteln und zu entscheiden. Hierzu sieht das Strafrecht die unterschiedlichsten Formen der Strafe vor: Die Strafe kann als Freiheits-, Geld- oder Vermögensstrafe verhängt werden (§ 38 StGB, § 40 StGB, § 43a StGB). Freiheitsstrafen können unter bestimmten Voraussetzungen zur Bewährung ausgesetzt werden [6.2.2]. Außerdem gibt es Nebenstrafen, wie z. B. das Fahrverbot (§ 44 StGB) oder aber die Bekanntgabe der Verurteilung (§§ 165, 200 StGB).

Neben oder anstelle von Strafe kann das Gericht zudem *Maßregeln der Besserung und Sicherung* (§§ 61–72 StGB) anordnen. Sie dienen – weil die Strafe Rechtsbrüche nun einmal nicht verhindert – dem Schutz der Allgemeinheit vor zukünftigen Rechtsbrüchen des Täters. Daher erfordern alle Maßregeln der Besserung und Sicherung eine Prognose über die zukünftige Gefährlichkeit des Täters. Und weil Maßregeln der Besserung und Sicherung gerade keine Strafen sind, kommt es nicht unbedingt auf die Schuld des Täters an (siehe etwa § 63 StGB). Die Maßregeln der Besserung und Sicherung können einerseits mit einer Freiheitsentziehung einhergehen, wie z. B. die Unterbringung in einer Entziehungsanstalt (§ 64 StGB). Andererseits sind auch Maßregeln denkbar, die nicht zu einer Freiheitsentziehung führen, wie z. B. die Führungsaufsicht (§§ 68 ff. StGB) oder das Berufsverbot (§§ 70 ff. StGB).

4.9 Strafverfahrensrecht

Im Folgenden wollen wir das Strafverfahren kurz und nur in seinen wichtigsten Grundzügen erläutern. Seine Rechtsgrundlagen finden sich im Wesentlichen in der Strafprozessordnung (StPO) und dem Gerichtsverfassungsgesetz (GVG). Im Strafverfahren soll das Geschehene so genau wie möglich rekonstruiert werden, um nach den oben dargestellten Regeln die Strafbarkeit der Täterin festzustellen und eine seiner Schuld entsprechende Strafe zu verhängen. Es gilt der Grundsatz *in dubio pro reo* (=Im Zweifel für den Angeklagten). Am Ende des Verfahrens muss die jeweilige Richterin persönlich davon überzeugt sein, dass die Täterin schuldhaft eine rechtswidrige Tat begangen hat (§ 261 StPO).

Das Strafverfahren beginnt mit dem *Ermittlungs- oder Vorverfahren*. Sobald die Staatsanwaltschaft durch eine Anzeige oder auf anderem Wege von dem Verdacht einer Straftat Kenntnis erhält, ist sie verpflichtet, den Sachverhalt zu erforschen (§ 160 Abs. 1 StGB). Ziel des Ermittlungsverfahrens ist es, herauszufinden, ob der Beschuldigte ‚hinreichend verdächtig‘ ist (vgl. § 203 StPO). Hinreichender Tatverdacht ist gegeben, wenn nach vorläufiger Bewertung des sich aus dem gesamten Akteninhalt ergebenen Sachverhalts und der Beweisergebnisse eine Verurteilung der Beschuldigten wahrscheinlicher als ein Freispruch ist, mithin eine überwiegende Wahrscheinlichkeit für eine

Verurteilung besteht[73]. Bieten die Ermittlungen genügenden Anlass, so reicht die Staatsanwaltschaft eine Anklageschrift bei dem zuständigen Gericht ein (§ 170 Abs. 1 StPO). Lässt sich kein hinreichender Tatverdacht ermitteln, so stellt die Staatsanwaltschaft das Verfahren ein (§ 170 Abs. 2 StPO). In dem darauf folgenden *Zwischenverfahren* prüft das Gericht auf Grundlage der Ergebnisse aus dem Ermittlungs- oder Vorverfahren, ob es – wie die Staatsanwaltschaft – den Täter für hinreichend tatverdächtig hält. In diesem Fall eröffnet das Gericht das Hauptverfahren (§ 203 StPO). Andernfalls lehnt es die Eröffnung des Hauptverfahrens ab (§ 204 StPO).

Das *Hauptverfahren* stellt den wichtigsten Abschnitt des Strafverfahrens dar. Hier entscheidet sich, ob der Angeklagte am Ende verurteilt oder freigesprochen wird. Dazu wird in Anwesenheit des Angeklagten und seines Verteidigers, der Richterin und der Staatsanwaltschaft eine Hauptverhandlung durchgeführt. Sie dient dazu, festzustellen, ob der Angeklagte die Strafbarkeitsvoraussetzungen erfüllt, und die schuldangemessene Strafe zu ermitteln. Die Hauptverhandlung selbst unterliegt strengen Regelungen (§§ 226 ff. StPO), insbesondere die Beweisaufnahme betreffend. Weil die Ermittlung des wahren Sachverhalts und die Beurteilung der Sach- und Rechtslage durch ein unabhängiges und neutrales Gericht die Grundlage einer schuldangemessenen Verurteilung ist, macht auch ein Geständnis des Angeklagten die Beweisaufnahme nicht entbehrlich und ist es dem Gericht untersagt, durch Vereinbarungen mit den Verfahrensbeteiligten auf die Erforschung des Sachverhalts zu verzichten und mit dem Angeklagten einen bestimmten Schuldspruch oder eine konkrete Strafe zu vereinbaren[74].

4.10 Jugendstrafrecht

Wie schon erwähnt, sind Kinder unter 14 Jahren nicht strafmündig, weil sie vom Gesetzgeber als schuldunfähig angesehen werden (§ 19 StGB). Jugendliche im Alter von 14 bis unter 18 Jahren sind dagegen strafrechtlich verantwortlich, wenn sie zur Zeit der Tat nach ihrer sittlichen und geistigen Entwicklung reif genug sind, das Unrecht der Tat einzusehen und nach dieser Einsicht zu handeln (§ 3 Satz 1 JGG). Für sie gilt jedoch bei Feststellung der strafrechtlichen Verantwortlichkeit nicht das Erwachsenenstrafrecht, sondern das Jugendstrafrecht. Seine Rechtsgrundlagen hat das Jugendstrafrecht im Jugendgerichtsgesetz (JGG). Das Jugendgerichtsgesetz findet außerdem Anwendung auf junge Erwachsene von 18 bis unter 21 Jahren (=Heranwachsende), wenn sie zur Zeit der Tat nach ihrer sittlichen und geistigen Entwick-

---

73 Gorf in: Graf (2015), § 170 StPO Rn. 2.
74 BVerfG v. 19.03.2013 – 2 BvR 2628/10, 2 BvR 2883/10, 2 BvR 2155/11 – BVerfGE 133, S. 168–241 – juris.

lung noch einem Jugendlichen gleichstanden, oder es sich nach der Art, den Umständen oder den Beweggründen der Straftat um eine Jugendverfehlung handelt (§ 105 Abs. 1 JGG).

Für die Grundlagen der Strafbarkeit von Jugendlichen und Heranwachsenden gilt dennoch das oben Ausgeführte. Auch dem Jugendlichen bzw. Heranwachsenden muss zunächst nachgewiesen werden, dass er rechtswidrig und schuldhaft einen Straftatbestand verwirklicht hat. Allerdings hat das Jugendstrafrecht nicht (ausschließlich) die Verhängung einer schuldangemessene Strafe zum Zweck, weil es den Jugendlichen bzw. den Heranwachsenden die vollständige sittliche und geistige Reife abspricht, die es für ein Unrechtsbewusstsein braucht. Die Erziehung der Jugendlichen bzw. Heranwachsenden zu einer eigenverantwortlichen und gemeinschaftsfähigen Persönlichkeit (§ 1 Abs. 1 SGB VIII) gilt als noch nicht abgeschlossen. Die Besonderheit des Jugendstrafrechts besteht daher darin, dass die Rechtsfolgen der Strafbarkeit unter Beachtung des elterlichen Erziehungsrechts bestimmt werden und das Verfahren vorrangig am Erziehungsgedanken ausgerichtet ist (§ 2 Abs. 1 Satz 2 JGG).

Daher ist das Jugendstrafrecht anders als das Erwachsenenstrafrecht durch die Möglichkeit der Verhängung von **Erziehungsmaßregeln** (§§ 9–12 JGG) und **Zuchtmitteln** (§§ 13–16 JGG) geprägt, bei denen erzieherische Konsequenzen im Vordergrund stehen. Die Verhängung einer **Jugendstrafe** (§§ 17 ff. JGG), also der Freiheitsentzug in einer Jugendhaftanstalt, kommt nur unter besonderen Voraussetzungen in Betracht. Sie setzt voraus, dass wegen der schädlichen Neigungen des Jugendlichen, die in der Tat hervorgetreten sind, Erziehungsmaßregeln oder Zuchtmittel zur Erziehung nicht ausreichen oder dass wegen der Schwere der Schuld Strafe erforderlich ist (§ 17 Abs. 2 JGG).

Weitergehende Literaturempfehlungen

Hassemer, Winfried (1990): Einführung in die Grundlagen des Strafrechts. München: C. H. Beck Verlag.

Krüger, Rolf (2015): Basiswissen Strafrecht – Allgemeiner Teil. Münster: Alpmann und Schmidt Verlag.

Wessels, Johannes/Beulke, Werner/Satzger, Helmut (2014): Strafrecht Allgemeiner Teil. Die Straftat und ihr Aufbau. Heidelberg: C.F. Müller Verlag.

5 Das Verwaltungsrecht und das Sozialrecht

Um öffentlich-rechtliche Auseinandersetzungen geht es, wenn die gewaltunterworfenen BürgerInnen mit dem Staat streiten. Das öffentliche Recht ist wiederum in einzelne Teilbereiche untergliedert [1.1.2]. Ein wichtiger Teilbereich ist das Verwaltungsrecht. Das **Verwaltungsrecht** wird als das Recht der vollziehenden Gewalt (Exekutive) bezeichnet. Negativ formuliert geht es im Verwaltungsrecht um denjenigen Teil des öffentlichen Rechts, der nicht dem Bereich der Gesetzgebung (Legislative) oder dem Bereich der Rechtsprechung (Judikative) zugeordnet werden kann. Das Verwaltungsrecht beschäftigt sich vielmehr mit der Ausführung der Gesetze und mit der tatsächlichen Verwaltung in Bund, Ländern und Kommunen. Grundsätzlich teilt man das Verwaltungsrecht in einen allgemeinen und einen besonderen Bereich. Daneben existiert ein allgemeines Verwaltungs*prozess*recht. Die Rechtsgrundlagen für den allgemeinen Teil des Verwaltungsrechts finden sich vor allem im Verwaltungsverfahrensgesetz (VwVfG), dem Verwaltungszustellungsgesetz (VwZG) und dem Verwaltungs-Vollstreckungsgesetz (VwVG). Für den Verwaltungsprozess ist die Verwaltungsgerichtsordnung (VwGO) maßgebend. Diese Gesetze finden auch Anwendung, wenn es um die besonderen Teile des Verwaltungsrechts geht, wie etwa um das Ausländerrecht, das Baurecht, das Umweltrecht oder das Wirtschaftsverwaltungsrecht. Andererseits finden sich in den Gesetzen des besonderen Verwaltungsrechts Vorschriften, die von den allgemeinen Regelungen abweichen und diesen vorgehen. Zwei große Sachbereiche wurden zudem aus dem Anwendungsbereich des allgemeinen Verwaltungsrechts ausgenommen: Für das Steuerrecht und das Sozialrecht gelten eigene – aber ähnliche – Vorschriften[75]. Die Verfahren der Bundes- oder Landesfinanzbehörden richten sich nach der Abgabenordnung (AO). Das entsprechende Prozessrecht findet sich in der Finanzgerichtsordnung (FGO). Für das Verfahren im Sozialrecht gilt das Zehnte Buch Sozialgesetzbuch (SGB X). Die Prozesse im Sozialrecht haben ihre Rechtsgrundlagen im Sozialgerichtsgesetz (SGG).

---

75 Zu den Hintergründen siehe Sachs in: Stelkens/Bonk/Sachs (2014), Einleitung Rn. 50ff.

5.1 Gesetzesbindung und Gesetzesvorrang

Zu den Ausprägungen des Rechtsstaatsprinzips [2.5.4] gehören die Gesetzesbindung und der Gesetzesvorrang. Der Grundsatz der **Gesetzesbindung** besagt, dass die Exekutive in ihrem Handeln an geltende Gesetze und die Verfassung gebunden ist, also nicht gegen geltendes Recht verstoßen darf (Art. 20 Abs. 3 GG). Nach dem Grundsatz des **Gesetzesvorrangs** bedarf es für Eingriffe der Exekutive in die Grundrechte der Bürger einer gesetzlichen Grundlage. Dem Bürger bzw. der Bürgerin stehen daher einerseits Abwehrrechte gegen rechtswidrige staatliche Eingriffe sowie andererseits Leistungs- und Teilhaberechte in Form von Anspruchsgrundlagen zur Verfügung.

5.2 Rechtsweggarantie

Eine weitere wesentliche Ausprägung des Rechtsstaatsprinzips ist die in Art. 19 Abs. 4 GG gewährte Rechtsweggarantie. Wird jemand durch die öffentliche Gewalt in seinen Rechten verletzt, so steht ihm nach dieser Vorschrift der Rechtsweg offen. Das bedeutet, dass der Bürger bzw. die Bürgerin die Entscheidung einer Behörde gerichtlich überprüfen lassen kann, in dem sie eine Klage beim zuständigen Gericht erhebt. Im Verwaltungs- und Sozialrecht besteht die Besonderheit, dass vor einem gerichtlichen Streitverfahren grundsätzlich ein **Vorverfahren** durchzuführen ist, §§ 68 ff. VwGO bzw. §§ 77 ff. SGG. Das Vorverfahren, auch **Widerspruchsverfahren** genannt, dient dem **Rechtsschutz** der BürgerInnen, der **Selbstkontrolle** der Verwaltung und der **Entlastung** der Gerichte[76]. In vielen Bundesländern ist das Vorverfahren durch Landesrecht abgeschafft. Hier kann sofort gegen eine Entscheidung der Behörde geklagt werden.

5.3 Verwaltungsakt – Allgemeines

Der Begriff des Verwaltungsaktes spielt im öffentlichen Recht und auch in der Praxis der sozialen Arbeit eine zentrale Rolle. Denn er ist eine der wesentlichsten Erscheinungsformen, in denen dem Bürger bzw. der Bürgerin das Handeln der Verwaltung entgegen tritt.

---

76 Kastner in: Fehling/Kastner/Störmer (2016), § 68 VwGO Rn. 4.

5.3.1 Verwaltungsakt als typische Handlungsform des Staates

Heerscharen von JuristInnen lernen diesen Satz in ihren Ausbildungen und jede/r, der bzw. die Jura studiert hat, kann ihn rezitieren: *‚Ein Verwaltungsakt ist die hoheitliche Regelung eines Einzelfalls mit Außenwirkung.'* So in etwa steht es auch in § 35 Satz 1 VwVfG bzw. in § 31 Satz 1 SGB X. Aber was sagt uns das? Wichtiger als diese Definition auswendig zu lernen, ist es, zu verstehen, was mit dem Erlass eines Verwaltungsaktes rechtlich passiert und welche Konsequenzen ein Verwaltungsakt hat. Hier führen folgende Überlegungen weiter: Wie wird aus einem Interesse, welches eine Person hat, eigentlich ein individuelles Recht, das sich in einen individuellen Vorteil verwandelt? Oder umgekehrt: Wie wird ein Interesse oder politischer Zweck, den etwa staatliche Institutionen oder Behörden, verfolgen, zu einer individuellen Verpflichtung des Einzelnen? Oder beispielhaft: Was muss rechtlich geschehen, bis Herr oder Frau Müller Elterngeld in Höhe von 300 € auf ihrem Konto verbuchen kann? Und was muss rechtlich geschehen, bis das Bafög-Amt einen Rückforderungsanspruch gegenüber einer Studierenden wirksam durchsetzen kann?

5.3.2 Anspruchs- und Ermächtigungsgrundlagen

Ein Interesse ist in dieser Gesellschaftsordnung nur dann relevant und ‚durchsetzbar', wenn es sich auf ein Recht berufen kann. Im Bereich des öffentlichen Rechtes, also dort wo es um die Rechtsbeziehungen zwischen Bürger und Staat geht, werden diesbezüglich zwei Kategorien von Normen unterschieden. Vorschriften, die den Staat zu Eingriffen in die Rechte der Bürger ermächtigen, werden **Ermächtigungsgrundlagen** genannt. Vermitteln die Vorschriften dagegen Leistungsansprüche der BürgerInnen gegenüber staatlichen Behörden so spricht man von **Anspruchsgrundlagen**.

Beispiel

Will Frau Müller Elterngeld ausgezahlt bekommen, braucht sie eine Anspruchsgrundlage. Diese findet sie in § 1 Abs. 1 BEEG (‚Anspruch auf Elterngeld hat, wer ...'). § 20 Abs. 1 BAföG dagegen ermächtigt das Bafög-Amt Geld zurückfordern, ist also eine Ermächtigungsgrundlage (‚... ist ... der Bewilligungsbescheid aufzuheben und der Förderungsbetrag zu erstatten.')

Anspruchs- wie Ermächtigungsgrundlagen finden sich in Gesetzen. Mit dem Erlass eines Gesetzes, also dem Vorhandensein von Anspruchs- bzw. Ermächtigungsgrundlagen, ist aber noch nichts darüber ausgesagt, ob der/die einzelne Bürger/in auch tatsächlich einen Anspruch auf die begehrte Leistung hat, oder ob umgekehrt im Einzelfall die staatliche Behörde in die Rechte der jeweiligen Person oder Institution eingreifen darf.

5.3.3 Verwaltungsakte machen Recht im Einzelfall praktisch geltend

Das liegt daran, dass Gesetze allgemein formuliert sind und sich nicht auf den jeweiligen Einzelfall beziehen. Sie regeln in abstrakter Form zunächst die Voraussetzungen, die vorliegen müssen, unter denen zum Beispiel ein entsprechender Leistungsanspruch besteht oder unter denen die staatliche Behörde in die Rechte der betreffenden BürgerInnen eingreifen darf. Diese Voraussetzungen nennt man **Tatbestandsvoraussetzungen**. Die in den Normen formulierten Leistungsansprüche oder aber auch die Ansprüche des Staates, in Rechte der BürgerInnen eingreifen zu dürfen, sind dann auf der Seite der **Rechtsfolge** normiert und inhaltlich bestimmt. Um zu klären, ob im Einzelfall die abstrakten Merkmale des Tatbestandes mit dem konkreten Lebenssachverhalt übereinstimmen, bedarf es der **Subsumtion** des Lebenssachverhaltes unter den Tatbestand des Gesetzes.

Diese Subsumtionsarbeit kann jeder leisten, der Rechtskenntnis hat. Eine solche Subsumtion durch jedermann nützt den Betroffenen jedoch praktisch nichts, zieht also keine praktischen Konsequenzen nach sich, weil sie keine rechtlichen Wirkungen entfaltet. So nützt es einem nichts, wenn die befreundete Jurastudentin erzählt, man habe einen Anspruch auf Bafög. Soll rechtlich verbindlich festgestellt werden, dass ein bestimmter Lebenssachverhalt mit dem Tatbestand eines Gesetzes übereinstimmt und dass deshalb bestimmte Ansprüche bestehen oder nicht bestehen, so muss diese Subsumtionsarbeit und die Ableitung der Rechtsfolge daraus durch eine dafür zuständige staatliche Behörde vorgenommen werden. Nur sie kann rechtlich verbindlich regeln, ob Ansprüche bestehen oder nicht.

Diese Prüfung ist prozesshaft und erfolgt in einem sogenannten **Verwaltungsverfahren** (vgl. § 9 VwVfG bzw. § 8 SGB X). Am Ende dieses Verwaltungsverfahrens steht als Ergebnis des Prüfungs- und Feststellungsprozesses der **Verwaltungsakt** (auch: Bescheid), der verbindlich und bezogen auf den Einzelfall regelt, ob Ansprüche bestehen oder nicht bestehen. Im Verwaltungsakt wird also das zunächst abstrakte Recht im Einzelfall *praktisch geltend gemacht*. Das Geltendmachen ist ernst zu nehmen. Denn Verwaltungsakte *gelten* und zwar auch dann, wenn sie inhaltlich falsch und damit rechtswidrig sind. JuristInnen sprechen deshalb von der **Wirksamkeit des Verwaltungsaktes** (§ 43 VwVfG bzw. § 39 SGB X). Verwaltungsakte haben daher einen ähnlichen Charakter wie Urteile von Gerichten. Der Behörde dienen sie als **Titel zur Vollstreckung** staatlicher Ansprüche gegenüber dem Bürger. BürgerInnen können individuelle Leistungsansprüche gegenüber dem Staat erst geltend machen, wenn per Verwaltungsakt entschieden wurde, dass ein solcher Leistungsanspruch besteht. Beide Regeln kennen Ausnahmen, die hier nicht erläutert werden sollen.

5.3.4 Zusammenfassung

Nunmehr erschließt sich die eingangs erwähnte Formel vom Verwaltungsakt als hoheitliche Regelung eines Einzelfalles mit Außenwirkung: Nur der *Staat* kann verbindlich im Einzelfall regeln (deshalb ,hoheitlich'). Hoheitliche Entscheidungen sind nur dann Verwaltungsakte, wenn sie eine konkrete *Regelung* treffen, also z. B. einen Leistungsanspruch feststellen. In Verwaltungsakten geht es regelmäßig um den *Einzelfall*[77], z. B. um den Anspruch einer konkreten Person. Mit *,Außenwirkung'* ist gemeint, dass die Behörde ihre Entscheidung mit dem Willen erlässt, Wirkung außerhalb der eigenen Institution zu erzielen. Wenn also eine Behörde Entscheidungen vorbereitet und dazu zum Beispiel ein Schreiben formuliert, das lediglich für den behördeninternen Verkehr gedacht ist, so ist dieses Schreiben noch kein Verwaltungsakt.

5.4 Verwaltungsakt – Einzelheiten

5.4.1 Form und Aufbau

Verwaltungsakte werden **in der Regel schriftlich** erlassen, was zwar nicht zwingend ist[78], aber die Regel darstellt. Inhaltlich müssen Verwaltungsakte **hinreichend bestimmt** sein, egal in welcher Form sie erlassen werden. Die AdressatInnen müssen verstehen können, was von ihnen verlangt oder inwieweit ihrem Begehren stattgegeben wird. Schriftliche Verwaltungsakte müssen darüber hinaus die **erlassende Behörde erkennen lassen** und die Unterschrift oder die Namenswiedergabe des Behördenleiters, seines Vertreters oder seines Beauftragten enthalten (§ 37 VwVfG bzw. § 33 SGB X). Nach § 39 VwVfG bzw. § 35 SGB X müssen schriftliche Verwaltungsakte außerdem begründet werden. Eine fehlende **Begründung** macht den *Verwaltungsakt zwar formell rechtswidrig, die Begründung kann aber nachgeholt und der Fehler damit geheilt werden (§ 45 Abs. 1 Nr. 2 VwVfG bzw. § 41 Abs. 1 Nr. 2 SGB X).*
Praktisch werden Verwaltungsakte auf den üblichen **Briefköpfen** der Behörden erlassen und enthalten neben den Angaben zur Behörde selbst in der

---

77 Ausnahme: Die Allgemeinverfügung nach § 35 Satz 2 VwVfG bzw. § 31 Satz 2 SGB X.
78 Mündliche Verwaltungsakte werden zum Beispiel bei Demonstrationen erlassen, wenn Versammlungsverbote oder Platzverweise ausgesprochen werden.

Regel auch die Angabe des Sachbearbeiters mit Telefonnummer[79]. Darüber hinaus ist ihnen auch ein **Aktenzeichen** zu entnehmen, welches in der Kommunikation mit der Behörde stets angegeben werden sollte. Dem Namen der im Briefkopf enthaltenen Behörde muss praktisch Beachtung geschenkt werden, wenn gegen den Verwaltungsakt ein Widerspruch eingelegt oder geklagt werden soll. Denn Klage und Widerspruch verlangen eine genaue **Bezeichnung der Behörde**.

Beispiel

Wenn die handelnde Behörde eine Kommune oder ein Landkreis ist – und das ist bei Sozialleistungen oft der Fall – so erscheint im Briefkopf als Name der Behörde in der Regel: ‚Der Bürgermeister der Stadt ...‘ oder ‚Die Landrätin des Kreises ...‘. Bei anderen Behörden erscheint im Kopf der Behördenname und die Bezeichnung des amtlichen Vertreters, also etwa: ‚Die Direktorin des Landschaftsverbandes Rheinland‘.

In der **Betreffzeile** des Verwaltungsaktes wird in der Regel das Verfahren schlagwortartig bezeichnet. Nach der Anrede erfolgt der sogenannte **Tenor**, der Kern der behördlichen Entscheidung. Dem Tenor ist zu entnehmen, welche konkrete Regelung im jeweiligen Einzelfall getroffen wurde.

Beispiel

‚Ihr Antrag auf Gewährung von Leistungen zur Eingliederung in Arbeit vom ... wird zurückgewiesen.‘

Im Anschluss an den Tenor wird der **Sachverhalt** dargestellt, welcher der Entscheidung zu Grunde liegt. Dabei werden nur die für die Subsumtion erforderlichen Sachverhaltsangaben in den Bescheid aufgenommen. Es folgt eine an der jeweiligen Anspruchsgrundlage orientierte einzelfallbezogene **Begründung** der Entscheidung. Sie enthält die eigentliche Subsumtion des Sachverhalts unter die angewandte Norm.

---

79 Ein Anspruch auf Zugang zu den dienstlichen Durchwahlnummern aller Sachbearbeiter und Vermittler sowie der sachbearbeitenden Mitarbeiter der Widerspruchsstelle z. B. eines Jobcenters besteht jedoch nicht: OVG Berlin-Brandenburg v. 20.08.2015 – OVG 12 B 21.14 – juris.

5.4.2 Rechtsbehelfsbelehrung

Schriftliche Verwaltungsakte sind mit einer Rechtsbehelfsbelehrung zu versehen, § 37 Abs. 6 VwVfG bzw. § 36 SGB X. Die Rechtsbehelfsbelehrung muss den Adressaten des Verwaltungsakts

- über den einzulegenden Rechtsbehelf (in der Regel Widerspruch oder Klage),
- über die zuständige Behörde oder das Gericht sowie deren Adresse,
- über die einzuhaltende Frist und
- die Form des Rechtsbehelfs

informieren. Eine **fehlende Rechtsbehelfsbelehrung** macht den Verwaltungsakt zwar nicht rechtswidrig. Fehlt die Rechtsbehelfsbelehrung aber oder wurde sie unrichtig erteilt, verlängert sich die Frist, innerhalb derer der Rechtsbehelf einzulegen ist. Sie beträgt dann ein Jahr (§ 58 Abs. 2 VwGO bzw. § 66 Abs. 2 SGG), statt von in der Regel nur einen Monat (§§ 70 Abs. 1, 74 Abs. 1 VwGO bzw. §§ 84 Abs. 1, 87 Abs. 1 SGG).

5.4.3 Zusicherung

In der Praxis kommt es nicht selten vor, dass zwischen Leistungsberechtigten und SachbearbeiterInnen der Behörde oder auch zwischen den die Leistungsberechtigten betreuenden Einrichtungen (z. B. Jugendhilfeeinrichtungen) und den SachbearbeiterInnen Absprachen hinsichtlich des Inhaltes und des Umfanges von Leistungen getroffen werden. Werden diese Absprachen nicht schriftlich fixiert, so sind sie unverbindlich. Rechtlich ist auf sie kein Verlass. § 38 VwVfG bzw. § 34 SGB X regeln dies ausdrücklich unter dem Begriff der ‚Zusicherung‘. Danach ist eine Zusage, einen bestimmten Verwaltungsakt später zu erlassen oder zu unterlassen nur wirksam, wenn sie schriftlich erfolgt. Deshalb ist es im Umgang mit Hilfefällen wichtig, entsprechende Zusagen schriftlich zu erhalten. Meistens ist es aber sachgerechter sofort auf dem Erlass eines entsprechenden Verwaltungsaktes zu bestehen, weil nur er Grundlage für die tatsächliche Leistungsgewährung ist.

5.4.4 Wirksamkeit und Bestandskraft

Verwaltungsakte werden **wirksam**, sobald sie dem Adressaten bzw. der Adressatin bekanntgegeben werden, § 41 VwVfG bzw. § 37 SGB X. Das gilt unabhängig davon, ob der dem Verwaltungsakt zu Grunde liegende Sachverhalt richtig ermittelt wurde oder ob die Behörde das Recht richtig angewandt hat, § 43 Abs. 1 VwVfG bzw. § 39 Abs. 1 SGB X. Die Wirksamkeit eines Verwaltungsakts kann z. B. überwunden werden, wenn dieser aufgehoben wird, § 43 Abs. 2 VwVfG bzw. § 39 Abs. 3 SGB X. Aufgehoben wird ein Verwaltungsakt entweder durch die Behörde, die den Verwaltungsakt erlassen hat, durch einen Abhilfebescheid, der im Widerspruchsverfahren erlassen wird, oder durch ein gerichtliches Urteil. Damit sind **Widerspruch** und **Klage** die wichtigsten Instrumente der BürgerInnen, um die Wirksamkeit eines Verwaltungsaktes zu durchbrechen. Widerspruch und Klage sind **Rechtsbehelfe**.

Stellt die Widerspruchsbehörde nach fristgerechtem Eingang eines Widerspruchs fest, dass bei richtiger Würdigung des Sachverhaltes oder aber richtiger Anwendung des Rechts der Verwaltungsakt anders hätte erlassen werden müssen, so hebt sie den ursprünglichen Verwaltungsakt auf und ersetzt diesen durch einen neuen Bescheid.

Beispiel

,Unter Aufhebung des Bescheides vom ... gewähre ich Ihnen Leistungen zur Eingliederung in Arbeit in Form von ...‘

Man spricht dann von einem **Abhilfebescheid**, weil der Beschwerde des Betroffenen abgeholfen wird, § 72 VwGO bzw. § 85 Abs. 1 SGG. Hält die Behörde ihre Entscheidung für richtig, weist sie den Widerspruch zurück. Eine solche Zurückweisung nennt man **Widerspruchsbescheid**, § 73 VwGO bzw. § 85 Abs. 2 SGG. Wird der Widerspruch zurückgewiesen oder ist der Betroffene auch mit dem Abhilfebescheid nicht einverstanden, kann er gegen den Bescheid **Klage** bei dem zuständigen Gericht (Verwaltungsgericht, Sozialgericht oder Finanzgericht) erheben. Unter bestimmten Voraussetzungen kann gegen ein Urteil in **Berufung** gegangen werden. Zuständig ist hier das nächsthöhere Gericht (Oberverwaltungsgericht oder Landessozialgericht[80]). In wenigen Fällen kann gegen Urteile aus dem Berufungsverfahren noch eine sogenannte **Revision** bei den jeweiligen obersten Gerichten (Bundesverwaltungsgericht oder Bundessozialgericht) eingelegt werden.

Jeder der genannten Rechtsbehelfe muss innerhalb einer bestimmten Frist eingelegt werden, in der Regel binnen eines Monats[81]. Wenn entweder die Rechtsbehelfsfrist verstrichen ist oder aber kein weiterer Rechtsbehelf mehr eingelegt werden kann, weil alle Verfahrensschritte durchlaufen sind, wird der Verwaltungsakt **bestandskräftig**, kann also nicht mehr aufgehoben werden.

---

80 Der finanzgerichtliche Instanzenzug sieht keine Berufung vor. Es muss direkt Revision eingelegt werden.
81 §§ 70 (Widerspruch), 74 (Klage), 124a Abs. 2 (Berufung), 139 Abs. 1 (Revision) VwGO. §§ 84 (Widerspruch), 87 (Klage), 151 (Berufung), 164 (Revision) SGG.

Ausnahmsweise kann auch die Wirksamkeit bestandskräftiger Verwaltungsakte durchbrochen werden/sein. Einzelheiten hierzu sind in §§ 43–52 VwVfG bzw. §§ 39 bis 51 SGB X geregelt. Das insoweit wichtigste Verfahren ist die **Rücknahme** eines rechtswidrigen nicht begünstigenden Verwaltungsaktes nach § 44 Abs. 1 SGB X. Nach dieser Vorschrift sind Verwaltungsakte zurückzunehmen, und zwar auch nach dem sie unanfechtbar geworden sind, wenn wegen fehlerhafter Rechtsanwendung oder fehlerhafter Sachverhaltsermittlung Sozialleistungen zu Unrecht nicht erbracht worden sind. Hintergrund der Regelung ist der Grundsatz der Gesetzmäßigkeit der Verwaltung [5.1]. Durch Beseitigung eines rechtswidrigen Verwaltungsaktes soll der gesetzmäßige Zustand wiederhergestellt werden[82]. Hierfür ist auch kein Antrag des/der Betroffenen erforderlich, sondern lediglich die Kenntnis der Behörde über die Fehlerhaftigkeit ihrer Entscheidung. Andererseits gelten auch hier in gewisser Weise Fristen. Ist ein Verwaltungsakt mit Wirkung für die Vergangenheit zurückgenommen worden, werden Sozialleistungen längstens für einen Zeitraum **bis zu vier Jahren** vor der Rücknahme erbracht, § 44 Abs. 4 Satz 1 SGB X. Nach Ablauf dieser Frist überwiegt das öffentliche Interesse an *Rechtssicherheit* (=Bedürfnis nach abgeschlossenen Verwaltungsverfahren) das Bedürfnis nach *Gesetzmäßigkeit*[83].

5.5 Sozialrecht

Ein wichtiges Teilgebiet des öffentlichen Rechts ist – wie einleitend erwähnt – das Sozialrecht. Zur Abgrenzung dieses Bereichs von den anderen Teilen des Verwaltungsrechts wird üblicherweise auf den sogenannten formellen Sozialrechtsbegriff zurückgegriffen: Danach sind unter Sozialrecht diejenigen Rechtsbereiche zu verstehen, die in das Sozialgesetzbuch (SGB) aufgenommen worden sind. Sozialrecht umfasst demnach das Recht, das in den zwölf Büchern des SGB und in denjenigen Gesetzen geregelt ist, die nach § 68 SGB I als besondere Teile des SGB gelten.[84]

5.5.1 Rechtsgrundlagen

Das Sozialrecht weist trotz des Bemühens um Systematisierung und Vereinheitlichung eine komplexe Regelungsstruktur auf. Große Teile des Sozialrechts sind im SGB geregelt, für andere Teile existieren eigene Gesetze Das SGB in seiner heutigen Form ist in zwölf nach Sachgebieten geordnete ‚Bücher' gegliedert, die jeweils ein eigenes Gesetz darstellen:

---

82 Müller in: Bader/Ronellenfitsch (2016), § 48 VwVfG Vorbemerkung.
83 Schütze in: von Wulffen/Schütze (2014), § 44 SGB X Rn. 2.
84 Krahmer in: Krahmer/Trenk-Hinterberger (2014), Einführung Rn. 4.

- SGB I – Allgemeiner Teil
- SGB II – Grundsicherung für Arbeitssuchende
- SGB III – Arbeitsförderung
- SGB IV – Allgemeiner Teil Sozialversicherung
- SGB V – Gesetzliche Krankenversicherung
- SGB VI – Gesetzliche Rentenversicherung
- SGB VII – Gesetzliche Unfallversicherung
- SGB VIII – Kinder- und Jugendhilfe
- SGB IX – Rehabilitation und Teilhabe behinderter Menschen
- SGB X – Sozialverwaltungsverfahren und Sozialdatenschutz
- SGB XI – Soziale Pflegeversicherung
- SGB XII – Sozialhilfe

Die einzelnen Gesetze nehmen innerhalb des Sozialgesetzbuches unterschiedliche Funktionen ein: Nur einige Gesetze enthalten Leistungsansprüche zugunsten von Hilfesuchenden (also Ansprüche auf Arbeitslosengeld, Krankenhilfe, Rente, Pflegegeld, etc.). Andere Gesetze übernehmen die Funktion allgemeiner Teile, enthalten also vor die Klammer gezogene, allgemeine Regelungen.

Das SGB I und das SGB X sind dabei allgemeine Teile, die für *alle anderen Sozialgesetzbücher* gelten. Das SGB I enthält Regelungen zu allgemeinen Fragen, wie etwa die Form und die Struktur des SGB oder die Verjährung von Ansprüchen. Das SGB X regelt Fragen des Sozialverwaltungsverfahrens, wie etwa die Beteiligung von Bevollmächtigten (z. B. Rechtsanwälten), den Amtsermittlungsgrundsatz oder das Recht auf Akteneinsicht. Allerdings hat der Gesetzgeber des Sozialgesetzbuchs eine Vielzahl von Regelungen im Allgemeinen Teil unter den Vorbehalt der Abweichung in den jeweiligen besonderen Teilen (§ 37 Satz 1 SGB I) gestellt. Findet sich also im besonderen Teil eine Vorschrift, die denselben Regelungsgegenstand wie eine Vorschrift im allgemeinen Teil hat, geht die Vorschrift im besonderen Teil der Vorschrift im allgemeinen Teil vor.

Das SGB IV (Sozialversicherung allgemeiner Teil) und das SGB IX (Rehabilitation und Teilhabe behinderter Menschen) bilden ihrerseits allgemeine Teile innerhalb des besonderen Teils. Für den Bereich der *Sozialversicherung* ist das SGB IV allgemeiner Teil, enthält also allgemeine Regelungen, welche ausschließlich den Bereich der Sozialversicherung betreffen. Komplizierter ausgestaltet ist der Bereich des SGB IX (Rehabilitation und Teilhabe behinderter Menschen – im Sprachgebrauch: ‚Eingliederungshilferecht‘ oder ‚Rehabilitationsrecht‘). Hier geht es in der Sache um die Eingliederung behinderter Menschen in die Gesellschaft. Die Leistungsansprüche zugunsten behinderter Menschen sind – obwohl der Titel des Gesetzes anderes erwarten lässt – nicht im SGB IX selbst geregelt, sondern finden sich in den übrigen Sozialversicherungsgesetzen und Sozialfürsorgegesetzen an Einzelstellen verstreut [6.4].

Neben den im SGB zusammengefassten Gesetzen existieren noch zahlreiche weitere Gesetze, die Sozialleistungsansprüche enthalten, wie etwa das Bundesausbildungsförderungsgesetz (BAföG), Bundeskindergeldgesetz (BKGG) oder das Wohngeldgesetz (WoGG). Diesbezüglich legt § 68 SGB I fest, dass sie als besondere Teile des Sozialgesetzbuchs gelten und damit den Regelungen des SGB I und X unterfallen.

5.5.2 Besonderheiten des Sozialrechtsverhältnisses

Das Sozialrecht weist im Verhältnis zum allgemeinen Rechtsverhältnis zwischen Bürger/in und Verwaltung eine Reihe von Besonderheiten auf, die sich daraus ergeben, dass auf Sozialleistungen angewiesene BürgerInnen in aller Regel rechtsunkundig und in einer schwachen Position gegenüber den Sozialleistungsträgern sind.

Aufklärung, Beratung, Auskunft

Nach den §§ 13, 14, 15 SGB I muss der Sozialleistungsträger aufklären, individuell beraten und Auskunft erteilen. Es handelt sich hier im Wesentlichen um Rechtsberatung, die fehlerfrei erfolgen muss. Entstehen durch eine Falschberatung Schäden beim Hilfesuchenden (z. B. der Verlust einer Sozialleistung, weil man einen Antrag auf Anraten eines Sozialleistungsträgers nicht gestellt hat), macht sich der Sozialleistungsträger schadensersatzpflichtig.

Bevollmächtigte und Beistände

Jede/r Hilfesuchende kann sich gem. § 13 SGB X gegenüber allen Sozialleistungsträgern durch eine/n Bevollmächtigte/n vertreten lassen und zu Verhandlungen und Besprechungen einen Beistand mitnehmen, allerdings sind die Reglementierungen des Rechtsdienstleistungsgesetzes (RDG) zu beachten. Danach gilt: Erfolgt die *Hilfestellung unentgeltlich*, darf sie im Rahmen der Familie oder eines Nachbarschaftsverhältnisses geleistet werden (§ 6 Abs. 2 RDG). Liegt ein solcher Bezug nicht vor, muss sichergestellt sein, dass ein/e Volljurist/in (zwei juristische Staatsexamina) zumindest die Fragen aus dem Hintergrund beantworten kann, die sich aus der Hilfestellung ergeben. Hingegen ist die *entgeltliche Hilfestellung* zunächst den *Rechtsanwälten* gestattet, § 3 BRAO, § 3 RDG. *Sozialarbeitende* sind hierzu jedoch auch befugt, weil es sich bei dieser Tätigkeit um eine Nebenleistung handelt, die ihrem Berufsbild entspricht (§ 5 RDG) bzw. nach § 8 RDG erlaubt ist. Allerdings muss dann sichergestellt sein, dass die beschäftigende Einrichtung die zur sachgerechten Erbringung dieser Rechtsdienstleistungen erforderliche personelle, sachliche und finanzielle Ausstattung verfügen und sicherstellen, dass die Rechtsdienstleistung durch eine Person, der die entgeltliche Erbringung dieser Rechtsdienstleistung erlaubt ist, durch eine Person mit Befähigung zum Richteramt oder unter Anleitung einer solchen Person erfolgt.

Partizipation, Anhörung, Wunsch- und Wahlrecht

An vielen Stellen setzt der Gesetzgeber darauf, Sozialleistungen, die für die Betroffenen durchaus unangenehm sein können, durch partizipative Verfahren abzusichern und die Betroffenen auf diese Weise einzubinden. Eine sozialpädagogische Familienhilfe etwa wird als eine Sozialleistung gewährt, hält sich aber im privaten der Familie auf und wird von den Betroffenen nicht zu Unrecht als eingreifende Hilfe wahrgenommen; schließlich hat das gewährende Jugendamt in diesem Zusammenhang das staatliche Wächteramt inne und kann gem. § 8a Abs. 2 SGB VIII das Familiengericht verständigen. Diese schwierige Interessenlage verlangt nach Partizipation: Beteiligung der Betroffenen zwecks Herstellung von Akzeptanz für staatliche Maßnahmen. § 24 SGB X ist das Paradebeispiel einer Anhörung, aber es gibt auch spezielle, auf den jeweiligen Leistungsbereich zugeschnittene Verfahren, so etwa im Jugendhilferecht den Hilfeplan (§ 36 SGB VIII) sowie die Befugnis, sich unverbindlich an das Jugendamt zu wenden (§ 8 SGB VIII), oder im Rehabilitationsrecht den Gesamtplan (§ 58 SGB XII).

Ebenso verhält es sich mit dem allgemeinen Wunschrecht, das einerseits zentral geregelt ist, nämlich in § 33 Satz 2 SGB I, sich aber andererseits mit Modifikationen in den einzelnen Leistungsbereichen wiederfindet, so etwa als Recht der freien Arztwahl in § 76 SGB V, oder als Wunsch- und Wahlrecht in der Sozialhilfe (§ 17 SGB XII) und in der Kinder- und Jugendhilfe (§ 5 SGB VIII). Auch hier gilt: Die Akzeptanz für eine Hilfe ist tendenziell größer, wenn sie selbst, sowie ihre Modalitäten, nicht aufgezwungen werden, sondern möglichst weit dem Betroffenen zur Wahl überlassen bleiben. Dass dadurch kaum nennenswerte Mehrkosten verursacht werden, stellt der Gesetzgeber jeweils durch Angemessenheitsvorbehalte sicher.

Akteneinsicht

Selbstverständlich haben Betroffene ein Recht auf Akteneinsicht, auch wenn dies in der Praxis immer wieder zu Streitigkeiten führt. Es ist in § 25 SGB X geregelt und wird insbesondere dann wahrgenommen, wenn ein Widerspruch oder eine Klage zu begründen ist.

Sicherstellungsnormen (Antrag bei unzuständigem Leistungsträger, Zuständigkeitsstreit)

Der Streit über sachliche und örtliche Zuständigkeiten nimmt in sozialrechtlichen Auseinandersetzungen einen großen Raum ein [5.5.3]. Die auftretenden *Zuständigkeitskonflikte* versucht der Gesetzgeber über sogenannte *Sicherstellungsnormen* zu entschärfen. Zu diesen Sicherstellungsnormen gehört etwa

§ 16 SGB I, wonach Anträge an einen unzuständigen Leistungsträger von Amts wegen an den zuständigen Leistungsträger weiterzuleiten sind, ohne dass der/dem Berechtigte/n daraus ein Nachteil entstünde; denn für ihn gilt die Fiktion, dass sein Antrag zum Zeitpunkt des Eingangs beim unzuständigen Leistungsträger beim zuständigen Leistungsträger eingegangen sei. Ferner gilt § 43 SGB X, der den zuerst angegangenen Leistungsträger zu *vorläufigen Leistungen* verpflichtet, wenn es der/die Betroffene beantragt. Diese Leistungen können auch gerichtlich eingeklagt werden. Es gilt der Grundsatz, dass Zuständigkeitskonflikte nicht auf dem Rücken des Berechtigten ausgetragen werden dürfen. Im Konfliktfall hat man hier also ein schlagkräftiges Mittel zugunsten des Berechtigten in der Hand.

Mitwirkungspflichten

Die Leistungsberechtigten müssen im Sozialrecht häufig an der Realisierung von Leistungen mitwirken; man denke an eine ärztliche Untersuchung, die möglicherweise vor der Bewilligung einer Reha-Maßnahme durch die gesetzliche Rentenversicherung steht. Dieser Problemkomplex ist allgemein in den §§ 60ff. SGB I geregelt. Danach kann der Anspruch auf eine Sozialleistung entfallen, wen der/die Berechtigte nicht angemessen mitwirkt, wobei auf diese Wirkung zuvor hinzuweisen ist. In einzelnen Sozialleistungsbereichen kann eine fehlende Mitwirkung auch zu einem Wegfall der Leistungsvoraussetzungen führen, z. B. bei sozialpädagogischen Prozessen in der Kinder- und Jugendhilfe.

5.5.3 Komplexität des Sozialrechts

Wer sich aus der Perspektive der sozialen Arbeit mit dem Sozialrecht beschäftigt, fühlt sich nicht nur angesichts der soeben beschriebenen komplexen Regelungsstruktur schnell erschlagen: Was die Beschäftigung mit Sozialrecht zusätzlich erschwert, ist die Tatsache, dass die Regelungen ständig geändert werden. Darüber hinaus enthält das Sozialrecht Rechtsbegriffe, die in den einzelnen Sozialleistungsbereichen unterschiedlich ausgelegt werden. Schließlich eröffnet das Sozialrecht Abgrenzungsfragen, die auch in Juristenkreisen gefürchtet werden. Woran liegt das?

Die Komplexität des Sozialrechts hat ihren Grund zum einen darin, dass es soziale Verhältnisse ergänzt, kompensiert und korrigiert, die es selbst weder herstellt noch regelt. Es ist also ganz grundsätzlich auf Rechtsentwicklungen anderer Bereiche bezogen, ohne zugleich deren Fortentwicklung mitzubestimmen. Der Alltag der Betroffenen und dessen Rechtslage, der sehr maßgeblich z. B. durch die Fortentwicklung des Arbeitsrechts oder des Mietrechts geprägt wird, erreicht das Sozialrecht als Problem, das nicht gelöst, sondern handhabbar gemacht wird.

Beispiel

Kündigungsschutzvorschriften werden gelockert. Dies kann entweder zu höherer Arbeitslosigkeit oder zu mehr Beschäftigung bei niedrigerem Lohn führen – was macht dies mit den Betroffenen und wie ist hier sozialrechtlich zu intervenieren, ohne die gewünschten Effekte zu beeinträchtigen?

Mietpreise explodieren unter der Geltung des Mietrechts des BGB und bringen Wohnungsnot hervor – inwieweit ist hier (soziales Mietrecht, Mietpreisbremse?) gegenzusteuern, ohne das spekulative Geschäft mit dem Grundeigentum zu gefährden?

Psychische Erkrankungen in Verbindung mit einem größeren Anteil von Alleinerziehenden führen zu häufigeren Vernachlässigungssituationen bei in der Familie lebenden Kindern – passt der Begriff des erzieherischen Defizits, bzw. der Kindeswohlgefährdung noch zu diesen Mangellagen, oder wird dadurch wohlmöglich ein viel zu großer, durch Einzelfallhilfen und -eingriffe nicht zu befriedigender Bedarf definiert?

Das Sozialrecht ist also abhängig von politischen und ökonomischen Entwicklungen und erreicht deshalb nie den Grad von systematischer und begrifflicher Klarheit und Beständigkeit, den man vielleicht erwarten möchte. Es bleibt auch nach mehr als 40 Jahren seit Beginn des Projektes ‚Sozialgesetzbuch' eine einzige Dauerbaustelle, die zur höchsten Frequenz von Novellierungen im gesamten Rechtsbestand Deutschlands und einer nur noch von Experten zu überblickenden Unübersichtlichkeit und Kleinteiligkeit führt.

Beispiel hierfür mögen die mehr als 150 familienbezogenen Leistungen sein, über die im Jahr 2013 auch in der Tagespresse berichtet wurde[85].

Der zweite Grund für die Komplexität des Sozialrechts besteht darin, dass die soeben beschriebene Abhängigkeit nicht nur als inhaltliches Steuerungsproblem besteht, sondern dass Sozialleistungen auch finanziert werden müssen. Sie gehören, zumal im Bereich der steuerfinanzierten Fürsorgeleistungen, zu den konsumtiven Staatsausgaben, eröffnen also kaum die Aussicht auf einen Beitrag zum künftigen Wirtschaftswachstum und sind daher auch kein Beitrag zur Konsolidierung der Staatsfinanzen. Für Sozialleistungen war noch nie genug Geld da, was zu einer Kleinlichkeit einzelner gesetzlicher Regelungen und

---

85 Vgl. hierzu ausführlich Bonin u. a. (2013: 32).

deren praktischer Umsetzung führt, die sogar noch das Steuerrecht übertrifft. Und allen – sogar rechtlich verbindlichen – Geboten zur Zusammenarbeit der Leistungsträger zum Trotz streiten eben diese Leistungsträger über drei Gerichtsinstanzen um örtliche und sachliche Zuständigkeiten, die für Außenstehende absurd erscheinen mögen, sich für die Streitparteien aber wegen der erheblichen Kostenvorteile, die mit einer Verneinung ihrer Zuständigkeit verbunden sind, als hochnotwendig darstellen.

Weil dies alles ungeliebte Wahrheiten sind, mit denen sich die Politik ungern schmückt, wird in den entsprechenden Sozialleistungsgesetzen auch nicht wirklich Klartext gesprochen; dort finden sich bisweilen blumige Umschreibungen von angeblichen Zweckbestimmungen einzelner Leistungen, die in der Rechtspraxis niemals umgesetzt werden. Sozialrechtsexperten in der Anwaltschaft und bei den Verwaltungs- und Sozialgerichten machen sich da wenig vor. Für interessierte SozialarbeiterInnen aber, die versuchen, neue und praxisnahe soziale Hilfen auf die Beine zu stellen, ergeben sich hier kaum zu bewältigende Fallstricke.

5.5.4 Regelungsbereiche des Sozialrechts

Das Sozialrecht ist im Wesentlichen Leistungs- und Leistungserbringungsrecht. Die einzelnen Sozialleistungen werden abhängig von den mit ihnen verfolgten Zwecken üblicherweise in vier Gruppen unterteilt.

- Sozialversicherungsleistungen
- Förderleistungen
- Entschädigungsleistungen
- Fürsorgeleistungen

Sozialversicherungsleistungen sind die Leistungen, die im Rahmen der Zwangsversicherungssysteme bei Arbeitslosigkeit, Krankheit, Alter, Unfall und im Pflegefall gewährt werden. Zu den **Förderleistungen** gehören z. B. das Wohngeld, die Ausbildungsförderung, das Kindergeld, das Elterngeld u. a. Leistungen nach dem Opferentschädigungsgesetz (OEG) oder dem Bundesversorgungsgesetz (BVG) werden als **Entschädigungsregelungen** bezeichnet. Alle diese Leistungen sind für das Recht der sozialen Arbeit nur im Überblick relevant.

Kernbereiche für die Soziale Arbeit sind dagegen das Kinder- und Jugendhilferecht (SGB VIII/KJHG) sowie das Existenzsicherungsrecht arbeitsfähiger, aber erwerbsloser Hilfebedürftiger und ihrer Angehörigen (SGB II) sowie aller sonstigen Hilfebedürftigen (SGB XII). Diese Leistungen werden in der Regel unter dem Begriff **Fürsorgeleistungen** zusammengefasst. Ein möglicher weiterer Schwerpunkt in der Sozialen Arbeit sind die Leistungen für Menschen mit Behinderung (**Rehabilitationsrecht**). Die entsprechenden

Anspruchsgrundlagen sind über alle Bereiche des SGB verstreut und vom SGB IX nur notdürftig vereinheitlicht.

Einzelheiten des Existenzsicherungsrechts, des Kinder- und Jugendhilferechts sowie des Rehabilitationsrechts finden sich wegen ihrer besonderen Bedeutung für die Soziale Arbeit im Kapitel Handlungsfelder der Sozialen Arbeit und ihre Rechtsgrundlagen [6]. An dieser Stelle wollen wir nur kurz auf die Strukturprinzipien der Sozialversicherung und der Sozialfürsorge eingehen.

Sozialversicherung

Die soziale Absicherung obliegt in der Gesellschaftsordnung der Bundesrepublik grundsätzlich dem Einzelnen. Es ist deshalb zunächst an ihm, sich die notwendige Hilfe zu beschaffen. Der Mehrheit der Bevölkerung gelingt dies, insofern sie sozial integriert ist und ihren Lebensunterhalt aus Erwerbseinkommen und/oder Vermögen bestreiten kann. Selbst diese Bevölkerungsgruppe gerät jedoch in eine Krise, wenn sie in außerordentliche Lebenslagen (Krankheit, Arbeitslosigkeit, Erwerbsunfähigkeit wegen Alters, Behinderung, Pflegebedürftigkeit, etc.) gerät. In aller Regel können dadurch notwendig werdende Hilfen nicht aus dem laufenden Einkommen finanziert werden. Auch das soziale Umfeld (Familie und andere nahe stehende Personen) kann – in Ermangelung hinreichender Mittel – in aller Regel nicht angemessen auf diese Situationen reagieren. Weil diese Lebenslagen zwar besondere nicht aber unvorhersehbare sind, hat der Gesetzgeber auf sie mit dem System der gesetzlichen Zwangsversicherung in der Sozialversicherung für alle abhängig Beschäftigten reagiert.

Die fünf Sparten (‚Säulen‘) der Sozialversicherung sind

- die Arbeitslosenversicherung – SGB III,
- die Krankenversicherung – SGB V,
- die Rentenversicherung – SGB VI,
- die Unfallversicherung – SGB VII sowie
- die Pflegeversicherung – SGB XI.

Die Sozialversicherung ist eine gesetzliche Zwangsversicherung. Für ArbeitnehmerInnen mit Einkommen unterhalb bestimmter Beitragsbemessungsgrenzen besteht grundsätzlich Versicherungspflicht. Die Beitragsbemessungsgrenzen variieren je nach Versicherungsart[86].

Die Finanzierung der Sozialversicherung erfolgt wesentlich über Beiträge. Der Gesamtbeitrag beträgt ca. 40 % vom *Arbeitnehmer*bruttolohn. Vielfach wird von einer Belastung sowohl der ArbeitnehmerInnen wie auch der Arbeitge-

---

86 Z. B. Beitragsbemessungsgrenze gesetzliche Krankenversicherung im Jahr 2016: 50.850 €; Rentenversicherung: 74.400 €.

berInnen gesprochen. Technisch wird auch so verfahren, dass der Beitrag in einen Arbeitgeber- und einen Arbeitnehmeranteil aufgeteilt wird. Der Lohn stellt sich ökonomisch jedoch stets als *Arbeitgeber*bruttolohn dar, d. h. als die Gesamtsumme, die von dem/der Arbeitgeber/in für den Kauf der Arbeitskraft zu verausgaben ist.

Tatsächlich sind die Beiträge zur Sozialversicherung daher von der Gesamtheit der abhängig beschäftigten ArbeitnehmerInnen zu tragen. Die Sozialversicherung wird nach diesem System gespeist aus Zahlungen der aktuell beschäftigten Arbeitnehmerschaft.

Sozialfürsorge

Das oben beschriebene System der Sozialversicherung weist jedoch Lücken auf, weil nicht alle Personen in allen Bereichen der Sozialversicherung versichert sind.

Beispiel

> Zu den Voraussetzungen für den Anspruch auf Arbeitslosengeld I (Alg I) gehört die Erfüllung der Anwartschaftszeit, § 137 Abs. 3 Nr. 1 SGB III. Die Anwartschaftszeit wiederum erfüllt nur derjenige, der – vereinfacht gesprochen – in den letzten zwei Jahren vor der Arbeitslosigkeit, mindestens zwölf Monate in einem Versicherungspflichtverhältnis gestanden hat, §§ 142, 143 SGB III.

Darüber hinaus fallen die Leistungen der Sozialversicherung häufig so niedrig aus, dass sie nicht zur Deckung des Lebensunterhalts ausreichen.

Beispiel

> Die Höhe des Alg I beträgt 67 % (erhöhter Leistungssatz) bzw. 60% (allgemeiner Leistungssatz) des sogenannten Bemessungsentgelts, welches aus dem Bruttoentgelt errechnet wird, das der/die Arbeitslose in dem sogenannten Bemessungszeitraum erzielt hat, § 149 SGB III. Kam man also schon mit dem Arbeitseinkommen so gerade über die Runden, wird das Alg I nicht zur Deckung des Lebensunterhalts ausreichen. Darüber hinaus wird das Alg I nur für eine begrenzte Zeit gezahlt, § 147f. SGB III.

Auch hier ist es zunächst Aufgabe des sozialen Umfelds, die genannten Lücken zu schließen. Kann das soziale Umfeld den Hilfebedarf nicht oder nur zum

Teil auffangen, ist es Aufgabe der Sozialfürsorge, die verbleibenden Lücken im System der sozialen Sicherung zu schließen.

Die Gesetze der Sozialfürsorge sind

- die Grundsicherung für Arbeitssuchende – SGB II,
- die Kinder- und Jugendhilfe – SGB VIII sowie
- die Sozialhilfe – SGB XII.

Das deutsche Sozialrecht unterscheidet damit scharf zwischen Regelungen des Sozialversicherungsrechtes und solchen des (Sozial-)Fürsorgerechtes. Auf Seiten der Hilfebedürftigen wirkt sich dieses System in der Weise aus, dass sie Anspruch auf Leistungen der Sozialversicherung nur haben können, wenn sie Mitglieder in der jeweiligen Sozialversicherung sind. Hilfesuchende, die nicht Mitglied einer gesetzlichen Sozialversicherung sind oder deren Hilfebedarf durch die jeweilige Sozialversicherung nicht gedeckt wird, können Anspruch auf Leistungen des Fürsorgerechts haben.

5.5.5 Strukturprinzipien des Fürsorgerechts

Das Fürsorgerecht, insbesondere das Sozialhilfe- und Jugendhilferecht, stellt das letzte Netz der sozialen Sicherung in Deutschland dar. Im Versagensfall würden buchstäblich Hunger und Verelendung regieren, Sozialer Ausschluss, Verletzung und Tod. Aus diesem Grunde werden Fürsorgeleistungen auch nicht aus Sozialversicherungsbeiträgen finanziert, sondern aus Steuermitteln: jeder Mensch kann und muss in den Genuss dieser Leistungen kommen, sofern nur der gesetzlich definierte Bedarf vorliegt und die Betreffenden den Willen haben, die Leistung in Anspruch zu nehmen. Wegen dieser existenziellen Bedeutung hat die Rechtsprechung eine Reihe von Grundsätzen für diesen Bereich entwickelt[87], die im SGB VIII und SGB XII nur vereinzelt explizit enthalten, von den Gerichten aber in Fürsorgefällen stets beachtet werden. Sie sollen im Folgenden kurz angesprochen und erläutert werden, da sie für das Leistungsgeschehen der Sozialen Arbeit von erheblicher Bedeutung sind.

Bedarfsdeckungsgrundsatz

Der fürsorgerechtlich *anerkannte Bedarf* muss *durch Fürsorgeleistungen vollständig befriedigt* werden. Dass dieser *Bedarf* als Rechtsbegriff nicht mit dem *Bedürfnis* der Betroffen zusammenfällt, ist klar. Denn die Bedarfsfestsetzung verdankt sich der hoheitlichen Zuteilung, die sich am Zweck staatlicher Fürsorge orientiert: Schutz von Person und Menschenwürde sowie des Kindeswohls und Gewährleistung eines (Mindest-)Standards an Lebens- und So-

---

87 Vgl. hierzu insbesondere Rothkegel (2000).

zialisationsbedingungen. Insofern sich diese Zwecke aus Art. 1 Abs. 1, 6 Abs. 2 GG ableiten, ist der Bedarfsdeckungsgrundsatz ‚verfassungsfest'.

Individualisierungsgrundsatz

Der Fürsorgeträger hat die Hilfe grundsätzlich als einzelfallbezogene Hilfe zu gewähren, weil der Bedarf im Zweifel – gerade wegen seiner prekären Nähe zu menschenunwürdigen und kindeswohlgefährdenden Zuständen – individuell auf die Lebensverhältnisse des Einzelnen zugeschnitten werden muss.

Gegenwärtigkeitsprinzip

Fürsorge ist *Hilfe in einer gegenwärtigen Notlage,* soll also weder vergangene Probleme lösen, noch sich zukünftig bei den Betroffenen als Vermögen niederschlagen. Daraus folgt, dass Fürsorgeleistungen im Zweifel hier und jetzt zu bewilligen sind. Daraus folgt aber auch, dass im Grundsatz *keine Hilfe für die Vergangenheit* geleistet wird: diese Hilfe käme begrifflich zu spät.

Faktizitätsgrundsatz

Die Gründe für eine Notlage sind für die Befriedigung des Bedarfs nicht maßgeblich; insbesondere wird den Betroffenen *kein Schuldvorwurf* gemacht. Denn es geht der Fürsorge um die Beseitigung der Notlage und nicht um einen Ausgleich eines in der Vergangenheit erlittenen Unrechts.

Kenntnisgrundsatz/Amtsprinzip

Der Kenntnisgrundsatz bedeutet, dass die Pflicht zum Tätigwerden nicht beim Bürger liegt, sondern bei der Verwaltung; Sozialhilfeleistungen sind gem. § 17 SGB XII *antragsunabhängig* zu gewähren. Dies ist im öffentlichen Recht die Ausnahme, da bei Leistungsgesetzen üblicherweise ein Antragserfordernis niedergelegt ist. Grund: Die fürsorgerechtliche Bedarfslage ist so prekär, dass die Betroffenen mehr mit sich bzw. ihrer Familie zu tun haben, als Anträge beim zuständigen Amt zu stellen. Andererseits *dürfen Fürsorgeleistungen auch nicht aufgezwungen werden.*

Nachranggrundsatz

Im Fürsorgerecht bekommt der Nachranggrundsatz besondere Bedeutung, weil dieses Rechtsgebiet als letztes Netz der sozialen Sicherung per se nachrangig ist: Sozialhilfe erhält nur, wer sich nicht selbst helfen kann und man erhält die Hilfe auch nur, um möglichst unabhängig von ihr zu leben, § 2 SGB XII. Ähnlich sieht es im Jugendhilferecht aus, § 10 SGB VIII. Dies bedeutet: Soweit Einkommen und Vermögen den Bedarf decken können, geht der Fürsorgeanspruch unter, ohne dass er überhaupt entstanden wäre. Insbesondere Unterhaltsansprüche und Leistungen anderer Sozialleistungsträger gehen dem Fürsorgeanspruch vor.

Man sieht: Fürsorgeansprüche sind flüchtig und fragil, sie sind eher Lücken-büßer als ein verlässlicher Schutz gegen Elend, Not und Verwahrlosung.

5.5.6 Anspruch und Ermessen

Auf Sozialleistungen besteht im deutschen Sozialrecht in der Regel ein **Rechts-anspruch**, § 38 SGB I (**Soll-Vorschrift**). Werden die im Gesetz genannten Vor-aussetzungen für die Leistung erfüllt *muss* die Behörde die Leistung erbringen. Solche Rechtsansprüche können bei Verweigerung durch die Behörde bei Ge-richt eingeklagt werden, was nicht immer so war. So wurde etwa die Gewährung von Sozialhilfe bis in die 1950er Jahre hinein allein als ordnungspolitisches In-strument angesehen. Einen individuellen Rechtsanspruch gab es nicht[88]. Auch heute sind Sozialleistungen gelegentlich noch als **Ermessensleistungen** aus-gestaltet (**Kann-Vorschrift**). Sie setzen ebenfalls voraus, dass die Hilfebedürf-tigen bestimmte Voraussetzungen erfüllen, die *Rechtsfolge* aber ist offen. Die Behörde kann dann Leistungen gewähren oder verweigern, § 39 SGB I. Ihre Entscheidung darf sie aber *nicht willkürlich* treffen. Sie muss sowohl den Zweck der angewandten Vorschrift als auch alle sachlich und fachlich maßgebenden Gesichtspunkte berücksichtigen. Auch gegen Ermessensentscheidungen kann daher Widerspruch eingelegt oder geklagt werden. Zwar kann das Gericht in der Regel keine konkrete Entscheidung vorgeben. Es wird aber den Leistungs-träger zu einer *richtigen* Handhabung des Ermessens verurteilen und die zu be-achtenden Grenzen und Zweckerwägungen festlegen.

Beispiel

Ermessensleistungen sind z. B. die Eingliederungsleistungen nach §§ 16aff. SGB II. Diese Leistungen haben eine Wiedereingliederung in Arbeit zum Zweck. Sie sollen also nur gewährt werden, wenn sie im *konkreten Fall* tatsächlich dazu geeignet sind, eine Wiedereingliederung in Arbeit zu be-wirken. Es kommt dem Gesetzgeber also auf eine einzelfallbezogene Ein-schätzung an, weswegen er keine schematisierenden Vorgaben in Form von Tatbestandsvoraussetzungen macht, sondern die Entscheidung über die Geeignetheit der Maßnahmen dem Sachbearbeiter überlässt.

---

88 Rothkegel/Sommer in: Krahmer/Trenk-Hinterberger (2014), § 9 SGB I Rn. 5.

Weitergehende Literaturempfehlungen

Frings, Dorothee (2015): Sozialrecht für die soziale Arbeit. Stuttgart: Kohlhammer Verlag.

Papenheim, Heinz-Gert/Baltes, Joachim (2015): Verwaltungsrecht für die soziale Praxis. Ein Handbuch für Sozialberufe. Frankfurt a. M.: Fachhochschulverlag.

Reinhardt, Jörg (2014): Grundkurs Sozialverwaltungsrecht für die Soziale Arbeit. Stuttgart: UTB Verlag.

6 Handlungsfelder der Sozialen Arbeit und ihre Rechtsgrundlagen

6.1 Existenzsicherungsrecht

Das Existenzsicherungsrecht dreht sich im Wesentlichen um die materielle Sicherung eines menschenwürdigen soziokulturellen Existenzminimums. Es werden vor allem Geldleistungen gewährt, ergänzend aber auch psychosoziale Dienstleistungen erbracht.

6.1.1 Relevanz für die Soziale Arbeit

SozialarbeiterInnen kommen mit diesem Feld zumeist an der Seite ihrer KlientInnen in Berührung: Sie kümmern sich um die Realisierung von Leistungsansprüchen gegenüber den Leistungsträgern oder begleiten KlientInnen im Rahmen kommunaler Eingliederungsleistungen. In diesem Zusammenhang muss stets auch die Richtigkeit der Leistungsbescheide der Jobcenter bzw. Sozialämter beurteilt werden. Folglich zählt das Existenzsicherungsrecht in den Studiengängen der Sozialen Arbeit in aller Regel zum Pflichtprogramm. Diesen Rechtsbereich muss jede/r Sozialarbeiter/in beherrschen.

6.1.2 Bedarfslagen

Zum Jahresende 2014 erhielten in Deutschland rund 7,55 Millionen Menschen und damit 9,3 % der Bevölkerung soziale Mindestsicherungsleistungen[89]. Gemeint sind damit vor allem die Grundsicherung für Arbeitsuchende (SGB II), die Sozialhilfe (SGB XII) und die Leistungen nach dem Asylbewerberleistungsgesetz (AsylbLG). Diese Leistungen werden einerseits bezogen, weil die Betroffenen aufgrund von Krankheit, Behinderung und Alter nicht arbeiten können oder weil sie als AusländerInnen nicht arbeiten dürfen. Andererseits könnten viele der LeistungsbezieherInnen arbeiten, finden aber keinen Arbeitsplatz. Der Bedarf der Unternehmen nach rentablen Arbeitsplätzen fällt schlicht und einfach nicht zusammen mit dem Bedarf der großen Masse der

---

89 Statistisches Bundesamt (2014b).

Bevölkerung, einen Arbeitsplatz zur Sicherung des eigenen Lebensunterhalts zu besetzen.

Dieses Auseinanderfallen hat eine gewisse ökonomische Notwendigkeit: Die Unternehmen versuchen nämlich, die Lohnstückkosten fortwährend zu senken, um so ihre Waren günstiger verkaufen zu können als die Konkurrenz, um mit den niedrigeren Preisen größere Marktanteile zu erobern. Und sie tun das, indem sie mit neuen Maschinen die *Arbeit produktiver* gestalten. So wird es möglich, dass weniger Arbeitskräfte in der gleichen Zeit mehr produzieren. Die überschüssigen Arbeitskräfte können dann nicht mehr rentabel beschäftigt werden, erhalten wegen eines ‚Überhangs an Arbeitskräften' eine betriebsbedingte Kündigung[90] oder müssen das Unternehmen auf anderem Wege verlassen; jedenfalls werden sie arbeitslos. Für sie zeigt sich, dass der Unternehmenserfolg gar nicht mit ihrem Erfolg zusammenfällt, dass sie ihm vielmehr zum Opfer gefallen sind. Umgekehrt gilt freilich auch: Wenn Lohnabhängige in einem Unternehmen beschäftigt sind, das die angesprochene Rationalisierung nicht oder zu spät durchführt hat, werden sie ebenfalls arbeitslos; denn der Konkurrenzvorteil des erfolgreich investierenden Unternehmens schlägt sich beim anderen als Konkurrenznachteil nieder, weil dieses im Wettbewerb um die niedrigsten Preise unterlegen ist und Absatzeinbußen erleidet. Es stellt sich für einen Teil der Arbeitskräfte die gleiche Lage ein: sie können für das Unternehmen nicht mehr rentabel beschäftigt werden, es entsteht der erwähnte ‚Überhang an Arbeitsplätzen', sodass überflüssige Arbeitskräfte entlassen werden.

Insofern bleibt die Lebenslage ‚Arbeitslosigkeit' permanent präsent. Für die maximale Dauer von zwei Jahren sorgt dann das beitragsfinanzierte *Arbeitslosengeld I* nach §§ 136, 147 SGB III für eine zeitweilige Abfederung der damit verbundenen Not. Sobald aber dieser Anspruch endet, kommt es zur Eintrittspflicht des im Wesentlichen im SGB II geregelten Systems zur Sicherung des Existenzminimums – Hartz IV.

Eine in den letzten Jahren immer größere Gruppe von *arbeitenden* Menschen bezieht allerdings ebenfalls Hartz-IV-Leistungen: gemeint sind die sogenannten ‚Aufstocker', die zwar arbeiten, aber damit nicht genug verdienen, um ihren Lebensunterhalt zu sichern. Sie hatte die Politik im Auge, als sie im Jahr 2014 einen gesetzlichen Mindestlohn beschloss. Diese Menschen werden zwar in Zukunft kaum mehr zum Lebensunterhalt haben als vor Einführung des Mindestlohns. Sie werden aber dieses Existenzminimum zukünftig von dem Unternehmen verlangen dürfen, das sie auch beschäftigt und nicht vom Staat, der es aus Steuermitteln aufzubringen hätte.

---

90 Allgemeine (arbeitsrechtliche) Auffassung, etwa BAG v. 07.12.1978 – 2 AZR 155/77 – BAGE 31, S. 157–166.

In jedem Fall gehört die Einkommensarmut und die damit verbundenen sozialen und sittlichen Probleme zum Alltag der meisten KlientInnen der Sozialen Arbeit.

6.1.3 Das Grundrecht auf Gewährleistung eines menschenwürdigen Existenzminimums

§ 1 Abs. 1 SGB II zufolge soll die Grundsicherung für Arbeitsuchende es Leistungsberechtigten ermöglichen, ein Leben zu führen, das der Würde des Menschen entspricht. Gleiches formuliert der Gesetzgeber in § 1 Satz 1 SGB XII für die Sozialhilfe. Im Asylbewerberleistungsgesetz findet sich diese Zielbeschreibung zwar nicht, aber laut Gesetzesbegründung sollen mit den dort formulierten Leistungsansprüchen jedenfalls auch den Vorgaben des Bundesverfassungsgerichts bezüglich eines menschenwürdigen Existenzminimums entsprochen werden[91]. Bezug genommen wird mit diesen Vorschriften auf Art. 1 Abs. 1 GG, wonach die Würde des Menschen unantastbar ist und der Staat sich verpflichtet, sie zu achten und zu schützen. Was das bedeutet, formuliert das Bundesverfassungsgericht so: Der verfassungsrechtlich garantierte Leistungsanspruch auf Gewährleistung eines menschenwürdigen Existenzminimums erstreckt sich *nur* auf die unbedingt erforderlichen Mittel zur Sicherung sowohl der physischen Existenz als auch zur Sicherung eines Mindestmaßes an Teilhabe am gesellschaftlichen, kulturellen und politischen Leben[92]. Es geht bei der Gewährung des menschenwürdigen Existenzminimums also nicht um die Verhinderung von Armut, sondern darum, das Überleben sowie ein Minimum an Teilhabe zu ermöglichen. Der Mensch soll durch seine Mittellosigkeit nicht aus dem Leben in der Gesellschaft ausgeschlossen sein, sondern sich trotz Armut als Teil der Gesellschaft begreifen. Welche Mittel in welcher Höhe dafür nötig sind, hat der Gesetzgeber zu entscheiden, ist also Gegenstand politischer Definition.

6.1.4 Die Umsetzung des Grundrechts auf ein menschenwürdiges Existenzminimum

Diesen Vorgaben ist der Gesetzgeber mit dem Regelbedarfs-Ermittlungsgesetz (RBEG) nachgekommen. Darin legt er einerseits fest, welche Güter er für das menschenwürdige Existenzminimum für notwendig erachtet und welche Ausgaben dafür getätigt werden dürfen, § 5 RBEG. Die für die bedarfsrelevanten Güter vorgesehenen Ausgaben basieren auf einer Einkommens- und Verbrauchsstichprobe aus dem Jahre 2008 und werden seitdem jährlich an-

---

91 BT-Drucks. 18/2592, S. 1.
92 BVerfG v. 23.07.2014 - 1 BvL 10/12 u.a. - juris, Rn. 75.

gepasst, § 7 RBEG, und bekannt gemacht[93]. Mit den so ermittelten Summen, im Jahr 2016 maximal 404 € monatlich, soll der Regelbedarf zur Sicherung des Lebensunterhalts gedeckt werden. Insbesondere sollen damit Ernährung, Kleidung, Körperpflege, Hausrat, Strom, sowie persönliche Bedürfnisse des täglichen Lebens finanziert werden. Zusätzlich werden die Kosten für Unterkunft und Heizung übernommen, sofern sie angemessen sind.

Obgleich die Höhe der Leistungen zur Existenzsicherung einheitlich an Hand des RBEG festgelegt wird, gibt es Unterschiede zwischen dem SGB II/ SGB XII einerseits und dem AsylbLG andererseits. Ursprünglich lagen die vom Gesetzgeber anerkannten Regelbedarfe für die Leistungsberechtigten nach AsylbLG deutlich unter denen des SGB II oder des SGB XII[94]. Dadurch sollten Zuwanderungsanreize sowie Anreize für den weiteren Verbleib im Bundesgebiet vermindert und die Träger der Sozialhilfe finanziell entlastet werden[95]. Nachdem das Bundesverfassungsgericht diese Regelung für evident unzureichend zur Absicherung des Existenzminimums beurteilt hat[96], wurde sie zwar neu gefasst. Die Regelbedarfe nach dem AsylbLG liegen in den ersten 15 Monaten des Aufenthalts aber nach wie vor unterhalb derjenigen nach dem SGB II und dem SGB XII. Dieser Umstand begründet sich vor allem darin, dass die Verbrauchsausgaben für Gesundheitspflege teilweise ebenso wie die Ausgaben für Hausrat unberücksichtigt bleiben[97]. Der Bedarf für Hausrat wird gesondert zu dem Regelbedarf erbracht und kann, solange der/die Ausländer/in in Aufnahmeeinrichtungen wohnt, leihweise zur Verfügung gestellt werden. Im SGB II und SGB XII dagegen sind die Kosten für Hausrat in dem Regelbedarf enthalten.

6.1.5 Abgrenzung nach den Leistungsberechtigten

Leistungen der Grundsicherung für Arbeitsuchende (SGB II), der Sozialhilfe (SGB XII) und des Asylbewerberleistungsgesetzes (AsylbLG) schließen einander aus. Im Fall der Hilfebedürftigkeit können Leistungen nur nach einem dieser Gesetze bezogen werden.

Das AsylbLG gilt nur für Ausländer, und zwar nur für diejenigen, die in § 1 AsylblG genannt werden. Es handelt sich im Wesentlichen um geduldete Ausländer, um Ausländer während des Asylverfahrens sowie um die Inhaber von einigen ausgewählten humanitären Aufenthaltserlaubnissen. Hinzu kom-

---

93 Für das Jahr 2016 in der ‚Bekanntmachung über die Höhe der Regelbedarfe nach § 20 Absatz 5 des Zweiten Buches Sozialgesetzbuch für die Zeit ab 1. Januar 2016', www. gesetze-im-internet.de.

94 Je nach Alter Sachleistungen im Wert von 220, 310 oder 360 € nebst 40 bzw. 80 € Taschengeld, § 3 AsylbLG in der bis zum 28.02.2015 geltenden Fassung.

95 BT-Drucks. 12/3686, S. 4.

96 BVerfG v. 18.07.2012 - 1 BvL 10/10 - BVerfGE 132, S. 134-179.

97 BT-Drucks. 18/2592, S. 21.

men deren EhegattenInnen, LebenspartnerInnen oder minderjährige Kinder. Mit § 1 AsylbLG will der Gesetzgeber alle AusländerInnen erfassen, die sich typischerweise nur vorübergehend in der Bundesrepublik Deutschland aufhalten[98]. Das Asylbewerberleistungsgesetz verfolgt neben der Existenzsicherung der betroffenen Personengruppen vor allem eine ausländerrechtliche Ordnungsfunktion, die sich u. a. zeigt in den Sanktionsmöglichkeiten für ausländerrechtliches Fehlverhalten in § 1a AsylbLG, dem Vorrang des Sachleistungsprinzips in § 3 Abs. 1 Satz 1 AsylbLG oder der Bestimmung des § 3 Abs. 6 AsylbLG, dass Leistungen in Geld oder Geldeswert dem Leistungsberechtigten persönlich ausgehändigt werden sollen. Wer leistungsberechtigt nach dem AsylbLG ist, ist von der Grundsicherung für Arbeitssuchende und der Sozialhilfe ausgeschlossen, §§ 7 Abs. 1 Satz 2 Nr. 3 SGB II, 23 Abs. 2 SGB XII.

Mit dem SGB II und SGB XII unterscheidet der Gesetzgeber bei den übrigen Hilfebedürftigen zwischen erwerbsfähigen Personen einerseits und Personen, die vollständig erwerbsgemindert sind oder das Renteneintrittsalter erreicht haben, andererseits. Im Detail ist die Differenzierung etwas komplizierter. Im Grundsatz geht es aber um die Zuordnung der Hilfesuchenden einerseits in ein System, welches die Erwerbsfähigen als Arbeitslose bezeichnet und behandelt und andererseits in ein System, welches die nicht Erwerbsfähigen als Sozialfälle behandelt und bezeichnet (SGB XII). Beide Leistungssysteme weisen hinsichtlich der Art der Berechnung der jeweiligen Sozialleistungen große Parallelen auf. Unterschiede bestehen bei den sogenannten Erwerbsanreizen, den Sanktionen sowie bei der Anrechnung von Einkommen und Vermögen.

6.1.6 Die unterschiedlichen Leistungen

Ob Sozialhilfe oder Grundsicherung für Arbeitsuchende zu gewähren ist, hängt im Wesentlichen vom Alter und der Erwerbsfähigkeit des Hilfebedürftigen ab[99]. Die Grundsicherung für Arbeitssuchende kann nur beantragen, wer mindestens 15 Jahre alt ist und das Renteneintrittsalter noch nicht erreicht hat (Details in § 8a SGB II). Darüber hinaus muss der Hilfesuchende erwerbsfähig sein. Erwerbsfähig ist, wer nicht wegen Krankheit oder Behinderung auf absehbare Zeit außerstande ist, unter den üblichen Bedingungen des allgemeinen Arbeitsmarktes mindestens drei Stunden täglich erwerbstätig zu sein, § 8 SGB II. Personen, die diese Voraussetzungen erfüllen, außerdem ihren gewöhnlichen Aufenthalt in Deutschland haben und hilfebedürftig sind, werden erwerbsfähige Leistungsberechtigte genannt, § 7 Abs. 1 Satz 1 SGB II. Erwerbsfähige Leistungsberechtigte erhalten *Arbeitslosengeld II* (Alg II, umgangssprachlich Hartz IV). Auch nichterwerbsfähige Leistungsberechtigte können ausnahmsweise einen Leistungsanspruch nach dem SGB II haben. Sie

---

98 BT-Drucks. 13/2746, S. 11; BT-Drucks. 15/420, S. 79f.; BT-Drucks. 18/2592, S. 18.
99 Zu den Anspruchsvoraussetzungen im Detail, § 7 SGB II.

erhalten *Sozialgeld*, wenn sie mit erwerbsfähigen Leistungsberechtigten in einer Bedarfsgemeinschaft [6.1.9] leben, § 19 Abs. 1 SGB II. Von dieser Regelung betroffen sind vor allem Kinder, die bei ihren Eltern leben. Wer wegen Erreichung des Renteneintrittsalters oder Erwerbsminderung Ansprüche nach dem SGB XII hat, erhält kein Sozialgeld, §§ 5 Abs. 2, 19 Abs. 1 Satz 2 SGB II. Die Regelungen zum Alg II und Sozialgeld entsprechen sich im Wesentlichen. Einzelne Besonderheiten finden sich in § 23 SGB II.

Eine kurzfristige Arbeitsunfähigkeit ändert nichts an der prinzipiellen Erwerbsfähigkeit nach § 8 SGB II. Dauert die Erwerbsfähigkeit aber voraussichtlich länger als sechs Monate[100], kommen Leistungen nach dem SGB II nicht in Betracht. Es ist dann zu prüfen, ob und welche Leistungen der Sozialhilfe, also nach dem SGB XII, infrage kommen. Das SGB XII kennt zunächst drei *Leistungen zur Sicherung des Lebensunterhalts*: Hilfe zum Lebensunterhalt, Grundsicherung im Alter und Grundsicherung bei Erwerbsminderung.

Die *Grundsicherung bei Erwerbsminderung* erhält, wer das 18. Lebensjahr vollendet hat und unabhängig von der jeweiligen Arbeitsmarktlage voll erwerbsgemindert im Sinne des § 43 Abs. 2 SGB VI ist, und bei wem unwahrscheinlich ist, dass die volle Erwerbsminderung behoben werden kann, § 41 Abs. 3 SGB XII. Das Adjektiv ‚unwahrscheinlich' wird in der Regel auf einen Zeitraum von drei Jahren bezogen. Dauerhaft voll erwerbsgemindert ist damit der/diejenige, dessen bzw. deren volle Erwerbsminderung voraussichtlich nicht innerhalb von drei Jahren behoben werden kann. Die *Grundsicherung im Alter* erhält dagegen, wer das Renteneintrittsalter erreicht hat (§ 41 Abs. 2 SGB XII). Wer nach alledem weder Grundsicherung für Arbeitsuchende nach dem SGB II, noch die Grundsicherung wegen Alters oder die Grundsicherung wegen Erwerbsminderung erhalten kann, dem/der bleibt die *Hilfe zum Lebensunterhalt*, § 27 ff. SGB XII. Die größte Bedeutung im Rahmen der Sozialhilfe hat jedoch die *Sozialhilfe in unterschiedlichen Lebenslagen*. Dazu zählen die Hilfe zur Gesundheit, die Eingliederungshilfe für behinderte Menschen, Hilfe zur Pflege, Hilfe zur Überwindung besonderer sozialer Schwierigkeiten und die Hilfe in besonderen Lebenslagen. Diese Hilfen haben allerdings nicht unmittelbar die Sicherung des Lebensunterhalts zum Gegenstand. Mit ihnen sollen darüber hinausgehende, rechtlich anerkannte Bedarfe befriedigt werden. Ihre Höhe ist nicht gesetzlich bestimmt, sondern wird im Einzelfall festgelegt. Für die Gewährung der Hilfen in besonderen Lebenslagen ist nicht erforderlich, dass Hilfe zum Lebensunterhalt oder Grundsicherung im Alter bzw. bei Erwerbsminderung bezogen wird. Gleichwohl sind auch diese Hilfen bedürf-

---

100 Die Frist ist nicht gesetzlich geregelt, sondern eine Auslegung des in § 8 SGB II verwendeten Ausdrucks ‚auf absehbare Zeit'. Siehe z. B. Hackethal in: Schlegel/Voelzke (2015), § 8 SGB II Rn. 20.

nisabhängig. An den Einsatz von Einkommen und Vermögen [6.1.8] werden aber geringere Anforderungen gestellt[101].

Das AsylbLG unterscheidet Grundleistungen, besondere Leistungen, sowie Leistungen bei Krankheit, Schwangerschaft und Geburt. Die *Grundleistungen* (§ 3 AsylbLG) sind die Leistungen, die während der ersten 15 Monate des Aufenthalts im Bundesgebiet gewährt werden. Wie noch auszuführen ist, sind diese Leistungen niedriger als die Leistungen nach dem SGB II oder SGB XII [6.1.7]. Für diejenigen, die sich seit 15 Monaten ohne wesentliche Unterbrechung im Bundesgebiet aufhalten und die Dauer ihres Aufenthalts nicht rechtsmissbräuchlich selbst beeinflusst haben, wird bei der Leistungsgewährung anstelle der §§ 3 bis 7 AsylbLG das SGB XII entsprechend angewendet, § 2 Abs. 1 AsylbLG (*besondere Leistungen*). Gleichwohl bleiben die betroffenen LeistungsbezieherInnen nach dem AsylbLG, und die übrigen Vorschriften des AsylbLG gelten für sie weiter. Das betrifft z. B. die Sanktionsmöglichkeiten nach § 1a AsylbLG [6.1.12]. Während der ersten 15 Monate des Aufenthalts sind auch die Leistungen für die medizinische Versorgung eingeschränkt. Der Bedarf hierfür wird gesondert durch die *Leistungen bei Krankheit, Schwangerschaft und Geburt* (§ 4 AsylbLG) gedeckt.

6.1.7 Die Höhe der Leistungen

Die Leistungen zur Sicherung des Lebensunterhalts nach dem SGB II, dem SGB XII und dem AsylbLG erhält nur, wer hilfebedürftig ist, d. h. wer seinen Lebensunterhalt nicht oder nicht ausreichend aus dem zu berücksichtigenden Einkommen oder Vermögen sichern kann.

Was eine Person für ihren Lebensunterhalt benötigt, ist ihr Bedarf. Als solchen erkennt der Gesetzgeber im Wesentlichen den pauschalierten *Regelbedarf* [6.1.4] sowie *Kosten für Unterkunft und Heizung* an.

Zum Regelbedarf kommen im SGB II und im SGB XII die *Mehrbedarfe* für bestimmte Personengruppen (§§ 21 SGB II, 30 SGB XII) sowie die *einmaligen Bedarfe* (§§ 24 Abs. 3 SGB II, 31 SGB XII). Diese sind in den ersten 15 Monaten des Aufenthalts für Leistungsberechtigte nach dem AsylbLG nicht vorgesehen und können allenfalls nach § 6 AsylbLG (sonstige Leistungen) erbracht werden, wenn sie im Einzelfall zur Sicherung des Lebensunterhalts oder der Gesundheit unerlässlich oder zur Deckung besonderer Bedürfnisse von Kindern geboten sind.

Schließlich werden im SGB II und im SGB XII die *Beiträge zur Kranken- und Pflegeversicherung* übernommen, §§ 26 SGB II, 32 SGB XII. Die Versorgung der Leistungsberechtigten nach dem AsylbLG orientiert sich in den ersten 15 Monaten ihres Aufenthalts dagegen nicht an den Maßstäben der gesetz-

---

101 Ein umfassender Vergleich der Leistungen nach dem SGB II und dem SGB XII findet sich bei Klinger/Kunkel/Pattar/Peters (2012: 455ff.)

lichen Krankenversicherung (SGB V). So sieht § 4 Abs. 1 AsylbLG vor, nur die zur Behandlung akuter Erkrankungen und Schmerzzustände erforderlichen ärztlichen und zahnärztlichen Behandlungen zu gewähren. Eine Versorgung mit Zahnersatz soll nur erfolgen, soweit dies im Einzelfall aus medizinischen Gründen unaufschiebbar ist. Eine länger andauernde oder kostspielige Versorgung der Leistungsberechtigten, insbesondere die Behandlung von chronischen Erkrankungen oder die Versorgung mit Zahnersatz, soll ausgeschlossen sein. Ergänzend sieht § 4 Abs. 2 AsylbLG eine Leistungsgewährung bei Schwangerschaft und Geburt vor.

Während die Leistungen zur Sicherung des Lebensunterhalts nach dem SGB II und dem SGB XII grundsätzlich als Geldleistungen erbracht werden, werden die Leistungen nach dem AsylbLG in den ersten 15 Aufenthaltsmonaten vorrangig als Sachleistungen gewährt. Damit sollen ‚zweckfremde' Ausgaben, insbesondere Zahlungen an Schleuserorganisationen unterbunden werden[102].

6.1.8 Einsatz von eigenem Einkommen und Vermögen

Wegen des im Existenzsicherungsrechts geltenden Nachranggrundsatzes [5.5.5] gelten nur diejenigen als hilfebedürftig, die ihren rechtlich anerkannten Bedarf weder durch eigenes Einkommen oder Vermögen noch durch zu berücksichtigendes Einkommen von Dritten oder durch den Bezug anderer Sozialleistungen decken können (§§ 9 Abs. 1 SGB II, § 19 SGB XII). Es werden daher Einkommen und Vermögen dem anerkannten Bedarf gegenübergestellt. Nur wenn der Bedarf höher ist als das anzurechnende Einkommen bzw. Vermögen liegt Hilfebedürftigkeit vor und werden Leistungen erbracht.

Die *Anrechnung von Einkommen* ist im SGB II, SGB XII und AsylbLG ähnlich geregelt. Sie unterscheidet sich aber im Detail, insbesondere in der Höhe der Absetzbeträge. Zum Einkommen gehören zunächst alle Einkünfte in Geld oder Geldeswert (§§ 11 Abs. 1 Satz 1, 82 Abs. 1 Satz 1 SGB XII). Einkommen sind daher nicht nur Einkünfte aus Arbeit, sondern auch andere Zuflüsse wie z. B. Unterhaltzahlungen oder andere Sozialleistungen. Einkünfte in Geldeswert sind z. B. die kostenlose Versorgung mit Essen oder Wohnraum. Von diesem Grundprinzip macht der Gesetzgeber Ausnahmen und lässt bestimmte Einkünfte unberücksichtigt[103]. Zu den nicht zu berücksichtigenden Einkünften gehören z. B. Schmerzensgeldzahlungen (§§ 11a Abs. 2 SGB II, 83 Abs. 2 SGB XII, 7 Abs. 2 Nr. 4 AsylbLG). Soweit das Einkommen aus Erwerbstätigkeit erzielt wird, muss es nicht in voller Höhe zur Deckung des rechtlich anerkannten Bedarfs verwendet werden. Es wird vor seiner Anrechnung bereinigt, d. h. es werden bestimmte Beträge vom Einkommen abgezogen oder abgesetzt.

---

102 BT-Drucks. 12/4451, S. 8.
103 §§ 11a SGB II, 82 Abs. 1 Satz 1 und 2, 83, 84 SGB XII, 7 Abs. 2 AsylbLG.

Diese Beträge heißen Absetzbeträge, §§ 11b SGB II, 82 Abs. 2 und 3 SGB XII, 7 Abs. 3 AsylbLG. Zu den Absetzbeträgen gehören einerseits tatsächliche Ausgaben, die der/die Hilfesuchende hat, wie z. B. auf das Einkommen entrichtete Steuern, Beiträge zur Sozialversicherung oder sonstige mit der Erzielung des Einkommens verbundene Ausgaben. Andererseits soll dem/der Hilfesuchenden, weil nicht das gesamte Einkommen zur Verminderung des Leistungsanspruchs führt, ein Anreiz gegeben werden, arbeiten zu gehen. Für den Einsatz von Einkommen bei Inanspruchnahme der Hilfen in unterschiedlichen Lebenslagen nach dem SGB XII gelten besondere Regelungen, die in den §§ 85ff. SGB XII enthalten sind.

Auch die *Anrechnung von Vermögen* ist im SGB II und SGB XII ähnlich geregelt, deutliche Unterschiede bestehen jedoch in der Höhe des geschonten Vermögens. Als Vermögen sind zunächst alle verwertbaren Gegenstände anzusetzen, §§ 12 Abs. 1 SGB II, 90 Abs. 1 SGB XII. Zum Vermögen gehören daher nicht nur das Guthaben auf dem Konto, sondern auch Häuser, Computer, Autos, Aktien, usw. Einkommen und Vermögen werden nach der sogenannten ‚Zuflusstheorie‘ voneinander abgegrenzt: Die entsprechende Zuordnung richtet sich nach dem Zeitpunkt, an dem der Wert dem/der Betroffenen zugeflossen ist. Erfolgte der Zufluss vor dem Bedarfszeitraum, handelt es sich um Vermögen. Erfolgte der Zufluss innerhalb des Bedarfszeitraums, ist er als Einkommen zu behandeln. Wie beim Einkommen gibt es auch beim Vermögen solche Vermögenswerte, die nicht als Vermögen berücksichtigt werden, §§ 12 Abs. 3 SGB II, 90 Abs. 2 SGB XII. Solche nicht zu berücksichtigenden Vermögenswerte sind z. B. angemessener Hausrat oder ein selbst bewohntes angemessenes Hausgrundstück. Darüber hinaus werden im SGB II, ähnlich wie beim Einkommen, bestimmte Beträge nicht auf den ermittelten Bedarf angerechnet. Diese Vermögenswerte heißen ebenfalls Absetzbeträge, § 12 SGB II. Die Absetzbeträge enthalten u. a. einen Grundfreibetrag und einen Anschaffungsfreibetrag. Im SGB XII sind dagegen nur kleinere Barbeträge oder ein sogenanntes Härtefallvermögen von der Anrechnung auf den Bedarf ausgenommen, § 90 Abs. 2 Nr. 9 und Abs. 3 SGB XII[104]. Hintergrund der Entscheidung des Gesetzgebers, die kleineren Barbeträge des SGB XII sowie den Grundfreibetrag und den Ansparbetrag des SGB II nicht auf den Bedarf anzurechnen, ist die Pauschalierung des Regelbedarfs. Aus der Regelleistung soll nicht nur der laufende Bedarf gezahlt werden; aus ihr soll zusätzlich auch für größere Anschaffungen gespart werden. Nach § 7 Abs. 5 AsylbLG ist vom Vermögen lediglich ein Freibetrag in Höhe von 200 Euro abzusetzen. Der Gesetzgeber geht einerseits davon aus, dass in den ersten 15 Monaten des Aufenthalts ohnehin nicht mehr angespart werden kann. Darüber hinaus werden den Leistungsberechtigten

---

104 Die genaue Höhe der ‚kleineren Barbeträge‘ ist in der ‚Verordnung zur Durchführung des § 90 Abs. 2 Nr. 9 des Zwölften Buches Sozialgesetzbuch‘ festgelegt. Eine gute tabellarische Übersicht findet sich bei Siebel-Huffmann, in: Rolfs/Giesen/Kreikebohm/Udsching (2015), § 90 SGB XII Rn. 35.

keine größeren Ansparungen zugestanden. Da Hausrat ohnehin gesondert erbracht wird [6.1.7], soll Geld in erster Linie für Bekleidung (z. B. Wintermantel, Schuhe) zurückgelegt werden[105].

6.1.9 Bedarfs- und Haushaltsgemeinschaft

Ob eine Person hilfebedürftig ist, hängt nicht nur davon ab, ob sie über ausreichende eigene Mittel verfügt, um ihren rechtlich anerkannten Bedarf zu decken. Vielmehr bestimmt § 9 Abs. 2 SGB II, dass bei Personen, die in einer *Bedarfsgemeinschaft* leben, auch das Einkommen und Vermögen des Partners bzw. der Partnerin zu berücksichtigen ist. Bei unverheirateten Kindern, die mit ihren Eltern oder einem Elternteil in einer Bedarfsgemeinschaft leben und die ihren Lebensunterhalt nicht aus eigenem Einkommen oder Vermögen sichern können, sind auch das Einkommen und Vermögen der Eltern oder des Elternteils und dessen in Bedarfsgemeinschaft lebender Partnerin oder lebenden Partners zu berücksichtigen. Ist in einer Bedarfsgemeinschaft nicht der gesamte Bedarf aus eigenen Kräften und Mitteln gedeckt, gilt jede Person der Bedarfsgemeinschaft im Verhältnis des eigenen Bedarfs zum Gesamtbedarf als hilfebedürftig. Die Bedarfsgemeinschaft ist also eine Einsatzgemeinschaft, deren Mitglieder mit ihrem Einkommen und Vermögen dafür einzustehen haben, dass der Lebensunterhalt der gesamten Gemeinschaft gesichert ist. Diese Vereinnahmung bezieht sich nicht wie im Unterhaltsrecht lediglich auf Familienmitglieder, sondern auch auf weitere Personen, denen ein Einstandswille unterstellt wird. So müssen z. B. Partner sowohl für ihren wechselseitigen Bedarf als auch für den Bedarf der Kinder des jeweils anderen einstehen. Wer im Einzelnen zur Bedarfsgemeinschaft gehört ist § 7 Abs. 3 und 3a SGB II zu entnehmen.

Noch weiter wird die Einsatzgemeinschaft in § 9 Abs. 5 SGB II gefasst. Dort wird jede mit dem Leistungsberechtigten verwandte (§ 1589 BGB) oder verschwägerte (§ 1590 BGB) Person für die Deckung seines Bedarfs vereinnahmt, sofern sie mit ihm in *Haushaltsgemeinschaft* lebt. Der Unterschied besteht hier darin, dass dem Einstandspflichtigen ein höherer Betrag zugestanden wird, den er für den eigenen Lebensunterhalt verwenden darf[106].

Der Einstandswille von Verwandten und Verschwägerten, die nicht zur Kernfamilie gehören, sowie der von nicht miteinander verheirateten Partnern, die auch nicht in einer eingetragenen Lebensgemeinschaft leben, wird vermutet, §§ 7 Abs. 3a, 9 Abs. 5 SGB II. Wird diese Vermutung widerlegt, findet eine Anrechnung von Einkommen und Vermögen nicht statt.

---

105 BT-Drucks. 18/2592, S. 27f.
106 In welcher Höhe Einkommen bzw. Vermögen beim Verwandten bzw. Verschwägerten verbleiben darf, ist in §§ 1 Abs. 2, 7 Abs. 2 Alg II-V geregelt.

Darüber hinaus wirkt sich die Zuordnung zu einer Bedarfsgemeinschaft auf die Höhe des gezahlten Regelbedarfes aus. Für eine erwachsene Person z. B., die unter 25 Jahre alt und ledig ist, bedeutet die Zuordnung zur Bedarfsgemeinschaft mit ihren Eltern, dass sie nicht 100 % des Regelbedarfs (Regelbedarfsstufe 1), sondern lediglich 80 % erhält (Regelbedarfsstufe 3)[107].

6.1.10 Prüfungsfolge für die Berechnung der Leistungsansprüche

Den oben erläuterten Grundsätzen zufolge können die einer hilfesuchenden Person zustehenden Fürsorgeleistungen vereinfacht dargestellt in vier Schritten berechnet werden:

1. Bedarf bestimmen: Regelbedarf + Mehrbedarfe + einmalige Bedarfe + Kosten der Unterkunft und Heizung
2. Das (bereinigte) Einkommen des Hilfesuchenden ermitteln: Einkommen – Absetzbeträge
3. Das Vermögen Hilfesuchenden ermitteln: Vermögen – Absetzbeträge
4. Liegt das so ermittelte Einkommen/Vermögen unterhalb des Bedarfs, prüfen ob Einkommen/Vermögen Dritter (Bedarfsgemeinschaft/Haushaltsgemeinschaft) anzurechnen ist.
5. Zusammengefasst: Bedarf
   <u> – eigene Mittel</u>
   <u>Grundsicherungsbedarf</u>

6.1.11 Eingliederungsleistungen (§§ 14 ff. SGB II)

Auch Dienstleistungen werden im Bereich der Existenzsicherung erbracht. Zum einen handelt es sich um die Eingliederungsleistungen nach §§ 16, 16b ff. SGB II, die von den Agenturen für Arbeit zu gewähren sind, und die im Wesentlichen dem SGB III entnommen sind. Zum anderen handelt es sich um die *kommunalen Eingliederungsleistungen* nach § 16a SGB II. Auf letztere soll hier besonders eingegangen werden, da es sich hier um Rechtsgrundlagen zur Finanzierung Sozialer Arbeit handelt. Nach § 16a SGB II *können* Leistungen

- zur Betreuung minderjähriger oder behinderter Kinder,
- zur häuslichen Pflege Angehöriger,
- der sozialen Schuldnerberatung,

---

107 BT-Drucks. 16/688, S. 13f.

- der psychosozialen Betreuung und
- der Suchtberatung

gewährt werden. Es besteht also nach dem Wortlaut *Ermessen* der Träger der Grundsicherung. Die genannten Leistungen haben eine *Wiedereingliederung in Arbeit zum Zweck.* Im Einzelnen wird verlangt, dass es einen *kausalen Bezug* der Eingliederungsleistung zu dem Eingliederungszweck gibt[108]. Sofern dieser Bezug vorliegt, ist das Spektrum möglicher Leistungen *außerordentlich weit.* Es können etwa auch Frauenhäuser über diese Vorschrift finanziert werden, wenn argumentiert wird, dass es einer Frau durch diese Leistung ermöglicht wird, trotz häuslicher Gewalt ihren Arbeitsplatz zu halten, oder einen neuen zu erhalten.

Für die Soziale Arbeit sind hieraus zwei Schlüsse zu ziehen: ein theoretischer und ein praktischer. *Erstens* bezeugt die Vorschrift den Paradigmenwechsel der Hartz-IV-Reform, indem sie Soziale Arbeit immer dann, aber auch nur dann finanziert, wenn sie dem einen Ziel, der Wiedereingliederung in Arbeit, dient. Einzelne Arbeitsfelder dürften damit durchaus besser finanziell ausgestattet sein, als dies nach alter Rechtslage der Fall war. Erkauft wird dies allerdings mit einer Engführung am Ziel der Wiedereingliederung in Arbeit. *Zweitens:* Man kann mit diesen Vorgaben in der Praxis durchaus taktisch umgehen, indem man die Aussichten der KlientInnen, wieder in Arbeit zu kommen oder einen Arbeitsplatz zu erhalten, bei Antragstellung im Einzelfall oder bei den Vereinbarungen nach § 17 SGB II in den Vordergrund rückt. Ferner kann sich im Einzelfall sogar das Ermessen durch einen unabweisbaren Bedarf auf Null reduzieren[109], sodass dann von einem einklagbaren Rechtsanspruch ausgegangen werden muss. Um diese Spielräume zu nutzen, bedarf es allerdings einer sicheren rechtlichen Argumentation.

6.1.12 Sanktionen

§ 1 Abs. 2 Satz 1 SGB II formuliert das Ziel der Grundsicherung für Arbeitsuchende: Es soll die Eigenverantwortung der Leistungsberechtigten gestärkt und dazu beigetragen werden, dass sie ihren Lebensunterhalt unabhängig von der Grundsicherung aus eigenen Mitteln und Kräften bestreiten können. Dazu müssen Leistungsberechtigte alle Möglichkeiten zur Beendigung oder Verringerung ihrer Hilfebedürftigkeit ausschöpfen, § 2 SGB II. Da der Arbeitsmarkt offenbar nicht für alle Erwerbsfähigen einen Arbeitsplatz vorhält, zielen die Sanktionen also darauf ab, die Leistungsberechtigten zur verstärkten Arbeitssuche anzuhalten und dabei auch niedrige Löhne oder sonstige widri-

---

108 Deutscher Verein für öffentlichen und private Fürsorge e. V. (2014: 454–462, 489–493).
109 Deutscher Verein für öffentlichen und private Fürsorge e. V. (2014: 454–462, 489–493).

ge Arbeitsbedingungen zu akzeptieren. In der Umsetzung bedeutet dies, dass einerseits durch Eingliederungsleistungen (§§ 14ff. SGB II) die Aufnahme einer Erwerbstätigkeit gefördert werden kann und andererseits die Ablehnung einer zumutbaren (§ 10 SGB II) Erwerbstätigkeit oder Eingliederungsmaßnahme durch die Kürzung der Leistung zum Lebensunterhalt bestraft wird. Entsprechend werden in § 31 SGB II die möglichen Pflichtverstöße aufgelistet. § 31a SGB II beschreibt die darauf folgenden Sanktionen. Je öfter Leistungsberechtigte gegen ihre Pflichten verstoßen, umso stärker werden ihre Leistungen gekürzt, was dazu führen kann, dass den Leistungsberechtigten keine Leistungen mehr ausgezahlt werden. Den Beginn und die Dauer der Leistungskürzungen regelt § 31b SGB II. Hinzu kommt die Sanktion aufgrund von Meldeversäumnissen. Diese ziehen in der Regel eine befristete Kürzung des Regelbedarfs um 10 % nach sich, § 32 SGB II.

Gemäß § 2 Abs. 1 SGB XII haben auch die nach SGB XII Leistungsberechtigten darauf hinzuarbeiten, dass sie unabhängig von der Sozialhilfe leben können. Dabei werden sie zunächst auf den Einsatz ihrer Arbeitskraft verpflichtet. Lehnen sie die Aufnahme einer Tätigkeit oder die Teilnahme an einer erforderlichen Vorbereitung ab, vermindert sich der Regelbedarf bei jeder Ablehnung um bis zu 25 %, § 39a SGB XII. Gleichwohl ist der Einsatz der Arbeitskraft eher nachgeordnet, weil Leistungen zur Sicherung des Lebensunterhalts nach dem SGB XII grundsätzlich nur diejenige Person erhalten kann, die mangels Erwerbsfähigkeit nicht zum Kreise der Leistungsberechtigten nach dem SGB II gehört. Eine größere Bedeutung kommt § 26 SGB XII zu, der bestimmt, dass die Leistung bis auf das zum Lebensunterhalt Unerlässliche eingeschränkt werden soll, wenn Leistungsberechtigte ihr Einkommen oder Vermögen gemindert haben, um die Voraussetzungen für die Gewährung oder Erhöhung der Leistung herbeizuführen. Gleiches gilt, wenn Leistungsberechtigte trotz Belehrung ihr unwirtschaftliches Verhalten fortsetzen. Im Gegensatz zu § 31a SGB II ist die Höhe der Reduzierung nicht exakt vorgeschrieben sondern einer Ermessensentscheidung vorbehalten. Wenn die Leistungskürzung erkennbar nicht dazu geeignet ist, den/die Leistungsberechtigte/n in der gewünschten Weise zu beeinflussen (z. B. bei einem Verhalten mit Krankheitswert), darf die Kürzung nicht eingesetzt oder muss wieder aufgehoben werden.

Für die Leistungsberechtigten nach dem AsylbLG geht der Gesetzgeber davon aus, dass sie in den ersten 15 Monaten ihres Aufenthalts ohnehin kein reguläres Arbeitsverhältnis begründen werden. Daher sind sie nach § 5 AsylbLG zur Wahrnehmung von Arbeitsgelegenheiten verpflichtet, die ihnen zur Verfügung gestellt werden. Bei unbegründeter Ablehnung einer solchen Tätigkeit werden die Leistungen nach dem AsylbLG eingestellt. Außerdem sanktioniert das AsylbLG ausländerrechtliches Fehlverhalten, wie die Einreise zwecks Leistungsbezugs oder die Verhinderung der Abschiebung durch Untertauchen oder Nichtvorlage des Heimatpasses, § 1a AsylbLG. Weder die Höhe noch die Dauer der Kürzung ist gesetzlich vorgeschrieben. Leistungen sollen dann nur erbracht werden, soweit dies im Einzelfall nach den Umständen unabweisbar geboten ist.

Weitergehende Literaturempfehlungen

Arbeitslosenprojekt TuWas (2014): Leitfaden zum Arbeitslosengeld II. Der Rechtsratgeber zum SGB II. Frankfurt a.m.: Fachhochschulverlag.

Arbeitslosenprojekt TuWas (2015): Unterkunfts- und Heizkosten nach dem SGB II. Frankfurt a. M.: Fachhochschulverlag.

Klinger, Roland/Kunkel, Peter-Christian/Pattar, Andreas Kurt/Peters, Karen (2012): Existenzsicherungsrecht. SGB XII mit SGB II und AsylbLG. Baden-Baden: Nomos Verlag.

Münder, Johannes (Hrsg.), Lehr- und Praxiskommentar SGB II, Baden-Baden 2013.

Bieritz-Harder, Renate/Conradis, Wolfgang/Thie, Stephan (2015): Sozialgesetzbuch. Sozialhilfe. Lehr- und Praxiskommentar. Baden-Baden: Nomos Verlag.

6.2 Strafrecht und Jugendstrafrecht

Für die Soziale Arbeit sind die Bereiche des Strafrechts bzw. Jugendstrafrechts bedeutsam, die in vielen Bundesländern als Soziale Dienste der Justiz zusammengefasst sind. Darunter fallen im Allgemeinen die Gerichtshilfe, die Bewährungshilfe und die Führungsaufsicht. Beim Jugendamt ist zudem die Jugendgerichtshilfe angesiedelt, zu deren Aufgaben die sozialarbeiterische Betreuung von jugendlichen Straffälligen gehört. Schließlich werden SozialarbeiterInnen im Strafvollzug bzw. Jugendstrafvollzug beschäftigt.

6.2.1 Gerichtshilfe

Die MitarbeiterInnen der Gerichtshilfe unterstützen u. a. Staatsanwaltschaften und Gerichte, in dem sie bestimmte Justizentscheidungen vorbereiten. Ihre Hauptaufgabe ist es, diejenigen Umstände zu ermitteln, welche für die Bestimmung der Rechtsfolgen einer Tat von Bedeutung sind, § 160 Abs. 3 StPO. Damit ist nicht die Aufklärung der Tat gemeint, sondern die Ermittlung von Umständen, die nach § 46 StGB für die Strafzumessung [4.6] maßgeblich sind. Dazu gehören Informationen über das Vorleben des Täters bzw. der Täterin, seine/ihre persönlichen und wirtschaftlichen Verhältnisse sowie sein/ihr Verhalten nach der Tat, wie z. B. das Bemühen, den Schaden wiedergutzumachen. Darüber hinaus dienen die Ermittlungen der Gerichtshilfe zur Vorbereitung von Entscheidungen in der Strafvollstreckung, § 463d StPO. Dies können die Entscheidung über die Strafaussetzung zur Bewährung oder die Entscheidung darüber sein, ob die Vollstreckung des Restes einer Freiheitsstrafe zur Bewährung ausgesetzt werden soll [6.2.2]. Im Rahmen ihrer Ermittlungen nehmen

MitarbeiterInnen der Gerichtshilfe Kontakt mit den Betroffenen und ggf. deren Angehörigen auf. Als Ergebnis fertigen sie einen Bericht an, der zu den Akten genommen wird und in der Hauptverhandlung verlesen werden kann.

6.2.2 Bewährungshilfe

BewährungshelferInnen betreuen straffällig gewordene Menschen, die der Bewährungsaufsicht oder Führungsaufsicht unterstellt worden sind. Die Anordnung einer Bewährungsaufsicht kommt in Betracht, wenn die Vollstreckung einer Freiheitsstrafe zur Bewährung ausgesetzt wird. Führungsaufsicht kann neben der Strafe angeordnet werden.

Ziel der Strafaussetzung zur Bewährung

Ziel der *Aussetzung der Vollstreckung der Freiheitsstrafe* zur Bewährung ist es, dem/der Täter/in Gelegenheit zu geben, durch ein straffreies Leben und ggf. durch die Erfüllung von Auflagen und Weisungen nach der Verurteilung von der Vollstreckung der Strafe verschont zu bleiben. Der Täter soll die Gelegenheit haben, sich auch ohne Verbüßung der Strafe wieder in die Gemeinschaft einzufügen[110]. Ihrem Wesen nach ist die Strafaussetzung eine *Modifikation der Freiheitsstrafe,* und zwar ihrer Vollstreckung[111] (bedingte Freiheitsstrafe). Eine Übersicht über die Voraussetzungen zur Aussetzung der Vollstreckung der Freiheitsstrafe gibt die Tabelle auf S. 86.

Voraussetzungen der Strafaussetzung zur Bewährung

Die Strafaussetzung zur Bewährung kommt bei Freiheitsstrafen unter zwei Jahren in Betracht, §§ 56ff. StGB, 21ff. JGG. Vorausgesetzt ist, dass der/die Verurteilte schon durch die Verurteilung gewarnt ist und aufgrund einer günstigen Sozialprognose erwartet werden kann, dass er bzw. sie künftig keine Straftaten mehr begehen wird (Legalbewährung). Kriterien einer günstigen Sozialprognose sind insbesondere die Persönlichkeit des/der Verurteilten, sein/ihr Vorleben, die Umstände der Tat, das Verhalten nach der Tat, seine/ihre Lebensverhältnisse und die von der Strafaussetzung für ihn bzw. sie zu erwartenden Wirkungen. Liegt die Freiheitsstrafe über einem Jahr muss die Strafaussetzung im *allgemeinen Strafrecht* zusätzlich durch besondere Umstände gerechtfertigt sein, § 56 Abs. 2 StGB. Bei *Jugendlichen* wird Strafvollstreckung ausgesetzt, wenn nicht ausnahmsweise die Vollstreckung im Hinblick auf die Entwicklung des Jugendlichen geboten ist, § 21 Abs. 2 JGG. Die Dauer der Bewährungszeit liegt zwischen zwei und fünf Jahren im allgemeinen Strafrecht bzw. zwischen einem und zwei Jahren im Jugendstrafrecht, §§ 56a Abs. 1 Satz 2 StGB, 28 Abs. 1 JGG. Für die Zeit der Strafaussetzung kann

---

110 Stree/Kinzig in: Schönke/Schröder (2014), § 56 StGB Rn. 3.
111 Stree/Kinzig in: Schönke/Schröder (2014), § 56 StGB Rn. 4.

das Gericht Auflagen oder Weisungen erteilen, §§ 56b, 56c StGB, 23 JGG. Verstößt die verurteilte Person gegen diese oder begeht sie erneut eine Straftat, kann das Gericht die Strafaussetzung widerrufen (§§ 56f StGB, 26 JGG).

Unterstellung unter die Bewährungshilfe

Im allgemeinen Strafrecht *kann* das Gericht die verurteilte Person während der Bewährungszeit der Bewährungshilfe unterstellen. Diese Möglichkeit kommt allerdings nur dann in Betracht, wenn die Anordnung der Bewährungshilfe erforderlich erscheint, um die verurteilte Person von Straftaten abzuhalten, § 56d StGB. Davon geht der Gesetzgeber im Regelfall aus, wenn eine Strafe von mehr als neun Monaten zur Bewährung ausgesetzt wird und der Verurteilte noch nicht 27 Jahre alt ist (§ 56d Abs. 2 StGB). Gleiches gilt bei der Strafrestaussetzung, wenn schon ein Jahr der Freiheitsstrafe verbüßt wurde (§ 57 Abs. 3 Satz 2 StGB). Im Jugendstrafrecht ist die Anordnung der Bewährungshilfe dagegen in allen Fällen der Aussetzung zur Bewährung *zwingend*, § 24 JGG.

Wurde die verurteilte Person der Bewährungshilfe unterstellt, steht sie entweder für die gesamte Dauer oder einen Teil der Bewährungszeit (im Jugendstrafrecht immer für die gesamte Dauer der Bewährungszeit) unter der Aufsicht und Leitung eines/einer Bewährungshelfer/in. Diese/r soll nach §§ 56d Abs. 3 StGB, 24 Abs. 3 JGG einerseits der verurteilten Person helfend und betreuend zur Seite stehen und andererseits die Erfüllung von Auflagen und Weisungen überwachen. Bei Jugendlichen soll der Bewährungshelfer außerdem deren Erziehung fördern und möglichst mit den Erziehungsberechtigten und vertrauensvoll zusammenwirken. Die Hilfe umfasst Beratung, Unterstützung und praktische Hilfen bei persönlichen, finanziellen und rechtlichen Problemen sowie die eventuelle Vermittlung an Beratungsstellen oder therapeutische Einrichtungen. Außerdem muss der Bewährungshelfer dem Gericht mitteilen, wenn die verurteilte Person gröblich oder beharrlich gegen Auflagen und Weisungen verstößt. Darüber hinaus ist er/sie verpflichtet, dem Gericht in regelmäßigen Abständen über die Lebensführung der verurteilten Person zu berichten, §§ 56d Abs. 3, 25 JGG.

Voraussetzungen der Aussetzung der Vollstreckung einer Freiheitsstrafe

Allgemeines Strafrecht	Jugendstrafrecht
Freiheitsstrafe bis zu einem Jahr: • Warneffekt • Günstige Sozialprognose	Jugendstrafe bis zu einem Jahr: • Warneffekt • Günstige Sozialprognose
Freiheitsstrafe von mehr als einem Jahr, aber nicht mehr als zwei Jahren: • Warneffekt • Günstige Sozialprognose • Besondere Umstände	Jugendstrafe von mehr als einem Jahr, aber nicht mehr als zwei Jahren: • Warneffekt • Günstige Sozialprognose (Es sei denn die Entwicklung des Jugendlichen gebietet die Vollstreckung der Freiheitsstrafe)

Quelle: eigene Darstellung

Resttrafenaussetzung

Die Vorschriften über die Bewährungshilfe finden auch Anwendung, wenn die Vollstreckung des Rests einer Freiheitsstrafe zur Bewährung ausgesetzt wird, §§ 57 Abs. 3 und 5, 57a Abs. 3 StGB, 88 Abs. 6 Satz 1 JGG. Im allgemeinen Strafrecht kommt die Reststrafenaussetzung in Betracht, wenn zwei Drittel einer zeitigen Freiheitstrafe, mindestens aber zwei Monate, verbüßt sind, § 57 Abs. 1 StGB. Unter besonderen Voraussetzungen ist die Reststrafenaussetzung bereits nach Verbüßung der halben Freiheitsstrafe vorgesehen, § 57 Abs. 2 StGB. Auch eine lebenslange Freiheitsstrafe kann zur Bewährung ausgesetzt werden, wenn 15 Jahre verbüßt sind und das Gericht in seinem Urteil keine besondere Schwere der Schuld festgestellt hat, § 57a StGB. Bei *Jugendlichen* kann die Vollstreckung des Restes der Jugendstrafe zur Bewährung ausgesetzt werden, wenn sie einen Teil der Strafe verbüßt haben und dies im Hinblick auf die Entwicklung der Jugendlichen, auch unter Berücksichtigung des Sicherheitsinteresses der Allgemeinheit, verantwortet werden kann, § 88 Abs. 1 JGG. Soll die Vollstreckung der restlichen Freiheitsstrafe ausgesetzt werden, bevor davon sechs Monate verbüßt wurden, darf die Vollstreckungsaussetzung nur aus besonders wichtigen Gründen angeordnet werden. Bei einer Jugendstrafe von mehr als einem Jahr ist die Reststrafaussetzung nur zulässig, wenn der/ die verurteilte Jugendliche mindestens ein Drittel der Strafe verbüßt hat, § 88 Abs. 2 JGG. Eine Übersicht über die Voraussetzungen der Aussetzung der Vollstreckung einer Restfreiheitsstrafe liefert die nachfolgende Tabelle.

Voraussetzungen der Aussetzung der Vollstreckung einer *Rest*freiheitsstrafe

Allgemeines Strafrecht	Jugendstrafrecht
Zeitige Freiheitsstrafe: • Grundsätzlich nach Verbüßung von $^2/_3$ der Strafe • Ausnahmsweise nach Verbüßung von ½ der Strafe	Jugendstrafe von bis zu einem Jahr: • Verbüßung eines Teils der Strafe • Vor Verbüßung von 6 Monaten der Strafe, nur wenn im Hinblick auf die Entwicklung des Jugendlichen verantwortbar. Jugendstrafe von mehr als einem Jahr: • Verbüßung von $^1/_3$ der Strafe
Lebenslange Freiheitsstrafe: • Nach Verbüßung von 15 Jahren der Strafe	

Quelle: eigene Darstellung

6.2.3 Führungsaufsicht

Staatlich anerkannte Sozialarbeiter oder Sozialpädagoginnen können entweder als BewährungshelferInnen oder als MitarbeiterInnen der Aufsichtsstelle auch im Rahmen der Führungsaufsicht tätig werden. Die Führungsaufsicht kann entweder von Gericht angeordnet werden oder tritt in bestimmten Fällen kraft Gesetzes ein. Das Ziel der Führungsaufsicht ist die intensive *Kontrolle* und *Betreuung* entlassener StraftäterInnen, wenn die Gefahr besteht, dass sie weitere Straftaten begehen werden. Im Unterschied zur Bewährungszeit, während derer die Vollstreckung der gesamten oder der restlichen Freiheitstrafe ausgesetzt wird, *knüpft* die Führungsaufsicht entweder an die verbüßte Strafe *an* oder tritt neben eine Strafaussetzung zur Bewährung.

Die *Anordnung* der Führungsaufsicht durch das Gericht setzt zunächst voraus, dass das StGB für die konkrete Straftat die Anordnung der Führungsaufsicht als Möglichkeit vorsieht. Dann kann das Gericht die Führungsaufsicht anordnen, wenn mindestens eine Freiheitstrafe von sechs Monaten verhängt wurde und die Gefahr besteht, dass die verurteilte Person weitere Straftaten begehen wird, § 68 Abs. 1 StGB.

In welchen Fällen die Führungsaufsicht *kraft Gesetzes* eintritt, also keiner gesonderten Anordnung durch das Gericht bedarf, ergibt sich aus § 68 Abs. 2 StGB. Der gesetzliche Eintritt der Führungsaufsicht ist z. B. für die Fälle vorgesehen, in denen das Gericht die Unterbringung in einem psychiatrischen Krankenhaus anordnet, die Vollstreckung dieser Maßregel aber zur Bewährung aussetzt, weil besondere Umstände die Erwartung rechtfertigen, dass der Zweck der Maßregel auch dadurch erreicht werden kann, § 67b StGB. Die Dauer der Führungsaufsicht liegt zwischen zwei und fünf Jahren, § 68c Abs. 1 Satz 1 StGB. In einigen Fällen kann das Gericht die Führungsaufsicht über die Höchstdauer hinaus unbefristet verlängern, § 68c Abs. 2 und 3 StGB. Für die Dauer der Führungsaufsicht kann das Gericht Weisungen erteilen, mit denen die Lebensführung des Verurteilten gelenkt werden soll, § 68b StGB. Verstößt die verurteilte Person gegen diese Weisungen und gefährdet sie dadurch den Zweck der Maßregel, macht sie sich strafbar und kann mit einer Freiheitsstrafe bis zu drei Jahren oder mit Geldstrafe bestraft, § 145a StGB.

Während der Dauer der Führungsaufsicht untersteht die verurteilte Person einer Aufsichtsstelle. Gleichzeitig wird ihr ein/e Bewährungshelfer/in bestellt, § 68a Abs. 1 StGB. Der/die Bewährungshelfer/in und die Aufsichtsstelle sollen im Einvernehmen miteinander der verurteilten Person helfend und betreuend zur Seite stehen, § 68a Abs. 2 StGB. Die Aufsichtsstelle ist darüber hinaus für die Überwachung des Verhaltens der verurteilten Person und die Erfüllung der Weisungen zuständig, § 68a Abs. 3 StGB. Sind sich die Aufsichtsstelle und der/die Bewährungshelfer/in uneinig, entscheidet das Gericht, § 68a Abs. 4 StGB.

Die Regelungen der Führungsaufsicht gelten auch für die nach *Jugendstrafrecht* Verurteilten, § 7 Abs. 1 JGG.[112]

6.2.4 Jugendgerichtshilfe

Anders als die Gerichtshilfe im allgemeinen Strafrecht ist die Jugendgerichtshilfe keine Institution der Justiz, sondern wird von den *Jugendämtern* im Zusammenwirken mit den Vereinigungen der freien Jugendhilfe erbracht, § 38 Abs. 1 JGG. Daher sind die Aufgaben der Jugendgerichtshilfe einerseits in § 52 SGB VIII (Kinder- und Jugendhilfe) und andererseits in § 38 JGG (Jugendgerichtsgesetz) festgelegt. Das Institut der Jugendgerichtshilfe ist Ausdruck dafür, dass das Jugendstrafrecht vorrangig am Erziehungsgedanken ausgerichtet ist, § 2 Abs. 1 JGG[113]. Auf Straftaten von Jugendlichen soll *vorrangig mit erzieherischen Maßnahmen* reagiert werden. Aufgabe der Jugendgerichtshilfe ist es deshalb, erzieherische, soziale und fürsorgerische Gesichtspunkte im Verfahren vor den Jugendgerichten zur Geltung bringen, § 38 Abs. 2 Satz 1 JGG, und dem Gericht dabei behilflich zu sein, in dem Verfahren gegen den Jugendlichen die richtige Entscheidung zu treffen. Daneben obliegen der Jugendgerichtshilfe Ermittlungs- und Kontrollfunktionen. Um ihren Aufgaben gerecht werden zu können, soll die Jugendgerichtshilfe möglichst früh an dem Verfahren beteiligt werden.

---

112 BVerfG v. 26.02.2008 – 2 BvR 2143/07 – juris.
113 BT-Drucks. 16/6293, S. 9f.

Zunächst prüft die Jugendgerichtshilfe, ob für den/die Jugendliche/n Leistungen der Jugendhilfe in Betracht kommen, die ein Absehen von der Verfolgung (§ 45 JGG) oder eine Einstellung des Verfahrens (§ 47 JGG) ermöglichen, § 52 Abs. 2 SGB VIII. Gelingt dies nicht, betreut die Jugendgerichtshilfe den/die Jugendliche/n während des weiteren Verfahrens, § 52 Abs. 3 SGB VIII. Sie unterstützt die beteiligten Behörden, indem sie einerseits die Persönlichkeit, die Entwicklung und die Umwelt des bzw. der Jugendlichen erforscht und andererseits eine Stellungnahme zu den infrage kommenden Maßnahmen abgibt, § 38 Abs. 2 Satz 2 JGG. Auch nach einer Verurteilung des/der Jugendlichen bleibt die Jugendgerichtshilfe beteiligt. Beispielsweise wacht sie, wenn keine Bewährungshilfe angeordnet ist, darüber, dass der/die Jugendliche Weisungen und Auflagen nachkommt, § 38 Abs. 2 Satz 5 und 6 JGG. Sie kann auch die Betreuung und Aufsicht der Jugendlichen übernehmen, § 38 Abs. 2 Satz 7 JGG. Schließlich bleibt die Jugendgerichthilfe während des Vollzugs mit den Jugendlichen in Verbindung und soll sich seiner/ihrer Wiedereingliederung in die Gemeinschaft annehmen, 38 Abs. 2 Satz 9 JGG.

Auch im Verfahren gegen Heranwachsende wirkt die Jugendgerichtshilfe mit (§ 107 JGG) und ist gemäß § 109 Abs. 1 S. 2 JGG von Verfahren gegen Heranwachsende zu unterrichten.

6.2.5 Soziale Arbeit im Justizvollzug

Zu den Sozialen Diensten der Justiz gehört schließlich die Soziale Arbeit im Strafvollzug. Die Hilfe soll nach § 71 Satz 2 StVollzG darauf gerichtet sein, die Gefangenen in die Lage zu versetzen, ihre Angelegenheiten zu ordnen und zu regeln. Damit soll dem Ziel Rechnung getragen werden, dass die Gefangenen nach der Entlassung, in sozialer Verantwortung ein Leben ohne Straftaten führen können, § 2 Satz 1 StVollzG. So wird Gefangenen bei der Aufnahme geholfen, die notwendigen Maßnahmen für hilfsbedürftige Angehörige zu veranlassen und ihre Habe außerhalb der Anstalt sicherzustellen, § 72 Abs. 1 StVollzG. Man wird darüber beraten, wie die eigene Sozialversicherung aufrechterhalten werden kann, § 72 Abs. 2 StVollzG. Auch während des Vollzugs erhalten Gefangene Hilfe. Er/sie wird in dem Bemühen unterstützt, eigene Rechte und Pflichten wahrzunehmen, namentlich das Wahlrecht auszuüben sowie für Unterhaltsberechtigte zu sorgen und den durch die Straftat verursachten Schaden zu regeln, § 73 StVollzG. Schließlich wird der/die Gefangene in Vorbereitung auf seine/ihre Entlassung bei der Ordnung seiner persönlichen, wirtschaftlichen und sozialen Angelegenheiten beraten. Es wird ihm bzw. ihr insbesondere geholfen, Arbeit, Unterkunft und persönlichen Beistand für die Zeit nach der Entlassung zu finden, § 74 StVollzG.

Daneben wirken SozialarbeiterInnen im Strafvollzug an der Erstellung des Vollzugsplanes (§ 7 StVollzG) und dem Verfassen von (Sozial-)Prognosen mit. Die Aufgabenfelder der Sozialarbeit im Strafvollzug sind in den Bundesländern unterschiedlich, teilweise detailliert geregelt.

Weitergehende Literaturempfehlungen

Nix, Christoph/Möller, Winfried/Schütz, Karsten (2011): Einführung in das Jugendstrafrecht für die Soziale Arbeit. München: Ernst Reinhardt Verlag.
Oberlies, Dagmar (2013): Strafrecht und Kriminologie für die Soziale Arbeit. Eine Einführung. Stuttgart: Kohlhammer Verlag.
Riekenbrauk, Klaus (2011): Strafrecht und Soziale Arbeit. Eine Einführung für Studium und Praxis. Köln: Luchterhand Verlag.

6.3 Kinder- und Jugendhilferecht sowie Familienrecht

6.3.1 Relevanz für die Soziale Arbeit

Die ‚Kinder- und Jugendhilfe‘ ist sicher eines der nach Beschäftigtenzahl und Ausgabenhöhe wichtigsten Handlungsfelder der Sozialen Arbeit. Sowohl die Jugendämter mit ihren *Allgemeinen Sozialen Diensten (ASD)*[114], als auch die freien Träger der Wohlfahrtspflege sind die Arbeitgeber in diesem Bereich. In den Studiengängen der Sozialen Arbeit gehört Familien- und Jugendhilferecht in aller Regel zum Pflichtprogramm – diesen Rechtsbereich muss jeder Sozialarbeiter, jede Sozialarbeiterin ‚drauf haben‘.

6.3.2 Bedarfslagen

Mit welchen Bedarfslagen müssen sich SozialarbeiterInnen hier auseinandersetzen? Kurz gesagt: mit den *Problemen des modernen Familien- und Privatlebens*, die von vorübergehenden Beziehungsproblemen der Eltern bis zu einem Scheitern ihrer Erziehungsverantwortung durch eine Kindeswohlgefährdung reichen können. Um die spezifische Bedarfslage des Familien-, sowie des Kinder- und Jugendhilferechts zu verstehen, muss man allerdings ein bisschen ausholen.

Eine Familie zu gründen und Kinder zu bekommen, gilt zunächst als das größte Glück. Diese Vorstellung täuscht freilich ein wenig über die wirklichen Verhältnisse hinweg, mehr noch: sie ist selbst ein Grund für familiäre Verwerfungen. Denn was passiert in der Familie? Wir finden, grob gesagt, drei Funk-

---

114 Die meisten sozialpädagogischen/sozialarbeiterischen Fachabteilungen der Kommunen heißen Allgemeiner Sozialer Dienst (ASD), einige heißen auch Kommunaler Sozialer Dienst (KSD).

tionen: Die Menschen erholen sich von ihrer Arbeit und regenerieren sich für sie. Zugleich sorgen sie mit ihrer Liebe füreinander und bekommen Kinder, den Nachwuchs der Gesellschaft, die Familie gilt als primäre Sozialisationsinstanz. Schließlich suchen die Menschen individuelle Sinnstiftung und Lebensglück in der Familie.

All dies lobt die Politik, wenn sie diesen Lebensbereich als grundrechtlichen Wert (Art. 6 GG) hochleben lässt und rechtlich einen *Schonraum des privaten Lebens* einrichtet. Zugleich stellt sie das Familien- und Privatleben aber praktisch auf lauter Bewährungsproben: Das Kinderkriegen und -großziehen ist nämlich in der modernen Erwerbsgesellschaft eine schwierige Angelegenheit. Schon ohne Kinder haben die meisten Menschen alle Hände voll damit zu tun, ihren eigenen Broterwerb und Alltag zu bestreiten. Stellen sich dann Kinder ein, sehen sich die Eltern mit weiteren Anforderungen konfrontiert, mit denen sie alleine oder zu zweit nicht selten überfordert sind: Kinder verlangen über lange Strecken die ungeteilte Aufmerksamkeit der Betreuungsperson; in den ersten Jahren leidet der Schlafhaushalt beträchtlich; nicht selten entsteht Beziehungsstreit über die neuen Rollen und Notwendigkeiten des bisherigen Liebespaares; es gibt bis zur Volljährigkeit des Nachwuchses lauter kleine und große Fragen, die zu entscheiden sind, zumal spätestens mit der Einschulung das Fortkommen auch der Kinder infrage steht; und schließlich kommen mit Kindern neue Belastungen auf die Haushaltskasse zu – auch und gerade auf die von Familien, die keine Hoffnung mehr haben, irgendwann eine Erwerbsarbeit zu finden, von der man halbwegs leben kann: Armut ist immer noch das größte Risiko für das gesunde Aufwachsen von Kindern[115].

Darüber hinaus holt die Menschen ihre eigene Glückserwartung ein: Die Vorstellung, die Drangsale des Arbeitslebens im und durch das Privat- und Familienleben kompensieren zu können, ist zwar weit verbreitet[116], aber kaum einlösbar. Erstens reicht die in der Familie genossene Erholung nach einem acht bis zehnstündigen Arbeitstag kaum bis zur Wochenmitte, Überarbeitung und die damit einhergehende erhöhte Reizbarkeit sind eine Realität. Zweitens erweist sich auch die andere, mehr ideelle Glückserwartung, als Trugschluss: die Hoffnung auf *garantierte Anerkennung und Liebe*, die die Familienmitglieder wechselseitig hegen, stellt sich für diese eher als eingeforderte Pflichtübung dar, die gar nicht aus ihrer (Zu-)Neigung folgt. Enttäuschungen sind die notwendige Folge. Und als wenn dies nicht schon genügen würde, machen sich die Familienmitglieder dafür dann auch noch verantwortlich, halten also

---

115 Mehr als 1 Mio. Menschen erhielten 2014 erzieherische Hilfen. Mehr als 60 % davon gingen 2014 – mit Ausnahme der Erziehungsberatung – an Familien, die Alg II oder Sozialhilfe beziehen, vgl. Statistisches Bundesamt (2015a: 50ff.).

116 Die Texte vieler Popsongs zeugen von dieser Idealisierung, z. B. Adel Tawil (2013): „Zuhause ist da wo deine Freunde sind – Hier ist die Liebe umsonst – Ich weiß genau, dass alles besser werden kann – Wenn ich ganz fest dran glaube, dann schaff ich es irgendwann".

dem anderen vor, er erfülle die in ihn gesetzten Hoffnungen nicht. Nicht selten schlägt also der Rückzugsort ,Familie', an dem die Menschen ihr privates Glück verfolgen, um in einen Ort, wo alles andere als Liebe und Zuneigung herrschen; für Frauen und Kinder erweist sich dieser Ort sogar als extrem gefährlich.[117] Und nicht selten wird das Verhältnis offen feindlich und gemein, insbesondere dann, wenn sich die Eltern trennen oder sich scheiden lassen. Dies zeigt sich in den massenhaften Rechtsstreitigkeiten zum Sorge- und Umgangsrecht hinsichtlich gemeinsamer Kinder, bei denen letztere notorisch unter die Räder zu geraten drohen.

Die drei wesentlichen Funktionen der Familie – für die Wirtschaft: *Regeneration für das Arbeitsleben*; für den Staat: *individuelle Reproduktion* einschließlich der Sicherung des *gesellschaftlichen Nachwuchses* ohne den Sozialsystemen zur Last zu fallen; für die Privatpersonen: *Glücksverheißung* – stellen also alles in allem eine *systematische Überlastung* der Familie dar, auf die der Staat als Garant des ganzen Verhältnisses mit seinem Recht und seinen Institutionen ebenso *systematisch aufpasst*. Darüber hinaus hat sich gezeigt, dass Eingriffe allein nicht ausreichen; vielmehr bedarf es beträchtlicher Sozialleistungen, um die Familie als sittliche Lebensform in der bürgerlichen Gesellschaft der Gegenwart zu etablieren und zu bewahren.

6.3.3 Institutionen, Rechtsquellen und -grundsätze

Handelnde Institutionen sind vor allem das *Familiengericht und das Jugendamt*. Sie definieren den rechtlichen Rahmen für Ehe, Familie und Kinder, wie er in Art. 6 GG vorgezeichnet ist: ein staatlich privilegierter privater Schonraum mit konservativem Leitbild, auf den insbesondere mit Blick auf die Kinder durch das *staatliche Wächteramt* besonders aufgepasst wird. Die verfassungsrechtliche Ausgangslage wurde unter [2.6.4, 2.6.5] ausführlich dargestellt.

Familiengericht

Das *Familiengericht* ist mit regulär ausgebildeten JuristInnen besetzt, die allerdings durch Erfahrung und Fortbildungen erhebliche Kenntnisse familiärer Verhältnisse mitbringen. Es entscheidet über alle Familienangelegenheiten, die insgesamt das *4. Buch des BGB* darstellen. Dabei geht es um *Ehe- und Scheidung* (§§ 1297 ff., 1564 ff. BGB), *Unterhalt* (§§ 1569 ff., 1601 ff.

---

117 40 % der Frauen in Deutschland haben seit ihrem 16. Lebensjahr körperliche und/oder sexuelle Gewalt erlebt. Vgl. Bundesministerium für Familie, Senioren, Frauen und Jugend (2013: 10). In 115.000 Fällen sind die Jugendämter 2014 dem Verdacht einer Kindeswohlgefährdung nachgegangen. In fast 40.000 Fällen erwies sich dieser Verdacht als zutreffend, in weiteren 40.000 Fällen war er nicht zutreffend, es bedurfte jedoch öffentlicher Hilfen, um Kindeswohlgefährdungen abzuwenden. Vernachlässigung ist dabei der häufigste Gefährdungsgrund, gefolgt von körperlicher und psychischer Misshandlung, sowie sexueller Gewalt. Vgl. Statistisches Bundesamt (2015b: 7ff.).

BGB), *Adoption* (§§ 1741 ff. BGB), *Vormundschaft* (§§ 1773 ff. BGB) und das *Betreuungsrecht* (§§ 1896 ff.). Von besonderer Bedeutung für die Soziale Arbeit ist das *Kindschaftsrecht*. Hier beschäftigt sich das Familiengericht als Garant des *Kindeswohls* (Art. 6 Abs. 2 Satz 2 GG) mit Fragen, die das Rechtsverhältnis von Kindern zu ihren Eltern betreffen, insbesondere über die *Abstammung* (§§ 1589 ff. BGB), den *Erwerb der elterlichen Sorge, seine Ausübung* (§§ 1626 ff. BGB) und seine Übertragung bei Zusammenleben, Trennung und Scheidung (§§ 1671 ff. BGB), sowie über das *Umgangsrecht* (§ 1684 BGB). Das Familiengericht regelt das elterliche Sorgerecht nach dem *Kindeswohlprinzip* (§ 1697a BGB) und nimmt ggf. *Eingriffe* vor, wenn eine *Kindeswohlgefährdung* (§ 1666 BGB) vorliegt.

Normale Verfahren vor Zivilgerichten sind in der *Zivilprozessordnung (ZPO)* geregelt. Diese ist geprägt von der staatlichen Annahme dass souverän handelnde Bürger ihrer Interessen durchsetzen wollen und sich dafür selbstbewusst der Hilfe von RechtsanwältInnen bedienen. Das familiengerichtliche Verfahren richtet sich demgegenüber nach dem *Gesetz über das Verfahren in Familiensachen und in den Angelegenheiten der freiwilligen Gerichtsbarkeit (FamFG)*. Dieses geht davon aus, dass das Gericht oftmals Entscheidungen zu treffen hat, die sich *gegen alle Beteiligten* richten und die nicht darauf warten können, dass ein Bürger das Gericht anruft: Das *Familiengericht* wird im Extremfall (Entzug elterlicher Sorge bei Kindeswohlgefährdung) tätig *wie eine besondere Gefahrenabwehrbehörde*, vor allem dadurch, dass es von Amts wegen ermittelt (§ 26 FamFG). Die besondere Materie ‚Familie' führt dabei zu weiteren Modifikationen: die Verfahren sind nicht öffentlich (§ 170 Abs. 1 GVG), um den Schonbereich der Familie nicht unnötig zu verletzen; kindschaftsrechtliche Verfahren werden im Wesentlichen durch mündliche Erörterungen (§§ 151 ff. FamFG) vorangebracht, um einen möglichst unverstellten Blick auf die psychosoziale Lage zu ermöglichen. Ferner gilt der Vorrangs- und Beschleunigungsgrundsatz (§ 155 FamFG), der eine zügige Durchführung des Verfahrens ermöglichen soll. Und schließlich soll nach Möglichkeit Einvernehmlichkeit aller Beteiligten herbeigeführt werden (§ 156 FamFG), nicht zuletzt durch den Abschluss von gerichtlichen Vergleichen.

Jugendamt

Das *Jugendamt*, genauer der ‚öffentliche Träger der Jugendhilfe' (§ 69 SGB VIII), ist die sozialpädagogisch/sozialarbeiterische Fachbehörde, bei der folgerichtig vor allem SozialarbeiterInnen, und SozialpädagogInnen als Fachkräfte beschäftigt sind. Maßgeblich ist das *SGB VIII*, welches als *Kinder- und Jugendhilfegesetz* im Jahr 1990 in Kraft getreten ist. Rechtlich zuständig sind nach landesrechtlichen Bestimmungen die *kreisfreien Städte* und die *Landkreise*, die jeweils bei sich Jugendämter bilden.

Das Jugendamt ist wie das Familiengericht Inhaber des staatlichen Wäch-teramtes: es schützt Kinder und Jugendliche vor Gefahren für ihr Wohl, in dem es Gefährdungsrisiken nachgeht und, wenn es selbst von einer *Kindeswohl-gefährdung* ausgeht, ein Verfahren beim Familiengericht einleitet (§ 8a Abs. 3 SGB VIII). Daneben greift es bei Vorliegen von Eil-und Notsituationen unmittelbar in das Elternrecht ein, in dem es Kinder und Jugendliche gemäß § 42 SGB VIII *in Obhut* nimmt. Neben diesen *Eingriffen* ist das Jugendamt vor allem aber auch für *Sozialleistungen* verantwortlich: es gewährt etwa *Kindertagesbetreuung* (§§ 22 ff. SGB VIII), *Hilfe zur Erziehung* (§§ 27 ff. SGB VIII) *Eingliederungshilfe* (§ 35a SGB VIII), sowie *Hilfe für junge Volljährige* (§ 41 SGB VIII). Darüber hinaus ist es für die *offene Kinder-und Jugendarbeit*, die *Schulsozialarbeit* und die *Jugendberufshilfe* zuständig (§§ 11, 13 SGB VIII). Es fördert die *Erziehung in der Familie* (§ 16 SGB VIII), berät und unterstützt bei *Trennung und Scheidung*, sowie bei der Ausübung des elterlichen *Sorge- und Umgangsrechts* (§§ 17, 18 SGB VIII) und stellt Hilfen in Mutter-Kind-Einrichtungen zur Verfügung (§ 19 SGB VIII).

Das moderne Jugendhilferecht stellt sich dar als Kombination des aus den 1920er Jahren stammenden *Fürsorgerechts* und der aus den 1970er Jahren stammenden emanzipativen, integrativen und partizipativen Fachlichkeit, die man schlagwortartig mit dem Begriff ‚Lebensweltorientierung‘ (nach H. Thiersch) umreißen kann. Die Jugendämter stellen ihre am Kindeswohl orientierten Hilfen als nachrangige Sozialleistungen zur Verfügung, die freilich ihren eingreifenden Charakter nicht verlieren. Man spricht deshalb auch von *fordernder Hilfen*, die Eltern nicht einfach entlasten, sondern sie dazu bewegen sollen, ihre Elternverantwortung wieder besser wahrzunehmen. Rechtlich finden diese Besonderheiten ihren Niederschlag in der Annahme, dass sogenannte *Strukturprinzipien des Fürsorgerechts* beachtet werden müssen, die bei der Prüfung jugendhilferechtlicher Bedarfslagen im Hinterkopf zu behalten sind. Wir haben diese unter [5.5.5] dargestellt.

Für die handelnden SozialarbeiterInnen stellt es sich regelmäßig als *Gradwanderung* dar, auf die Betroffenen im Sinne des Kindeswohls einzuwirken, ohne dabei deren Vertrauen und Akzeptanz zu verlieren, zumal die Möglichkeit einer Aktivierung des Familiengerichts durch das Jugendamt stets im Raume steht (vgl. § 8a SGB VIII).

Freie Jugendhilfeträger

In den meisten Fällen werden Jugendhilfeleistungen nicht von den Jugendämtern selbst erbracht, sondern von den ‚freien Trägern der Jugendhilfe‘ (vgl. § 75 SGB VIII), die psychosoziale Dienstleistungen in Form ambulanter oder stationärer Einzelfallhilfen oder offenen Angeboten erbringen. Sie tun dies in eigener Verantwortung, sind also keine Erfüllungsgehilfen der öffentlichen Träger; letztere erfüllen ihre öffentlich-rechtliche Leistungsverpflichtung den Berechtigten gegenüber durch Bewilligung in Form eines Verwaltungsaktes und die Übernahme der entstehenden Kosten. Die freien Träger der Jugendhilfe gehören zur freien Wohlfahrtspflege und ihren Verbänden (vgl. § 75 Abs. 3 SGB VIII: Arbeiterwohlfahrt, Caritas, Paritätischer Wohlfahrtsverband, Diakonie, Rotes Kreuz, Zentralwohlfahrtsstelle der Juden in Deutschland). Die freien Träger sehen ihre eigene Verantwortung für die KlientInnen vor allem darin, ihnen politisches Gewicht zu verleihen, gerade weil ihnen selbst wenig eigenes Gewicht zukommt. Daneben sind es nicht selten freie Träger, die sich im Sinne einer sozialanwaltschaftlichen Vertretung auch um die rechtlichen Belange der KlientInnen kümmern.

Dort, wo individualisierte Rechtsanspruchsleistungen gewährt werden, geschieht dies durch eine Entgeltfinanzierung im Rahmen des *jugendhilferechtlichen Dreiecksverhältnisses:*

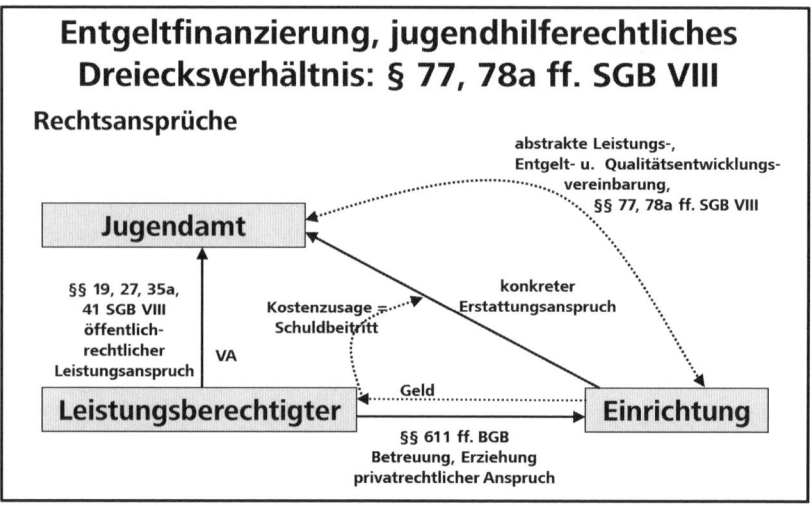

6.3.4 Ausgewählte Problemlagen

Kindeswohlgefährdung (§ 1666 BGB)

Eltern haben die *Pflicht und das Recht*, für ihr minderjähriges Kind zu sorgen, Art. 6 Abs. 2 Satz 1 GG, § 1626 Abs. 1 BGB. Dieses *Recht der elterlichen Sorge* wird vom Bundesverfassungsgericht zutreffend als *Erziehungsverantwortung* bezeichnet (s.o.), da es den Eltern wegen ihrer Kinder gewährt wird. Sind Eltern nicht willens oder in der Lage, eine Gefährdung für das Wohl des Kindes abzuwenden, oder stellen sie selber die Gefahr dar (dies ist der häufigste Fall!), greift das staatliche Wächteramt gem. § 1666 BGB ein.

Prüfungsfolge für gerichtliche Maßnahmen bei Kindeswohlgefährdung gem. § 1666 BGB durch das Familiengericht

A. Voraussetzungen

I. Gefahrenlage (Ständige Rechtsprechung des BGH seit 1956[118])
  1. Gegenwärtige, oder unmittelbar bevorstehende Gefahr für die Kindesentwicklung
  2. muss absehbar sein, die bei ihrer Fortdauer eine nicht unerhebliche/nachhaltige Schädigung
  3. des körperliche, geistigen oder seelischen Wohls des Kindes
  4. mit ziemlicher Sicherheit voraussehen lässt.

II. Nachrangigkeit (Subsidiarität) des Eingriffs
Personensorgeberechtigte sind nicht willens, oder nicht in der Lage, die Gefahr zu beseitigen

B. Rechtsfolge: Ermessen des Familiengerichts
  1. Alle verhältnismäßigen (!) Maßnahmen zur Abwendung der Kindeswohlgefährdung
  2. Maßnahmen nach § 1666 Abs. 3 BGB sind nicht abschließende Regelbeispiele ('insbesondere')
  3. Verhältnismäßigkeit (Geeignetheit, Erforderlichkeit, Zumutbarkeit) ist streng zu prüfen, dies schließt den Vorbehalt öffentlicher Hilfen nach §§ 27 ff. SGB VIII ein (§ 1666a BGB).
  4. Gesamtsituation des Kindes muss nach dem Eingriff besser sein als vorher.

Die Definition des BGH zum Gefährdungsbegriff konkretisiert allerdings kaum den Gesetzestext. § 1666 BGB enthält auch nicht nur rechtliche Bestimmungen, vielmehr fließen medizinische, psychologische, (sozial)-pädagogische/sozialarbeiterische Erkenntnisse und Wertungen in die Entscheidung ein: es handelt sich um eine *fachlich geleitete Rechtsentscheidung*. In der Praxis werden hierfür häufig Gutachten durch die Gerichte eingeholt, die etwa von Kinder- und Jugendpsychiaterinnen, Medizinern oder Sozialarbeitern erstellt werden.

Zur Ausfüllung des *unbestimmten Rechtsbegriffs* einer Kindeswohlgefährdung ist *im Einzelfall* zwischen den betroffenen Rechtsgütern aus Art. 6 Abs. 2 Satz 1 GG: Elternverantwortung und Art. 6 Abs. 2 Satz 2 GG: Staatliches Wächteramt, Recht des Kindes auf freie Entfaltung seiner Persönlichkeit, Art. 2 Abs. 1 GG. *abzuwägen.* Alle Aspekte der Situation fließen ein, wichtig ist dabei vor allem eine genaue Auseinandersetzung mit dem Ist-Zustand; *Schuldfragen sind unerheblich.*

---

118 BGH v. 14.07.1956 – IV ZB 32/56 – juris.

Weiter hilft die Bildung von Fallgruppen. Vernachlässigung (65 %), Seelische Misshandlung (36 %), Körperliche Misshandlung (23 %), Erwachsenenkonflikte (23 %), Sexueller Missbrauch (17 %), Autonomiekonflikte (13 %), Sonstige (23 %)[119] Verbreitet sind in der Praxis ferner Ablaufdiagramme und Clearingverfahren zur Entscheidung bei Kindeswohlgefährdung.

Auf der Rechtsfolgeseite (§ 1666 Abs. 3 BGB) können alle Maßnahmen stehen, die der Gefahr faktisch wirksam begegnen. So können Teile oder die gesamte elterliche Sorge entzogen werden, es können Erklärungen ersetzt (z. B. zur Ermöglichung lebensnotwendiger medizinischer Eingriffe) und den Eltern können Auflagen erteilt werden, die durch die Androhung und ggf. Verhängung von Ordnungsgeldern auch vollstreckt werden. Von besonderer Bedeutung ist hier der Grundsatz der *Verhältnismäßigkeit*, der unmittelbar aus § 1666a BGB sowie aus Art. 20 Abs. 3 GG folgt und aus dem auch der *Vorrang öffentlicher Hilfen (‚Hilfe statt Eingriff‘)* insbesondere nach § 27 SGB VIII hergeleitet wird.

Es handelt sich um die *zentrale Norm des zivilrechtlichen Kindesschutzes* und die ‚ultima ratio‘ (das letzte Mittel) des *staatlichen Wächteramtes* gem. Art, 6 Abs. 2 Satz 2 GG. Das *Familiengericht* wird dabei von Amts wegen tätig, meistens nachdem das *Jugendamt* das Familiengericht gem. § 8a SGB VIII angerufen hat, weil es nach seiner Einschätzung von einer Kindeswohlgefährdung ausgeht, oder weil es in besonders drastischen Fällen ein Kind aus der Familie gem. § 42 SGB VIII herausgenommen hat und nun davon ausgeht, dass diese Inobhutnahme wegen einer Kindeswohlgefährdung aufrechterhalten werden soll.

§ 1666 BGB garantiert dabei *nicht* gute Bedingungen des Aufwachsens. Das staatliche Wächteramt dient nicht dem ‚Ausgleich gesellschaftlich vermittelter, bei Geburt dem Kind als Schicksal aufgegebene Lebensumstände‘[120], ist also *kein Korrektiv für Armut, Not und Verwahrlosung* in der modernen kapitalistischen Gesellschaft. Vielmehr geht es um eine *bereichsspezifische Gefahrenabwehr*, die schlimmste Schädigungen von Kindern und Jugendlichen eindämmt und ordnet. Als Ansatzpunkt für eine systematische Verbesserung der sozialen Lage von Kindern und Jugendlichen dürfte sich der staatliche Kindeswohlschutz jedenfalls kaum eignen.

Trennung und Scheidung, Sorgerecht und Umgang (§§ 1671, 1684 BGB)

Grundsätzlich haben Eltern gem. §§ 1626 ff. BGB das gemeinsame Sorgerecht, entweder kraft Ehe, oder kraft gemeinsamer Sorgeerklärungen. Trennen sie sich, bzw. lassen sie ihre Ehe scheiden, stellt sich die Frage, wie das elterliche

---

119 Münder/Mutke/Schone (2000: 99ff.) Mehrfachnennungen waren möglich, nicht repräsentativ, aber aufschlussreich. Vgl. insbesondere auch Coester in: Staudinger (2007), § 1666 BGB Rn. 75 ff. mit einer umfangreichen Fallsammlung.
120 Bayerisches OLG v. 21.01.1982 – BReg 1 Z 122/81 – juris.

Sorgerecht weiter ausgeübt wird. Veranlassen die Eltern von sich aus nichts, läuft die gemeinsame elterliche Sorge einfach weiter. Wollen sie – entweder einvernehmlich im Streit – das Sorgerecht dem anderen Elternteil entziehen und auf sich übertragen lassen, können sie einen Antrag an das Familiengericht stellen. Das Gericht entscheidet dann – anders als bei § 1666 BGB – nicht über eine Kindeswohlgefährdung, sondern darüber, was im Sinne des Kindeswohls die ‚beste' Lösung darstellt (‚positive Kindeswohlprüfung'). Dabei sind insbesondere das *Kontinuitätsprinzip*, das *Förderprinzip*, die *Bindungen des Kindes* und das *Selbstbestimmungsrecht des Kindes* zu beachten. Sofern ein Elternteil das Sorgerecht verliert (oder es wegen fehlender gemeinsamer Sorgeerklärung nie begründet wurde), verbleibt ihm immer noch das Umgangsrecht (§§ 1626 Abs. 3, 1684 BGB), also das *Recht und die Pflicht*, Kontakt zum Kind zu haben, wobei die genaue Ausformung dann wieder eine Frage gerichtlicher Regelung ist; sie kann von der Verpflichtung, regelmäßige Besuchskontakte wahrzunehmen, über deren zeitliche Regelung bis zum vollständigen Ausschluss des Umgangs reichen.

Weil die Situation zwischen den Eltern in dieser Lage so konfliktbelastet ist und weil in diesem Streit die Kinder unter die Räder zu geraten drohen, sieht der Gesetzgeber neben den besonderen Bestimmungen des FamFG zum Verfahren vor den Familiengerichten eine *umfangreiche sozialpädagogisch/ sozialarbeiterische Betreuung, Unterstützung und In-die-Pflichtnahme* vor, die ihren Niederschlag in den §§ 17, 18 SGB VIII findet. Hier werden den Betroffenen Rechtsansprüche auf Beratung und Unterstützung gewährt, die ihnen meistens gar nicht so willkommen sind, weil sie sich lieber den Schuldfragen ihres bornierten Beziehungsstreits widmen, als zu versuchen, zu vernünftigen Lösungen auch im Sinne der betroffenen Kinder zu kommen.

Hilfe zur Erziehung (§ 27 SGB VIII)

Hilfe zur Erziehung wird als *bedarfsabhängige*, also *nachrangige Fürsorgeleistung* im Rahmen einer *komplexen Einzelfallprüfung* gewährt.

Prüfungsfolge für einen Rechtsanspruch auf Hilfe zur Erziehung (HzE) gegen das Jugendamt

A. Voraussetzungen
I. Personensorgeberechtigung (PSB) des Betroffenen nach § 7 SGB Abs. 1 Nr. 5 SGB VIII, §§ 1626 ff. BGB
II. Kind oder Jugendlicher gem. § 7 Abs. 1 Nr. 1, 2 SGB VIII
III. Erzieherischer Bedarf – konkrete Gefahr für Eigenverantwortlichkeit und Gemeinschaftsfähigkeit vgl. § 1 SGB VIII durch mangelhafte Erziehung, nicht identisch mit § 1666 BGB (!)
IV. Wille des PSB, HzE in Anspruch zu nehmen

B. Rechtsfolge: Rechtsanspruch auf Hilfe

I. Einzelfallentscheidung zu Art und Umfang der Hilfe
   1. Geeignetheit der Hilfe – ‚richtige' Hilfe?
   2. Notwendigkeit der Hilfe – Nachrangigkeit von HzE
   3. Hilfen nach § 28–35 SGB VIII (Beratung, Unterstützung u. Therapie, Ersatz oder Ergänzung elterlicher Erziehung, ambulant oder stationär) sind nicht abschließende Regelbeispiele (‚insbesondere')

II. Verfahrensvorschriften
   1. Hilfeplanverfahren, § 36 SGB VIII
   2. Wunsch- und Wahlrecht, § 5 SGB VIII

Wenn die Familie die in sie gesetzten Erwartungen, nämlich die Entwicklung des Nachwuchses zu einer *eigenverantwortlichen und gemeinschaftsfähigen Persönlichkeit* (§ 1 Abs. 1 SGB VIII) nicht erfüllt, wird zum einen versucht, mit psychosozialer Beratung, Unterstützung und Therapie die Eltern wieder in Stand zu setzen, ihre Aufgaben zu erfüllen. Darüber hinaus wird auf Kinder und Jugendliche, bei denen die bürgerliche Sozialisation versagt, sozialpädagogisch eingewirkt, auch als Vorstufe zur Jugendstrafe (vgl. die soziale Gruppenarbeit nach § 29 SGB VIII, die zugleich eine Weisung, bzw. Erziehungsmaßregel nach §§ 9–12 JGG darstellen kann). Schließlich wird vermittelt, wie man den *kapitalistischen Alltag aushält* (Alltagsbewältigung), der nicht besonders menschenfreundlich organisiert ist – mit mehr Verantwortung und Opferbereitschaft nämlich; praktisch wird in der Jugendhilfe größter Wert darauf gelegt, dass Kinder und Jugendliche wenigstens einen Schulabschluss und eine berufliche Ausbildung erreichen. Wenn die Eltern teilweise oder ganz ausfallen, wird deren Erziehungsleistung auch *teilweise oder ganz ersetzt.* All dies kann auch durch das Familiengericht angeordnet werden, sollte es aber möglichst nicht: im Grundsatz versteht sich das SGB VIII als Leistungsgesetz, das auf Freiwilligkeit beruht. Gegen den Willen der Eltern können Jugendhilfeleistungen nur erbracht werden, wenn eine Kindeswohlgefährdung vorliegt.

Der *Wille* von Eltern, Kindern und Jugendlichen bleibt tatsächlich ein *zentraler Bezugspunkt.* Er wird durch das Hilfeplanverfahren des § 36 SGB VIII, sowie das Wunsch- und Wahlrecht des § 5 SGB VIII, sowie die *lebensweltorientierten Strukturprinzipien Pluralität, Regionalität und Partizipation* (§§ 3, 4, 8, 9 SGB VIII) besonders gewürdigt – all dies zeugt nicht einfach von einem freundlichen Umgang mit den KlientInnen; vielmehr handelt es sich um Mittel, die Eltern und Kinder dazu zu bringen sollen, selber Eigenverantwortlichkeit und Gemeinschaftsfähigkeit zu entwickeln.

Wie stets im öffentlichen Recht müssen sämtliche Voraussetzungen vorliegen, damit eine Rechtsfolge bestimmt werden kann. Probleme bereiten vor allem der Umgang mit den vom Gesetzgeber verwendeten unbestimmten

Rechtsbegriffen (‚erzieherischer Bedarf‘, ‚geeignete und notwendige Hilfe‘), die einerseits eine *umfassende Bedarfsdeckung* gewährleisten sollen, ohne andererseits den *Nachrang der Jugendhilfe* (§ 10 SGB VIII) auszuhebeln. Diese Besonderheiten im Jugendhilferecht folgen aus den Strukturprinzipien des Fürsorgerechts [5.5.5].

Letztlich ist klar, dass das Jugendamt jedenfalls dann Hilfen zu gewähren hat, wenn ein erzieherischer Bedarf besteht, der anderweitig nicht gedeckt werden kann. Wann dies genau der Fall ist, wie viel Elend und Not, Verrohung und Verwahrlosung vorliegen müssen, damit das Jugendamt hilft und/oder eingreift, Eltern unterstützt und/oder unter Druck setzt, Kinder aus den Familien rettet und/oder ihnen entzieht, ist allerdings immer wieder Gegenstand auch gerichtlicher Auseinandersetzungen. Nicht selten orientieren sich die Streitlinien dann auch an den fiskalischen Interessen der beteiligten Institutionen: die öffentlichen Träger halten eher günstigere (häufig ambulante) Hilfen für ausreichend, während die freien Träger, die von ihrer Leistungserbringung ‚leben‘, eher teurere (häufig stationäre) Hilfen für ‚geeignet und notwendig‘ halten. Seitdem die Kommunen so große Finanzierungsprobleme haben, erweist sich hierbei der Rechtsanspruchscharakter von HzE, also die Möglichkeit der AdressatInnen, die Hilfe beim Verwaltungsgericht einzuklagen, als letzte Garantie dafür, dass die Leistung auch praktisch gewährt wird – ein starkes Argument dafür, sich als Sozialarbeiter/Sozialpädagogin in Rechtsfragen auszukennen.

Offene Angebote (§§ 11, 13, 16 SGB VIII)

Der öffentliche Jugendhilfeträger stellt eine Reihe weiterer Leistungen für Familien, Kinder und Jugendliche zur Verfügung, die keinen Kontakt zwischen AdressatInnen und Jugendamt voraussetzen, sondern direkt bei freien Trägern in Anspruch genommen werden können: Schulsozialarbeit, Jugendberufshilfe, offene Kinder- und Jugendarbeit, sowie allgemeine Förderung der familiären Erziehung. Rechtsgrundlagen sind die §§ 11, 13, 16 SGB VIII. Es handelt sich dabei nicht um individuelle Rechtsansprüche, sondern um sogenannte *objektive Rechtsverpflichtungen* [5.5.6]. Dies bedeutet im Resultat, dass die Jugendämter diese Leistungen zwar finanzieren müssen, aber von den AdressatInnen nicht – wie bei der HzE oder beim Rechtsanspruch auf einen Kindergartenplatz – per verwaltungsgerichtlichem Urteil dazu gezwungen werden können. Für alle offene Beratungsstellen, Abenteuerspielplätze, Jugendfreizeiten, Elternkurse – ein Großteil der sozialen Infrastruktur in den Kommunen findet hier seine rechtliche Grundlage.

Weitergehende Literaturempfehlungen

Münder, Johannes/Trenczek, Thomas (2015): Kinder- und Jugendhilferecht. Eine sozialwissenschaftlich orientierte Darstellung. Baden Baden: Nomos Verlag.

Münder, Johannes/Ernst, Rüdiger/Behlert, Wolfgang (2013): Familienrecht. Eine sozialwissenschaftlich orientierte Darstellung. Baden Baden: Nomos Verlag.

Marx, Ansgar (2014): Familienrecht für soziale Berufe. Ein Leitfaden mit Fällen, Mustern und Übersichten. Köln: Bundesanzeiger Verlag.

Staudinger, Kommentar zum Bürgerlichen Gesetzbuch, Buch 4: Familienrecht, Bände zu §§ 1626–1634 BGB, und zu §§ 1638-1683 BGB, Berlin 2015.

Fieseler, Gerhard/Schleicher, Hans/Busch, Manfred/Wabnitz, Reinhard: Kinder- und Jugendhilferecht. Gemeinschaftskommentar zum SGB VIII. Loseblattwerke. Köln: Wolter Kluwer Verlag.

6.4 Sozialhilferecht (Behindertenrecht und weitere psychosoziale Hilfen für Erwachsene)

Oben unter [6.1] hatten wir uns schon mit dem ‚SGB XII – Sozialhilfe' beschäftigt und zwar unter dem Gesichtspunkt der Existenzsicherung für nicht erwerbsfähige Personen. Im Folgenden soll es um Leistungen des SGB XII gehen, die Behinderte sowie Erwachsene betreffen, die einen psychosozialen Hilfebedarf haben. Weil es hier jeweils um Dienstleistungen geht, die dem *Fürsorgerecht* zuzurechnen sind (‚*Eingliederungshilfe*' gem. §§ 53 ff. SGB XII und ‚*Hilfe für Personen mit besonderen sozialen Schwierigkeiten*' gem. §§ 67 ff. SGB XII, ‚*Altenhilfe*' gem. § 71 SGB XII), sollen sie hier zusammen erörtert werden. Auf die kommunalen Eingliederungsleistungen nach dem SGB II wird auf S. 81 eingegangen.

6.4.1 Relevanz für die Soziale Arbeit

Die Arbeit in Einrichtungen der ambulanten oder stationären Behindertenhilfe ist ein großes Handlungsfeld der Sozialen Arbeit. Neben HeilpädagogInnen sind hier auch viele SozialpädagogInnen und SozialarbeiterInnen beschäftigt. Arbeitgeber sind die öffentlichen und freien Träger der Wohlfahrtspflege. In den BA-Studiengängen der Sozialen Arbeit werden diese Rechtsgebiete zum einen im Zusammenhang mit dem Existenzsicherungsrecht in den ersten Semestern mitbehandelt, zum anderen werden sie Gegenstand in den Wahlpflichtbereichen in den höheren Semestern.

6.4.2 Bedarfslagen

Behinderung

Soviel ist klar: behinderte Menschen sind in unserer Welt faktisch benachteiligt, diskriminiert. Diese Benachteiligung hat eine ökonomische und eine persönliche Seite.

Behinderte Menschen haben zunächst einmal das Problem *mangelnden Einkommens*. Entweder finden sie auf dem regulären Arbeitsmarkt gar keinen Job, oder sie verdienen dort deutlich weniger, als ihre nichtbehinderten KollegInnen, weil sie von den Unternehmen als *nicht so leistungsfähig* eingeschätzt werden, wie ihre ‚normalen' KollegInnen. Mit der größten Selbstverständlichkeit steht damit für die Unternehmen auch fest, dass behinderte Menschen weniger zu verdienen haben.[121] Zu diesem Problem mangelnden Einkommens kommt ein zweites ökonomisches Problem: Die *Alltagsbewältigung eines behinderten Menschen kostet deutlich mehr*, als die nicht behinderter Menschen: Es werden mechanische Hilfsmittel benötigt, andere Personen müssen alltägliche Verrichtungen übernehmen, was seinerseits Geld kostet – sofern es sich nicht um unbezahlte Familienarbeit handelt. Vielfach sind weitere persönliche Dienstleistungen erforderlich, insbesondere auch bei geistigen Behinderungen.

Kommen wir zur persönlichen Seite der Benachteiligung. Das Kriterium der Leistungsfähigkeit, das wie oben gezeigt, ökonomisch vor allem die Frage beinhaltet, was der einzelne Mensch *für das Unternehmen* leistet, steht bei uns zugleich für eine vermeintliche Charaktereigenschaft der Menschen: in der Marktwirtschaft gilt es nämlich als Tugend, sich unabhängig von eigenen Kalkulationen leistungsfähig zu halten: man hält sich bereit dafür, dass sich ein/e Arbeitgeber/in findet, der einen einstellt, weil es sich *für ihn* lohnt. So wird eine Bedingung für das eigene Fortkommen umgedeutet in ein Resultat eigener Bemühungen und als *Eigenverantwortung* geschätzt. Noch einen Schritt weiter geht die subjektiv-moralische Deutung, die schließlich beim Begriff des *Selbstbestimmungsrechts* ankommt. Und dieses Selbstbestimmungsrecht, die eigene Autonomie, wird geradezu fundamentalistisch vertreten. In einer Welt, in der jeder ‚seines Glückes Schmid' sein soll, mag sich niemand nachsagen lassen, was man dem kapitalistischen Arbeitsmarkt und der eigenen Lage darin durchaus entnehmen kann: dass man eine abhängige Variable fremder Interessen ist.

---

121 Dies ist ein Urteil, das man schon aus anderen Bereichen kennt: Frauen etwa verdienen bekanntermaßen knapp 25 % weniger als Männer in den gleichen Jobs. Der schlichte Umstand, dass Frauen Kinder bekommen können und wegen ihrer Pflege und Erziehung dann regelmäßig dem Arbeitsmarkt nicht zur Verfügung stehen, sorgt für das Urteil, dass Frauenarbeit *dem Unternehmen* weniger wert ist.

Für Behinderte bedeutet dies: sie müssen sich im Hinblick auf diese Tugend von den ‚Normalen' die Frage gefallen lassen, ob sie eigentlich so selbstbestimmt sein *können*, wie die ‚Normalen'. Sie werden darin von nicht wenigen regelrecht *verachtet*. Die komplementäre Einschätzung erfahren sie ebenfalls: andere teilen den Maßstab des Selbstbestimmungsrechts, kehren ihn aber um und *bemitleiden* behinderte Menschen. Erkennbar werden also Behinderte hier an der *bürgerlichen Normalität gemessen* und bekommen vor diesem Maßstab schlechte Noten. Die Rechtsordnung teilt mit ihrem Institut der *bürgerlichen Rechtsperson nicht nur den* Maßstab der Normalität, sondern setzt ihn sogar sehr grundsätzlich in Kraft, wenn sie die Menschen als Inbegriff ihrer Rechten und Pflichten fasst.[122] Menschen, die – wie viele Behinderte – nicht in dieses Schema passen, die von vielen Mitmenschen verachtet oder bemitleidet werden, gelten da als Fremdkörper.

Dabei belässt es der Staat allerdings durchaus nicht. Wegen seines Anspruchs, Garantiemacht der Menschenwürde und insoweit auch des Selbstbestimmungsrechts zu sein, verfolgt er neben dem Programm bürgerlicher Normalität das der *Integration*. Für diese Integration, bzw. die Eingliederung behinderter Menschen in die Gesellschaft, sowie den insoweit erforderlichen Unterbau einer materiellen Versorgung, leistet der Staat einiges und zwar insbesondere die *Eingliederungshilfe nach dem SGB XII*.

In diesem Bereich gibt es aber noch weitere Bedarfe. Nicht wenige Menschen kommen nämlich mit der bürgerlichen Normalität selbst nicht klar, entwickeln z. B. Verhaltensauffälligkeiten oder seelische Störungen bis hin zu Krankheiten, die sie eben dafür untauglich machen. Der Grund für die Abweichung von der Normalität liegt hier nicht in einer Eigenart, die man per Geburt oder durch eine körperliche Krankheit mitbekommen hat; der Grund liegt vielmehr an den *Anforderungen der kapitalistischen Normalität* selbst, an denen diese Menschen scheitern: Arbeits- und Alltaguntauglichkeit wegen perspektivloser Langzeitarbeitslosigkeit, Lernstörungen von Kindern, die mit der schulischen Bildung nicht klar kommen, Depressionen und Angststörungen, die es den Betroffenen unmöglich machen, einem ‚normalen' Beruf in einem ‚normalen' Alltag nachzugehen: all diese Phänomene fasst der Staat ebenfalls als eine (soziale) Behinderung und begegnet ihnen folglich auch mit den gleichen rechtlichen Instrumenten, nämlich der Integration insbesondere durch Eingliederungshilfe nach dem SGB XII.

Sonstige Teilhabeprobleme

Zwei weitere Problemlagen sollen hier angesprochen werden: Diese betreffen zum einen Menschen, die mit der bürgerlichen Normalität mehr oder weniger willentlich abgeschlossen haben, Alkohol und/oder Drogen konsumieren und häufig auf der Straße leben. Zum anderen betreffen sie die Wirkungen

---

122 Dass es sich bei dem Begriff der ‚Person' um ein Kunstprodukt des bürgerlichen Rechts handelt, wurde bereits im Kapitel zu den Grundsätzen des Zivilrechts erläutert [3.1.2].

des Alters auf die Normalität – alte Menschen können nicht selten ihren Haushalt nicht mehr selber führen und vereinsamen, sind damit also vom gemeinschaftlichen Leben ausgeschlossen. Auch hier hält das SGB XII besondere Rechtgrundlagen für die Soziale Arbeit bereit.

6.4.3 Institutionen, Rechtsquellen und -grundsätze

Öffentliche und freie Träger

Zuständig zur Gewährung der hier angesprochenen Leistungen sind im Wesentlichen die überörtlichen Träger der Sozialhilfe (§§ 97, 3 SGB XII i. V. m. Landesrecht). Dies sind entweder die höheren Kommunalverbände oder die Länder (Landeswohlfahrts- oder Landschaftsverbände, Bezirke, Landesämter). Wie im verwandten Rechtsgebiet der Kinder- und Jugendhilfe werden die Mehrzahl der psychosozialen Hilfen, die vom öffentlichen Sozialhilfeträger gewährt werden, nicht von ihm selbst erbracht, sondern von den freien Trägern der Wohlfahrtspflege. Es handelt sich insoweit um die gleiche Interessenlage wie im Jugendhilferecht [6.3.].

Psychosoziale Hilfen nach dem SGB XII

Die Eingliederungshilfe nach den §§ 53ff. SGB XII ist Teil des unübersichtlichen und zersplitterten deutschen Rehabilitationsrechts. Dafür gilt das ‚SGB IX – Rehabilitation und Teilhabe behinderter Menschen', welches allerdings selbst keine Anspruchsgrundlagen enthält, sondern Vorschriften zur Definition von Begriffen, zur Zusammenarbeit der Leistungsträger sowie zur Ausführung der Leistungen regelt. Der Bedarf für ein solches ‚Gesetzesdach' folgt aus der Vielfältigkeit der Aufgaben – Leistungen der medizinischen Rehabilitation, Leistungen zur Teilhabe am Arbeitsleben und Leistungen zur Teilhabe am Leben in der Gemeinschaft, sowie ergänzende unterhaltssichernde Leistungen, § 5 SGB IX – und der Anzahl der dafür zuständigen Rehabilitationsträger – die Gesetzliche Krankenversicherung, die Bundesagentur für Arbeit, die gesetzlichen Unfallversicherungsträger, die gesetzliche Rentenversicherung, der Kriegsopferfürsorge sowie die Jugend- und Sozialhilfeträger, § 6 SGB IX. Die eigentlichen Anspruchsgrundlagen finden sich verstreut über das gesamte Sozialgesetzbuch. Im Folgenden soll nur auf den *Sozialhilfeträger* eingegangen werden, weil er für die Soziale Arbeit die wichtigste Finanzierungsquelle darstellt.

Stichwort: Behinderung

‚Menschen sind behindert, wenn ihre körperliche Funktion, geistige Fähigkeit oder seelische Gesundheit mit hoher Wahrscheinlichkeit länger als sechs Monate von dem für das Lebensalter typischen Zustand abweichen und daher ihre Teilhabe am Leben in der Gesellschaft beeinträchtigt ist. Sie sind von Behinderung bedroht, wenn die Beeinträchtigung zu erwarten ist.' (§ 2 Abs. 1 SGB IX)

Diese Definition, die auf die Weltgesundheitsorganisation (WHO) zurückgeht, fasst Behinderung abstrakt als Zusammenwirken von drei Merkmalen: Erstens eine Schädigung einer normalen Körper-, bzw. Geistesfunktion (‚*impairment*'); zweitens das darauf beruhende Nicht-Können von etwas Normalen (‚*disablity*'); und drittens eine sich daraus ergebende Teilhabebeeinträchtigung (‚*handicap*'). Es ist sodann eine Frage der Rechtsfolge, welche Leistungen erforderlich sind, um die Integrationsziele zu erreichen. Wie diese vielen unbestimmten Rechtsbegriffe ausgelegt werden und was dies für das Ob und Wie der entsprechenden ambulanten oder stationären Leistungen bedeutet, ist Gegenstand von ausgiebigen juristischen Auseinandersetzungen zwischen den Betroffenen, den Sozialhilfeträgern und der Rechtsprechung. Die *Interessenlage* ist dabei ziemlich klar: Behinderte teilen, soweit sie dies inhaltlich überschauen, den Standpunkt des Selbstbestimmungsrechts und möchten dafür möglichst viel Entlastung erreichen. Der Sozialhilfeträger ist beim Gesetzesvollzug eher ‚knauserig', weil er über knappe öffentliche Mittel gebietet. Die Rechtsprechung streicht dann, wenn es zu einer Auseinandersetzung beim Sozialgericht kommt, die fiskalischen Kalkulationen der Sozialhilfeträger wieder heraus und versucht, die eigentliche Normaussage zur Geltung zu bringen: Integration in die Normalität eines harten kapitalistischen Alltags, mit besonderer Betonung des Selbstbestimmungsrechts der Betroffenen.

Strukturprinzipien des Fürsorgerechts

Zum Vorgängergesetz des SGB XII, dem Bundessozialhilfegesetz, welches von 1964 bis zur Hartz-IV-Reform im Jahr 2004 galt, hat die bis dahin zuständige Verwaltungsgerichtsbarkeit (heute: die Sozialgerichtsbarkeit) sogenannte Strukturprinzipien entwickelt, welche die Eigenarten des fürsorgerechtlichen Bedarfs recht genau umschreiben. Sie sind in unserem Band an zentraler Stelle innerhalb des Sozialverwaltungsrechts dargestellt [5.5.5] und stets im Hinterkopf zu behalten, zeigen sie doch, dass die hier gewährten rechtlichen Garantien der Einklagbarkeit eine geringere Verbindlichkeit aufweisen, als man dies aus Bereichen des bürgerlichen oder öffentlichen Rechts kennt. Diese geringere Verbindlichkeit hat einen Grund: Fürsorge dient nicht einfach der Versorgung bedürftiger Menschen, sondern sichert das materielle und sittliche Existenzminimum in materieller und sittlicher ab – nicht weniger, aber eben auch nicht mehr.

6.4.4 Ausgewählte Problemlagen

Eingliederungshilfe (§§ 53 ff. SGB XII)

Eingliederungshilfe wird als *bedarfsabhängige*, also *nachrangige Fürsorgeleistung* im Rahmen einer *komplexen Einzelfallprüfung* gewährt. Der Nachrang ist hier aber sehr viel schwächer ausgeprägt, als etwa bei der existenzsichernden Grundsicherung – Behinderung ist als ein Schicksal anerkannt, Arbeitslosigkeit und darauf begründete Armut dagegen nicht.

Prüfungsfolge für einen Rechtsanspruch auf Eingliederungshilfe gegen das Sozialamt bei *seelischer* Behinderung

A. Voraussetzungen

I. Behinderung eines über 18-Jährigen (vgl. § 35a SGB VIII) i.S.d. § 2 Abs. 1 SGB IX, also hier:

   1. seelische Störung mit Krankheitswert gem. § 3 EinglHVO. Hier ist auf die Klassifikation der ICF[123] zurückzugreifen,

   2. die voraussichtlich länger als 6 Monate andauern wird. (Diagnose ist Aufgabe von Fachmedizinern),

   3. dadurch bedingte (wesentliche) Teilhabebeeinträchtigung (Bewertung ist Aufgabe des Leistungsträgers).

II. Das Drohen der Behinderung (=nach fachlicher Erkenntnis mit hoher Wahrscheinlichkeit zu erwarten) ist der Behinderung selbst gleichgestellt.

III. Erreichbarkeit des Eingliederungsziels – es reicht, dass bei hypothetischem Wegfall der Leistung sich die Behinderung verschlimmert, daher ggf. lebenslange Eingliederungshilfe.

IV. Wille des Behinderten, Eingliederungshilfe in Anspruch zu nehmen.

B. Rechtsfolge: Rechtsanspruch auf Hilfe bei ‚wesentlicher' Behinderung, Ermessen bei ‚nicht wesentlicher' Behinderung

I. Einzelfallentscheidung zu Art und Umfang der Hilfe

   1. Geeignetheit der Hilfe zur Erreichung der Ziele der Eingliederungshilfe (§ 53 Abs. 3 i.V.m. § 1 SGB IX)

      – Förderung der Selbstbestimmung

      – Förderung gleichberechtigter Teilnahme

      – Vermeidung von Benachteiligung

   2. Leistungskatalog des § 54 SGB XII i.V.m. SGB IX und den §§ 6 ff. EinglHVO (nicht abschließend, ‚insbesondere')

---

123 ICF= ‚Internationale Klassifikation der Funktionsfähigkeit, Behinderung und Gesundheit' abzurufen unter http://www.dimdi.de/dynamic/de/klassi/downloadcenter/icf/stand2005/ [Zugriff: 04.06.2016]

3. Notwendigkeit der Hilfe

  - ‚Grundsatz: Ambulant vor stationär' (§ 9 Abs. 2 SGB XII)
  - Nachrangigkeit von Eingliederungshilfe gegenüber der vorrangig verpflichteten GKV, GRV und der Bundesagentur für Arbeit sowie den eigenen Mitteln des Betroffenen (§§ 82 ff. SGB XII mit erheblichen Erleichterungen für die Betroffenen)

II. Verfahrensvorschriften

  1. Gesamtplan, § 58 SGB XII

  2. Ggf. trägerübergreifendes persönliches Budget, § 57 SGB XII

  2. Wunsch- und Wahlrecht, § 9 SGB XII

Wie man sieht, ist die Prüfung eines Anspruchs auf Eingliederungshilfe eine hochkomplizierte Angelegenheit. Der Schlüssel zur richtigen Rechtsanwendung besteht in einem Verständnis davon, wie die verschiedenen Rechtsquellen – SGB XII, SGB IX und EinglHVO – systematisch ineinandergreifen und sich in die oben wiedergegeben Prüfungsfolge einordnen. Weiter sollte man einige Mühe darauf verwenden, die vielen unbestimmten Rechtsbegriffe nach Sinn und Zweck auszulegen und sich zu fragen, welche Anhaltspunkte im Sachverhalt vorliegen, um sie auszufüllen; hier sind auch – im Sinne der Betroffenen – kreative Lösungen gefragt. Immer wieder schaffen es Behinderte und ihre Verbände, die Sozialhilfeträger durch sozialgerichtliche Verfahren zur Gewährung von Leistungen zu verpflichten, gegen die sie sich zunächst gewehrt hatten. So werden etwa ständig neue Formen von therapeutischen Hilfen für Behinderte entwickelt. Anders als im Recht der GKV herrscht im Sozialhilferecht kein abschließender Katalog von Leistungen; vielmehr muss dies immer im Rahmen einer *Einzelfallentscheidung* geprüft werden – dies ist eine Chance, die man als Sozialarbeiter für seine Klienten nutzen kann: Sie können durch eine genaue Argumentation im Einzelfall und eine ordentliche Verfolgung eines Anliegens Leistungen für Ihre KlientInnen mobilisieren[124]. Nicht selten kommt es in diesem Bereich auch zu Abgrenzungsschwierigkeiten der unterschiedlichen Leistungsträger: insbesondere auf die vorrangige *Zuständigkeit des Jugendhilfeträgers* für Eingliederungshilfeleistungen für *seelisch behinderte Kinder und Jugendliche* gem. § 35a SGB VIII ist hier hinzuweisen[125].

Oben ist nur die Prüfungsfolge für Eingliederungshilfe bei einer seelischen Behinderung wiedergegeben worden. Prinzipiell werden aber die körperliche

---

124 Umstritten sind etwa: Therapeutisches Reiten, die sogenannte ‚Petö'-Therapie, die Tätigkeit von Integrationshelfern, die Delfin-Therapie ...
125 Umstritten sind hier z. B. die Tätigkeit von Integrationshelfern oder Lerntherapien bei Legasthenie/Dyskalkulie oder ADHS (Aufmerksamkeitsdefizit-/Hyperaktivitätsstörung).

oder geistige Behinderung ähnlich behandelt, für sie gelten dann ergänzend unterschiedliche Abschnitte aus dem SGB IX und der EinglHVO mit ggf. anderen Rehabilitationszielen, etwa zur beruflichen Rehabilitation in einer Werkstatt für behinderte Menschen (§§ 33, 41 SGB IX, § 17 EinglHVO).

Hilfe für Personen mit besonderen sozialen Schwierigkeiten (§§ 67 ff. SGB XII)

Hier handelt es sich im Ergebnis um einen Auffangtatbestand, der allen Menschen einen Rechtsanspruch auf die Hilfen gewährt, die erforderlich sind, um die ‚besonderen sozialen Schwierigkeiten' zu ‚überwinden'. Dies sind insbesondere psychosoziale Hilfen bei Obdachlosigkeit, Drogen- u. Alkoholkonsum, Armut, Elend und Verwahrlosung usw., es kann sich aber auch z. B. um die Beschaffung von Wohnraum handeln. Es gilt zur Konkretisierung die entsprechende Verordnung nach § 68 SGB XII. Ziel ist auch hier die Integration in ‚normale' Lebensverhältnisse. Als zu bearbeitende Ursachen gelten dabei ausschließlich individuelle Dysfunktionen, wohingegen Maßnahmen, die explodierende Mieten, Arbeitslosigkeit und Arbeitshetze, Armut usw. selbst keine Rechtsfolgen sein können. Man sieht daran, dass die Beseitigung dieser Übel nicht bezweckt ist, sondern nur die Verwaltung ihrer sozialen Folgen. Weil es sich hier um Rechtsansprüche handelt, die auch vor Gericht eingeklagt werden können, ist die Finanzierung von Sozialer Arbeit in diesem Bereich relativ sicher; allerdings sind die Betroffenen kaum willens und in der Lage, Ansprüche selber durchzusetzen, dies muss in der Regel von Sozialarbeiterinnen und Sozialarbeitern im Wege sozialanwaltschaftlichen Engagements betrieben werden.

Altenhilfe (§ 71 SGB XII)

Auch alte Menschen sollen am gesellschaftlichen Leben teilhaben; sie tun es im Zuge ihres Älterwerdens immer weniger, da sie mangels Erwerbstätigkeit häufig soziale Kontakte verlieren und mangels Erwerbsmitteln (knapp bemessene Altersrenten!) sich gesellschaftliches Leben kaum leisten können. Soziale Arbeit hilft hier wiederum mit psychosozialen Dienstleistungen und Alltagshilfen. Zuständig ist der örtliche Träger, also die Kreise und kreisfreien Städte (§ 3 SGB XII). Es handelt sich allerdings nicht um echte Rechtsansprüche, sondern um objektive Rechtsverpflichtungen, die von den Betroffenen nicht einklagbar sind (vgl. hierzu die ähnlich strukturierten ‚offenen Angebote' in der Kinder- und Jugendhilfe, S. 94). Dies bedeutet vor allem, dass die Finanzierung hier relativ unsicher ist, weil ihr keine rechtliche Garantie zugrunde liegt, sondern nur am sozialpolitischen Willen des Sozialhilfeträgers ‚hängt'.

Kommunale Eingliederungsleistungen (§§ 14 ff. SGB II)

Diese Leistungen waren früher Bestandteil des BSHG, sind aber durch die Hart-IV-Reform in das SGB II gewandert und unterliegen dem gleichen Paradigmenwechsel wie die Existenzsicherungsleistungen als solches. Sie wurden daher bereits oben unter [6.1.11] erörtert.

Weitergehende Literaturempfehlungen

Münder, Johannes (2013): Sozialgesetzbuch II. Grundsicherung für Arbeitsuchende. Lehr- und Praxiskommentar. Baden-Baden: Nomos Verlag.

Kossens, Michael; Heide, Dirk von der; Maaß, Michael (2015): SGB IX. Rehabilitation und Teilhabe behinderter Menschen mit Behindertengleichstellungsgesetz. Kommentar. München: C. H. Beck Verlag.

Bieritz-Harder, Renate/Conradis, Wolfgang/Thie, Stephan (2015): Sozialgesetzbuch XII. Sozialhilfe. Lehr- und Praxiskommentar. Baden-Baden: Nomos Verlag.

Castendiek, Jan/Hoffmann, Günther (2015): Das Recht der behinderten Menschen. Baden-Baden: Nomos Verlag.

6.5 Betreuungs- und Unterbringungsrecht

6.5.1 Relevanz für die Soziale Arbeit

Viele Personen, die eine rechtliche Betreuung professionell übernehmen (*Berufsbetreuer*) haben Soziale Arbeit studiert. Da eine Betreuung auch ehrenamtlich erfolgen kann, ist eine eigenständige Berufsausbildung formell nicht erforderlich, allerdings sind wegen der Fülle der insbesondere rechtlichen Probleme in diesem Feld Weiterbildungen bzw. ein Masterstudium in diesem Bereich zu empfehlen. Das Unterbringungsrecht hat daneben noch Relevanz für die Arbeit von SozialarbeiterInnen in der Psychiatrie. Das Betreuungs- und Unterbringungsrecht selber kommen in den BA-Studiengängen der Sozialen Arbeit meist nur am Rande vor; entweder als (kleiner) Teil der familienrechtlichen Ausbildung, oder in den Wahlpflichtbereichen der höheren Semester.

6.5.2 Bedarfslagen

Der Alltag der Menschen im Rechtsstaat stellt sich als komplexes Gespinst von Rechten und Pflichten dar, an dem man entweder durch das Schließen von Verträgen selbst beteiligt ist (Kauf-, Miet-, Dienst- und Kreditverträge mit Supermarkt, Grundbesitzer, Putzhilfe oder Bank...usw.), oder das einem ohne eigenes Zutun per Gesetz vorgegeben wird (Ge- und Verbote des Straf- und Verwaltungsrechts zur Achtung staatlicher Entscheidungen, fremden Willens und Eigentums anderer Bürger, beim Bau eines Hauses oder dem Betrieb einer Gaststätte...usw.). Schon für die Normalbürgerin lauern hier lauter Untiefen und Gefahren, die sie selber kaum durchschaut und die von den Gegensätzen zeugen, die im Kapitalismus etabliert sind: Bei Telefongesellschaften oder Kaffeefahrtanbietern ist der Nepp vom reellen Angebot kaum zu unterscheiden, aber selbst im normalen Geschäftsverkehr wird man schnell über den Tisch gezogen oder schließt Verträge ab, deren Folgen man nicht übersehen hat. Davor warnen z. B. notorisch die Verbraucherzentralen; und im Konfliktfall ist man auf die professionelle Hilfe einer Rechtsanwältin angewiesen.

Für Menschen, mit einer psychischen Krankheit, bzw. Behinderung werden diese Untiefen und Gefahren des modernen Rechtsverkehrs zu einem nicht zu bewältigenden Hindernis: demenzkranke, schwer geistig behinderte oder an einer Psychose leidende Menschen würden schnell Opfer der Geschäfte, die andere mit ihnen anstellten und gerieten unmittelbar in Lebensgefahr, wenn nicht der Staat rechtliche Vorkehrungen für diese Menschen getroffen hätte, die so schwer in die geltende Rechtslage einzufügen sind: Für sie gibt es das *Betreuungsrecht*. Für Menschen, die darüber hinaus wegen einer psychischen Krankheit sich oder andere gefährden, gibt es das *Unterbringungsrecht*. Die Bedarfslagen überschneiden sich damit in weiten Teilen. Einen Sonderfall stellt die Unterbringung von Kindern und Jugendlichen dar.

6.5.3 Institutionen, Rechtsquellen und -grundsätze

Betreuungsrecht

Das Betreuungsrecht ist als Teil des Familienrechts in den §§ 1896ff. BGB geregelt. Zur Bestellung eines Betreuers ist das Familiengericht nach den §§ 271 ff. FamFG zuständig. Dieses wird gem. § 1896 Abs. 1 BGB eine/n BetreuerIn bestellen, wenn ,ein Volljähriger aufgrund einer psychischen Krankheit oder einer körperlichen, geistigen oder seelischen Behinderung seine Angelegenheiten ganz oder teilweise nicht besorgen' kann. Mit der Bestellung erhält der bzw. die Betreuer/in die Rechtsmacht, stellvertretend für die Betreuten *rechtlich* zu handeln, es geht also nicht um eine pflegerische oder soziale Betreuung (§§ 1901f. BGB). Daher kann grundsätzlich jede natürliche Person diese Tätigkeit – ehrenamtlich oder geschäftsmäßig – übernehmen, aber auch die *Betreuungsvereine* und die für deren Kontrolle zuständigen *Betreuungsbehörden* (§ 1900 BGB). In der Praxis sind es häufig *Rechtsanwälte oder Sozialarbeiter*, die eine Vielzahl von Betreuten vertreten.

Die Bestellung steht unter dem Vorbehalt der ,Erforderlichkeit' (§ 1896 Abs. 2 BGB). Wenn daher die hilfebedürftige Person eine private Vollmacht für eine andere erteilt hat, darf eine Bestellung nicht erfolgen. In der Praxis häufiger Fall ist das Vorliegen einer *Vorsorgevollmacht*, welche die betreffende Person noch im Vollbesitz ihrer geistigen Kräfte erteilt hat. Die am weitesten gehende Einschränkung der rechtlichen Handlungsfähigkeit besteht in der Anordnung eines partiellen oder vollständigen *Einwilligungsvorbehaltes* nach § 1903 BGB: Dann bedarf jedes Rechtsgeschäft des Betreuten der Einwilligung seines Betreuers, damit es wirksam wird. Der/die Betreute wird dabei so behandelt wie ein minderjähriges Kind, vgl. §§ 1903 Abs. 1 i.V.m 108 ff. BGB.

Trotz dieses sehr weitgehenden Eingriffs – die hilfebedürftige Person ist damit praktisch *entmündigt* – ist eine *Zwangsbetreuung unzulässig*, vgl. § 1901a BGB. Das Recht verlangt also die *Einwilligung* dazu, den *eigenen Willen wirkungslos* zu machen – eine merkwürdige Konsequenz davon, dass der Rechtsstaat den Willen durch die Gewährung seiner Freiheit (Art. 2 Abs. 1 GG) von sich abhängig gemacht hat.

Verfahrensrechtlich ist zu beachten, dass für den Betroffenen im Regelfall ein Verfahrenspfleger zu bestellen ist (§ 276 FamFG), dass der Betroffene vom Gericht persönlich angehört (§ 278 FamFG) und dass ein psychiatrisches Sachverständigengutachten eingeholt werden muss (§ 280 FamFG).

Unterbringungsrecht

Kern des Unterbringungsrechts ist die richterliche Entscheidung, die eine freiheitsentziehende Unterbringung in einer Einrichtung, oder eine freiheitsbeschränkende ärztliche Zwangsmaßnahme (z. B. Fixierung oder sogenannte ‚Bettgitterbeschlüsse') zum Gegenstand hat. Das *Verfahren in Unterbringungssachen* gem. §§ 312 ff. FamFG gilt unmittelbar für Betreute oder durch Privatvollmacht vertretene Personen sowie für psychisch Kranke, die nach den landesrechtlichen Vorschriften zur Unterbringung psychisch Kranker (‚PsychKG') untergebracht werden sollen. Die freiheitsentziehende Unterbringung von Kindern und Jugendlichen gem. § 1631b BGB (*,geschlossene Unterbringung'*) führt letztlich ebenfalls zur Geltung dieses Verfahrens (§ 151 Nr. 6, 7 i. V. m. § 167 FamFG).

Voraussetzung ist stets eine *erhebliche Selbst- oder Fremdgefährdung*, z. T. auch der Gefährdung der öffentlichen Sicherheit und Ordnung, durch das Verhalten der betroffenen Person. Bei der Unterbringung von Kindern und Jugendlichen muss diese ferner zum Wohl des Kindes erforderlich sein. Im Verfahren muss sich der bzw. die Richter/in in einer persönlichen Anhörung der Betroffenen (§ 319 FamFG) – wie im Betreuungsrecht – einen unmittelbaren Eindruck der Sachlage verschaffen; weiter ist der Sachverhalt durch (Kinder- und jugend-) psychiatrische Gutachten umfassend aufzuklären.

Alle Unterbringungsmaßnahmen greifen in das Grundrecht auf körperliche Unversehrtheit und die Freiheit der Person (Art. 2 Abs. 2 GG) ein, deshalb ist auf der Rechtsfolgeseite der Verhältnismäßigkeitsgrundsatz von besonderer Bedeutung. Danach muss zum einen auf den Willen der Betroffenen besonders eingegangen und zum anderen der Vorrang öffentlicher Hilfen (‚Hilfe vor Eingriff') beachtet werden.

Die geschlossene Unterbringung von Kindern und Jugendlichen ist zwar in der Sozialen Arbeit stark umstritten; sie ist aber – bei Beachtung der hohen formellen und materiellen Anforderungen – ausdrücklich rechtlich, und zwar auch verfassungsrechtlich, zulässig[126]. Umgekehrt wäre eine Ausweitung der geschlossenen Unterbringung, zur vermeintlichen Abwehr von ‚Straftaten‘ strafunmündiger (d. h. unter 14-jährigen) Kinder unzulässig, weil es dabei zumeist an der erforderlichen ‚erheblichen‘ Fremdgefährdung mangeln dürfte.

Weitergehende Literaturempfehlungen

Winkler, Matthias (2014): Betreuung in Frage und Antwort. Alle rechtlichen Aspekte für Betreute und Betreuer. München: Beck Rechtsberater im dtv.
Pardey, Klaus-Dieter/Kieß, Peter (2014): Betreuungs- und Unterbringungsrecht. Baden-Baden: Nomos Verlag.

6.6 Gesundheitsrecht

6.6.1 Relevanz für die Soziale Arbeit

Im Gesundheitswesen werden Sozialarbeiter und Sozialpädagoginnen vor allem in großen Rehabilitationseinrichtungen und Krankenhäusern eingesetzt, um eine psychosoziale Begleitung im Rahmen der medizinischen Versorgung sicherzustellen. Soziale Arbeit ist in diesem Bereich nur ganz vereinzelt eine originäre Sozialleistung, zumeist erfolgt sie unter Anleitung von Medizinern. Herauszuheben ist allerdings die *Suchtkrankenhilfe*, bei der SozialarbeiterInnen neben Psychologen und Psychotherapeutinnen mit einem vergleichsweise starken eigenen Profil tätig sind. Hier existieren auch Suchtberatungsstellen in öffentlicher und freier Trägerschaft, die zu einem gewissen Teil auch staatlich finanziert werden. Das Gesundheitsrecht als solches wird in den grundständigen Studiengängen der Sozialen Arbeit in der Regel nur in den Wahlpflichtbereichen der höheren Semester angeboten.

6.6.2 Bedarfslagen

Die Bedarfslage des Gesundheitswesens ist auf den ersten Blick relativ klar: Menschen leiden an Krankheiten, welche die moderne Medizin in ungeahntem Ausmaß zu lindern oder zu heilen vermag. Es handelt sich um ein durch Natur und Naturwissenschaft und, für die Einzelnen, auch durch den Zufall bestimmtes Feld: Dass Menschen z. B. einen Herzinfarkt erleiden, ist also ei-

---

126 Vgl. hierzu insbesondere: BVerfG v. 14.06.2007 – 1 BvR 338/07 – ZKJ 2008, S. 38–41.

nerseits ein natürliches Faktum; dass dies, sowie die physiologischen Ursachen hierfür bekannt und erklärt sind (chronischer Bluthochdruck etwa als dem wichtigsten Risikofaktor), ist eine Erkenntnis der Medizin als einer Naturwissenschaft; dass es den einen, aber nicht den andere trifft, ist zu einem erheblichen Anteil nicht prognostizierbar, also zufällig. *Andererseits* aber ist dieses Faktum gar nicht natürlich: der wichtigste Risikofaktor chronischer Bluthochdruck hat Ursachen, die im Wesentlichen ökonomisch bestimmt sind: ständiger Stress am Arbeitsplatz, mangelnder Ausgleich im knappen und damit überfüllten – und bisweilen auch durch Kompensationsideale überfrachteten Privatleben – all diese Wirkzusammenhänge sind bekannt, ohne dass ihnen sachlich nachgegangen und eine Beseitigung gefordert würde. Die Medizin unterstellt nämlich die genannten Ursachen als *Sachzwänge*, denen sie nicht beikommen könne; nur der/die Einzelne könne durch ,bewusste Lebensführung' mehr für seine/ihre Gesundheit tun, während sie alles tue, um den physiologischen Ursachen auf den Grund zu kommen, neue Verfahren und Medikamente entwickle, um so für Abhilfe zu sorgen. Dies zeigt dann allerdings, dass die Medizin und überhaupt das ganze Gesundheitswesen nicht wirklich unvoreingenommen an die Sache herangehen: ökonomische und politische Ursachen gelten als ,gesetzt', während alle anderen als veränderbar behandelt werden.

Überhaupt erweisen sich der Bedarf und die Organisation des Gesundheitswesens, als etwas anderes, als das Unterfangen, Krankheiten als natürliche Bedrohungen der Gesundheit der Menschen mit möglichst effektiven Mitteln zu bekämpfen. Lauter gesellschaftliche und politische Bestimmungen sind in den Bedarf *eingeprägt*: Wann man etwa als krank *gilt*, und welche Behandlung man beanspruchen *darf* unterliegt der hoheitlichen Festsetzung des Gesetzgebers und der handelnden Institutionen Arzt, Krankenhaus, Krankenkasse; Leistungen erhält im Grundsatz nur, wer seiner gesetzlichen Versicherungs-*pflicht* auch nachgekommen ist; ob Medikamente für ein bestimmtes Leiden entwickelt wurden, hängt an dem Profitinteresse großer Pharmaunternehmen usw. usf. Man kann schon hier festhalten: die Bedarfslage des Gesundheitswesens ist ein *(sozial-)rechtliches Konstrukt*, das man nur mit einem Blick auf die zu Grunde liegende Interessen- und Rechtslage verstehen kann.

6.6.3 Institutionen, Rechtsquellen und -grundsätze

> **Stichwort Krankheit:**
> ‚Krankheit im Sinne des § 27 SGB V ist ein regelwidriger, vom Leitbild des gesunden Menschen abweichender Körper- oder Geisteszustand, der ärztlicher Behandlung bedarf oder den Betroffenen arbeitsunfähig macht.'[127]
>
> **Stichwort Gesundheit:**
> ‚Gesundheit ist ein Zustand des völligen körperlichen, seelischen und sozialen Wohlbefindens und nicht nur das Freisein von Krankheit und Gebrechen'[128]

Das staatliche Gesundheitswesen stellt sich im Wesentlichen als *Pflichtversicherung* dar, die im ‚SGB V – Gesetzliche Krankenversicherung', sowie ergänzend im ‚SGB IV – Gemeinsame Vorschriften über die Sozialversicherung' geregelt ist. ‚Pflichtversicherung' bedeutet, dass sich alle Menschen, die abhängig beschäftigt sind und ein monatliches Bruttoeinkommen bis zur *Pflichtversicherungsgrenze* (§§ 4, 6 SGB V i.V.m. der SVBezGrV 2015) beziehen, Mitglied einer *gesetzlichen Krankenversicherung* (GKV) sein *müssen*. Dieser Grenzwert wird jährlich neu festgelegt und betrug im Jahr 2015 54.900 €, also monatlich 4.575 €. Wer mehr verdient, oder selbstständig oder verbeamtet ist, ist nicht versicherungspflichtig und *darf* sich in einer *privaten Krankenversicherung* versichern. Die Höhe dieses Betrages zeigt schon an, dass der Staat die normalverdienenden Lohnabhängigen ziemlich flächendeckend erfasst und dort auch nichts deren Eigeninitiative oder dem Zufall überlässt: Die Abführung des ‚Gesamtversicherungsbeitrags' (also einschließlich der Beiträge zur Arbeitslosen-, Kranken-, Renten- und Pflegeversicherung) übernimmt der/die Arbeitgeber/in gem. § 28d SGB IV.

Die *Leistungserbringer* (vgl. die §§ 69-140h SGB V; vor allem die Ärzte, Krankenhäuser, Apotheken, Hebammen, aber auch Heilhilfspersonen, etwa Krankengymnastinnen und Logopäden...) erbringen im Rahmen des *Sachleistungsprinzips* (§ 2 Abs. 2 SGB V) die Leistung, zu der die *Leistungsträger* – die Krankenkassen – verpflichtet sind für dieselben, von denen sie auch – vermittelt u. a. über die *kassenärztlichen Vereinigungen* (KV) – ein Entgelt erhalten. Die Frage, was überhaupt zu leisten ist, wird im gemeinsamen Bundesausschuss (GBA) gem. § 92 SGB V zwischen den beteiligten Institutionen ausgehandelt und in den entsprechenden Richtlinien veröffentlicht. Die Frage, wie

---

127 Vgl. etwa BSG v. 28.02.2008 – B 1 KR 19/07 R – juris mit zahlreichen weiteren Nachweisen zur ständigen Rechtsprechung.
128 Verfassung der Weltgesundheitsorganisation vom 22.07.1946.

viel die Leistungserbringer *verdienen* ist Gegenstand von Vereinbarungen u. a. zwischen KV und den Krankenkassen (§§ 72 ff. SGB V) und trennt sich durch zwischengeschaltete Bewertungen und Richtgrößen ab von der zugrundeliegenden Leistung. Alle Beteiligten trifft ein Sicherstellungsauftrag gegenüber den Versicherten, sodass beispielsweise ein niedergelassener Vertragsarzt Versicherte behandeln und seine Praxis auch entsprechend offen halten muss.

Der politische Sinn dieses extrem komplizierten Systems ist seit den Tagen Bismarcks, der die GKV erfand und einführte, ziemlich klar: Eine durchschnittliche Gesundheit der Menschen – und damit ihre Leistungs- und Arbeitsfähigkeit – ist eine grundsätzliche Voraussetzung für den modernen Kapitalismus, der freilich mit seiner Tendenz zur Intensivierung der Arbeit und Extensivierung des Arbeitstages auch ziemlich krank macht[129]. Zugleich verdient die Masse der Menschen im Kapitalismus zu wenig, als dass sich der Staat und die Unternehmen darauf verlassen könnten, dass sich jede/r Einzelne selbst um eine Krankenversicherung kümmern würde; daher die Versicherungs*pflicht*. Erst bei den Gutbetuchten oder Selbstständigen oder bei den Beamten (die er mit der staatlichen ‚Beihilfe‘ in besonderer Obhut weiß) verlässt sich der Staat auf die Eigeninitiative seiner BürgerInnen. Dies schließt allerdings den Widerspruch ein, dass nun für die Masse der Leute reichen soll, was für die Einzelnen gerade nicht reicht. Das Gesamtbudget, welches in der Gesellschaft für Gesundheit ausgegeben wird, bemisst sich also nicht einfach danach, was Behandlung für sich genommen kostet, sondern an dem, was in der Nation für Löhne gezahlt werden; und da diese bekanntlich aus der nicht ganz unmaßgeblichen Sicht der Unternehmen eher niedrig auszufallen haben, steckt auch im Gesundheitswesen notorisch zu wenig Geld und zwar lange bevor ein ‚demografischer Wandel‘ von sich reden machte. Dies gilt umso mehr, als die Leistungserbringer an diesem Mangelsystem auch noch gut verdienen wollen und sollen: der Gesundheitsmarkt ist heiß umkämpft und offenbar für große private Krankenhausbetreiber und hochtechnisierte Facharztpraxen auch durchaus lukrativ; deutsche Pharmaunternehmen haben im deutschen Sozialversicherungssystem einen sicheren und rentablen Absatzmarkt, von dem aus sie zu Global Players auf dem Weltmarkt geworden sind.

Der hier deutlich werdende *funktionelle Bezug des Gesundheitswesens auf* ökonomische ‚Sachzwänge‘ setzt sich fort auf der Leistungsseite der GKV, bei der Frage also, wann jemandem welche medizinische Behandlung zu Teil wird. Über mehrere Zwischenstufen verwandelt sich der Ausgangspunkt – die medizinische Behandlung einer Krankheit – in eine Zuteilungs- und Verteilungsfrage, in die lauter politische und ökonomische Bestimmungen einge-

---

129 Die von Bismarck verfolgte Intention, einen „Versuch zur Lösung der socialen Frage, welche durch das Anwachsen der Socialdemocratie einen akuten Charakter bekommen hatte" (so der ‚Brockhaus‘ von 1898), war also sehr erfolgreich: die ‚soziale Frage‘ gilt nicht zuletzt durch derartige staatliche Regelungen der widersprüchlichen Verlaufsformen des Kapitalismus als gelöst.

hen. Rechtlich erscheint dieser Zusammenhang ausdrücklich in § 12 SGB V, dem ,*Wirtschaftlichkeitsgebot*'.

Daher kann es im Ergebnis auch nicht verwundern, wenn das BSG eisern an seiner Definition von ,Krankheit' aus den 1950er-Jahren (s.o.) festhält und damit deutlich macht, dass es beim Gesundheitswesen um *Volksgesundheit* geht und nicht etwa um die Sicherstellung einer sachlich bestimmten Gesundheit. Die insbesondere aus den Kreisen der Sozialmedizin und der Sozialen Arbeit vertretene WHO-Definition von Gesundheit (s.o.), wird daher wohl ein leeres Ideal bleiben. Demgemäß ist Soziale Arbeit selber im Gesundheitswesen auch keine eigenständige Leistung der Leistungsträger; sie ist vielmehr eingebettet und dient zur Unterstützung der eigentlichen morbiditätsorientierten Leistungen durch Ärzte, Apotheken, Krankenhäuser, Krankenpfleger, Hebammen.

Weitergehende Literaturempfehlungen

Igl, Gerhard/Welti, Felix (2014): Gesundheitsrecht. Eine systematische Einführung. München: Verlag Franz Vahlen.

6.7 Staatsangehörigkeits- und Ausländerrecht

Gegenstand des Aufenthaltsrechts ist die Rechtsstellung, die AusländerInnen in der Bundesrepublik zuerkannt wird. Die Regelungen dienen – wie schon die Gesetzesüberschrift des Aufenthaltsgesetzes ankündigt – der Steuerung und der Begrenzung des Zuzugs von AusländerInnen in die Bundesrepublik Deutschland[130]. Geregelt ist, ob und unter welchen Bedingungen AusländerInnen nach Deutschland einreisen, sich dort aufhalten und erwerbstätig sein dürfen. Von diesen Regelungen wiederum hängt ab, ob und unter welchen Voraussetzungen AusländerInnen Zugang zu Sozialleistungen haben.[131] Damit betreffen die Regelungen des Staatsangehörigen- und Ausländerrechts einerseits alle Handlungsfelder der Sozialen Arbeit, andererseits bilden sie ein eigenes Handlungsfeld (Migrationsberatung).

---

130 § 1 Abs. 1 Satz 1 AufenthG.
131 „Der Staatsfremde (Staatenlose oder Ausländer) ist kein Mitbürger. Er ist Einwohner. [...] Die Rechte des Ausländers sind beschränkt. Andererseits ist er nicht rechtlos." Kanein (1986: 1).

6.7.1 Zwecke

In dem Kapitel ‚Rechtsstaatliche Herrschaft' [2.2] hatten wir bereits ausgeführt, dass sich Staaten durch Staatsgebiet, Staatsvolk und Staatsgewalt konstituieren. Das Staatsvolk ist die Summe aller Staatsangehörigen, also der Menschen, die sich die Staatsgewalt per Rechtsakt zu- und untergeordnet hat. Mit dieser Zuordnung wird ganz grundsätzlich zwischen Inländern und Ausländern unterschieden. Wer unter welchen Voraussetzungen die *deutsche* Staatsangehörigkeit erhält und ggf. auch wieder verliert, ist Gegenstand des **Staatsangehörigkeitsrechts** [6.7.2]. Während deutsche StaatsbürgerInnen ohne weiteres nach Deutschland einreisen[132] und sich dort frei bewegen[133] dürfen, wird die Zulassung von Ausländern auf deutsches Territorium an zahlreiche Bedingungen geknüpft. Wer aus dem Ausland um die Erlaubnis für die Einreise nach Deutschland ersucht, also auf legalem Weg nach Deutschland einreisen will, kann dies tun, wenn er wirtschaftliche oder politische Nützlichkeitskriterien erfüllt. So bilden der Aufenthalt zum Zwecke der Ausbildung und Erwerbstätigkeit[134] einerseits und der Aufenthalt aus völkerrechtlichen, humanitären oder politischen Gründen[135] andererseits die beiden großen Bereiche des **Aufenthaltsrechts** [6.7.4]. Hinzu kommt der Nachzug zu deutschen oder ausländischen Staatsangehörigen[136], denen aus vorgenannten Gründen der Aufenthalt in Deutschland erlaubt worden ist. Fliehen Menschen dagegen aus ihren Heimatländern, weil sie dort etwa wegen eines internationalen bzw. innerstaatlichen Konflikts oder aufgrund der ökonomischen Lage keine Lebensgrundlage mehr finden, massenhaft und *unkontrolliert* in andere Staaten, so stellen sie dort zunächst einmal ein *Ordnungsproblem* dar. Es stellt sich die Frage, ob und unter welchen Voraussetzungen sie von den Zielländern aufgenommen, versorgt und in diese integriert werden oder wie mit ihnen umgegangen werden soll, wenn sich das Zielland nicht zu einer Aufnahme durchringen kann. Zur Bewältigung der Flüchtlingsströme des Zweiten Weltkrieges hat sich die Staatengemeinschaft auf die Schaffung der Genfer Flüchtlingskonvention geeinigt, die in Deutschland am 1. September 1953 verkündet wurde[137] und am 22. April 1954 in Kraft trat[138]. Die Konvention war zunächst auf Fluchtgründe beschränkt, die sich vor 1951 ergeben hatten. Weil aber auch nach dem Zweiten Weltkrieg den Menschen Gründe für die Flucht aus ihrem Heimatland nicht ausgingen, beseitigte das Zusatzprotokoll

---

132 Kein Deutscher darf an das Ausland ausgeliefert werden, Art. 16 Abs. 2 GG.
133 Alle Deutschen genießen Freizügigkeit im ganzen Bundesgebiet, Art. 11 Abs 1 GG.
134 §§ 16–21 AufenthG.
135 §§ 22–26 AufenthG.
136 §§ 27–36 AufenthG.
137 BGBl. II 1953, S. 559.
138 BGBl. II 1954, S. 619.

aus dem Jahre 1967 zeitliche und territoriale Beschränkungen[139]. Die Genfer Flüchtlingskonvention ist heute die wesentliche Grundlage für das deutsche **Asylrecht** [6.7.6], mit dem Flüchtlingen ein Recht auf Prüfung ihres Schutzbegehrens eingeräumt wird.

6.7.2 Staatsangehörigkeitsrecht

Die Einreise nach und der Aufenthalt in Deutschland sind zunächst einmal nur deutschen StaatsbürgerInnen vorbehalten. Nur diese bilden das Volk, auf das sich der deutsche Staat bezieht[140]. Das Deutschsein ist *keine quasi natürliche Eigenschaft eines Menschen*, lässt sich also nicht etwa an Hand von Sprache, Kultur o. ä. feststellen, sondern richtet sich nach dem deutschen Staatsangehörigkeits*recht*. Daher bestimmt Art. 116 GG, dass nur der bzw. diejenige Deutsche/r ist, welche/r die deutsche Staatsbürgerschaft innehat. Das Staatsangehörigkeitsgesetz (StAG) regelt dabei, wer unter welchen Umständen die deutsche Staatsbürgerschaft erhält oder verliert. Grundsätzlich gilt, dass, wenn ein Elternteil zum Zeitpunkt seiner Geburt die deutsche Staatsangehörigkeit besaß, auch das Kind mit der Geburt die deutsche Staatsangehörigkeit erwirbt (*ius sanguinis* = Recht des Blutes = Abstammungsprinzip), § 4 Abs. 1 Satz 1 StAG. Auch wenn beide Elternteile ausländische StaatsbürgerInnen sind, kann ihr Kind mit der Geburt auf deutschem Boden (*ius territorii* = Recht des Bodens = Geburtsortprinzip) die deutsche Staatsbürgerschaft erwerben. Dazu müssen die Eltern zum Zeitpunkt der Geburt über den richtigen Aufenthaltstitel verfügen und schon eine gesetzlich definierte Zeit in Deutschland leben, § 4 Abs. 3 StAG. Diese Kinder erwerben über ihre Eltern aber in der Regel auch die entsprechende ausländische Staatsangehörigkeit, sodass sie über mehrere Staatsbürgerschaften verfügen können. Demgegenüber bestehen staatlicherseits Vorbehalte[141]. Daher müssen diese Kinder sich bis zu einem bestimmten Alter für eine Staatsbürgerschaft entscheiden (Optionspflicht), § 29 StAG. Eine Ausnahme gilt für diejenigen Kinder, die in Deutschland aufgewachsen sind. Was damit gemeint ist, definiert § 29 Abs. 1a StAG: Neben einem 8-jährigen Aufenthalt in Deutschland muss ein erfolgreicher Schulbesuch nachgewiesen werden.

---

139 BGBl. II 1969, S. 1294.

140 „Volk im Sinne dieser Verfassungsnormen ist die Gesamtheit der in dem jeweiligen Wahlgebiet ansässigen Deutschen.", BVerfG v. 31.10.1990 – 2 BvF 3/89 – BVerfGE 83, S. 60–81.

141 „Der das deutsche Einbürgerungsrecht prägende Grundsatz der Vermeidung von Mehrstaatigkeit beruht auf der Erkenntnis, daß Mehrstaatigkeit grundsätzlich nicht im Interesse des Staates und der Bürger liegt. Sie führt zum Widerstreit von Pflichten gegenüber verschiedenen Staaten und Rechtsordnungen und begründet die Gefahr von Rechtsunsicherheit.", BT-Drucks. 12/2035, S. 2.

Ein weiterer Weg, um die deutsche Staatsbürgerschaft zu erlangen, ist die Einbürgerung, §§ 8 ff. StAG. Die Einbürgerung ist ein Verwaltungsakt. Dabei kann unter bestimmten Voraussetzungen durch Aushändigung der Einbürgerungsurkunde die deutsche Staatsbürgerschaft erworben werden. Nachzuweisen sind in der Regel deutsche Sprachkenntnisse, Kenntnisse der deutschen Gesellschaftsordnung, ein ausreichendes Einkommen, eine vorgegebene Aufenthaltsdauer, ein bestimmter Aufenthaltsstatus und in der Regel die Entlassung aus der bisherigen Staatsangehörigkeit (Ausnahmen in § 12 StAG). So wie der deutsche Staat durch sein Recht oder einen Verwaltungsakt darüber entscheidet, ob jemand die deutsche Staatsbürgerschaft erhält, so behält er sich auch vor, ihn aus ebenderselben zu entlassen. Selber kann man eine Staatsangehörigkeit jedoch nicht ablegen: Die Entlassung aus der Staatsbürgerschaft ist zu beantragen, § 18 StAG, und der Verzicht muss genehmigt werden, § 26 StAG. Auch die Staatenlosigkeit ist ein im internationalen Rechtsverkehr unerwünschter Zustand, sodass zur Überwindung derselben besondere Regelungen gelten[142].

6.7.3 Rechtsquellen des Ausländer- und Asylrechts

Das Ausländerrecht besteht aus zahlreichen nationalen Gesetzen und Verordnungen sowie internationalen Rechtsvorschriften. Auf nationaler Ebene ist zunächst zwischen Angehörigen eines Mitgliedsstaates der Europäischen Union (Unionsbürger) sowie allen anderen Staatsangehörigen (Drittstaatsangehörige) zu unterscheiden. Ob und unter welchen Voraussetzungen Drittstaatsangehörige nach Deutschland einreisen, sich dort aufhalten und erwerbstätig sein dürfen, richtet sich nach den Vorschriften des Aufenthaltsgesetzes (AufenthG) ergänzt durch die Aufenthaltsverordnung (AufenthV) und die Beschäftigungsverordnung (BeschV). Für UnionsbürgerInnen und ihre Familienangehörigen gilt grundsätzlich das Freizügigkeitsgesetz (FreizügG/EU). Allerdings legt § 11 FreizügG/EU Fälle fest, in denen auch für UnionsbürgerInnen das AufenthG anzuwenden ist. Die Einzelheiten des Asylverfahrens regelt das Asylgesetz (AsylG). Die Daten der in Deutschland lebenden AusländerInnen werden im Ausländerzentralregister erfasst. Einzelheiten hierzu finden sich im Gesetz über das Ausländerzentralregister (AZR-Gesetz). Von den nationalen Vorschriften abweichende Regelungen können sich aus völkerrechtlichen Verträgen, wie z. B. der Genfer Flüchtlingskonvention (GFK)[143], oder zwischenstaatlichen Abkommen ergeben. Vor allem finden im Ausländerrecht europarechtliche Regelungen Anwendung, da sich die Mitgliedstaaten der Europäischen Union (EU) wegen gemeinsamer Außengrenzen dem Grunde nach auf eine gemeinsame Vorgehensweise zur Steuerung der Migration geeinigt

---

142 Staatenlosenübereinkommen (StlÜbk), BGBl. II 1976, S. 474.
143 BGBl. II 1953, S. 559.

und die Asyl- und Flüchtlingspolitik aus dem einzelstaatlichen Kompetenz-bereich in die Zuständigkeit der EU überführt haben. Diese grundsätzliche Einigung hat innereuropäische Auseinandersetzungen in der Flüchtlingsfrage aber nicht hinfällig gemacht, sondern kommt als Streit etwa um die Verteilung der mit der Aufnahme von Flüchtlingen verbundenen Lasten regelmäßig neu auf die Tagesordnung[144]. Zu den europäischen Regelungen gehören etwa die Dublin-III-Verordnung[145], die Familiennachzugrichtlinie[146], die Daueraufenthaltsrichtlinie[147] und die Aufnahmerichtlinie[148].

6.7.4 Das Aufenthaltsrecht

Das Ausländerrecht sieht für AusländerInnen unterschiedliche Aufenthaltstitel vor, die sich vor allem darin unterscheiden, welche Aufenthaltssicherheit sie dem bzw. der Ausländer/in bieten. Während das Visum nur für kurze Zeit-räume erteilt wird und vor allem die Einreise in die Bundesrepublik erlaubt, gilt die Aufenthaltserlaubnis in der Regel für einen sich über mehrere Mona-te erstreckenden Zeitraum und ermöglicht die Niederlassungserlaubnis den unbefristeten Aufenthalt in Deutschland. Visum, Aufenthaltserlaubnis und Niederlassungserlaubnis heißen *Titel*, weil das Recht zur Einreise und/oder zum Aufenthalt mit der Erteilung des entsprechenden Dokuments entsteht. Im Folgenden werden die verschiedenen Aufenthaltstitel kurz vorgestellt.

Visum (= Sichtvermerk)
Angehörige eines Mitgliedstaates der Europäischen Union, des Europäischen Wirtschaftsraums und der Schweiz können ohne Visum nach Deutschland einreisen. AusländerInnen aus anderen Herkunftsländern benötigen vor ih-rer Einreise grundsätzlich ein Visum, § 6 AufenthG, welches bei der deutschen Auslandsvertretung zu beantragen ist.

Für *kurzfristige* Aufenthalte bis zu 3 Monaten ist ein Schengenvisum ein-zuholen. Die Einzelheiten regelt der EU-Visakodex[149]. Voraussetzungen für die Erteilung eines Schengenvisums sind unter anderem die Finanzierung der Lebenshaltungs- und Reisekosten aus eigenem Vermögen bzw. Einkommen und der Nachweis einer gültigen Reisekrankenversicherung. Beides kann im Rahmen einer Verpflichtungserklärung (§ 68 AufenthG) auch von einer dritten Person übernommen werden. Der/die sich Verpflichtende hat dann die Kosten für den Lebensunterhalt des bzw. der Ausländer/in/s zu tragen

---

144 Vergleiche etwa den Streit um die Einführung eines europäischen Verteilungsschlüssels im Zuge der sogenannten ‚Flüchtlingskrise 2015'.
145 VO 604/2013, ABl. EU L 180, S. 31.
146 RL 2003/86/EG, ABl. EU L 251, S. 12.
147 RL 2003/109/EG, ABl. EU L 16, S. 44.
148 RL 2003/9/EG, ABl. EU L 31, S. 18.
149 VO 810/2009, ABl. EU L 243, S. 1.

und sämtliche öffentlichen Mittel zu erstatten, die für deren/dessen Lebens-unterhalt einschließlich der Versorgung mit Wohnraum und der Versorgung im Krankheitsfalle und bei Pflegebedürftigkeit aufgewendet werden. Für *län-gerfristige* Aufenthalte sind die Voraussetzungen zu erfüllen, die auch für den Erhalt einer dem Einreisezweck entsprechenden Aufenthaltserlaubnis gelten.

Gegen eine ablehnende Entscheidung im Visumsverfahren kann binnen eines Monats eine Remonstration bei der zuständigen deutschen Auslands-vertretung erhoben werden. Ist auch der Remonstrationsbescheid ablehnend, muss vor dem Verwaltungsgericht Berlin geklagt werden.

Von der Visumspflicht bestehen zahlreiche Ausnahmen sowohl für Staats-angehörige bestimmter Staaten als auch für bestimmte Personengruppen[150].

Aufenthaltserlaubnis

Eine Aufenthaltserlaubnis ist ein Aufenthaltstitel, der seinem Inhaber bzw. der Inhaberin den befristeten Aufenthalt in der Bundesrepublik Deutschland erlaubt, § 7 Abs. 1 Satz 1 AufenthG. Um eine Aufenthaltserlaubnis zu erhalten, muss der/die Ausländer/in einerseits allgemeine, d. h. für alle Aufenthalts-erlaubnisse geltende Voraussetzungen (§ 5 AufenthG), erfüllen. Andererseits sind abhängig vom Aufenthaltsgrund spezielle Voraussetzungen zu erfüllen. Vom Gesetzgeber anerkannte Gründe, aus denen eine Aufenthaltserlaubnis erteilt werden kann, sind:

- Ausbildung, §§ 16–17a AufenthG,
- Erwerbstätigkeit, §§ 18–21 AufenthG,
- politische, völkerrechtliche und humanitäre Gründe, §§ 22–26 AufenthG, sowie
- familiäre Gründe, §§ 27–36 AufenthG.

Daneben existieren besondere Aufenthaltsrechte für WiederkehrerInnen (§ 37 AufenthG), für ehemalige Deutsche (§ 38 AufenthG) und für in anderen Mitgliedstaaten der Europäischen Union langfristig Aufenthaltsberechtigte (§ 38a AufenthG). AkademikerInnen mit einem deutschen Hochschulabschluss oder einem anerkannten bzw. dem deutschen vergleichbaren ausländischen Hochschulabschluss können eine 'Blaue Karte EU' erhalten, § 19a AufenthG. Diese kommt mit einigen Abweichungen einer Aufenthaltserlaubnis gleich und erlaubt ebenfalls einen befristeten Aufenthalt in Deutschland.

Insgesamt gibt es in Deutschland über 50 anerkannte Aufenthaltser-laubnisse[151]. Sie unterscheiden sich danach, wie lange man sich mit ihnen in Deutschland aufhalten darf, ob und unter welchen Voraussetzungen die Aufenthaltserlaubnis verlängert werden kann, ob man mit der Aufenthalts-erlaubnis ganz grundsätzlich Zugang zum Arbeitsmarkt hat, ob man für die

---

150 VO 539/2001, ABl. EU L 81, S. 1.
151 Renner/Bergmann/Dienelt (2013), § 7 AufenthG Rn. 7.

Erwerbstätigkeit die Erlaubnis der Ausländerbehörde (ggf. unter Beteiligung der Bundesagentur für Arbeit) einholen muss, ob man Anspruch auf einen Integrationskurs hat, ob einem Sozialleistungen gewährt werden oder nicht. Die Aufenthaltserlaubnisse unterscheiden sich weiter darin, ob, nach wie vielen Jahren und unter welchen Voraussetzungen ihr/e Inhaber/in eine Niederlassungserlaubnis erhalten kann.

Niederlassungserlaubnis

Die Niederlassungserlaubnis kann grundsätzlich erhalten, wer bereits fünf Jahre lang eine Aufenthaltserlaubnis besessen hat. Allerdings berechtigt der Besitz nicht jeder Aufenthaltserlaubnis zum Erwerb der Niederlassungserlaubnis, z. B. § 16 Abs. 2 Satz 2 AufenthG. Weitere Voraussetzungen für den Erwerb der Niederlassungserlaubnis sind unter anderem die Sicherung des Lebensunterhalts, ausreichende Deutschkenntnisse, Kenntnisse der Rechts- und Gesellschaftsordnung sowie Wohnraum, § 9 Abs. 2 AufenthG. Wird sie erteilt, erlaubt die Niederlassungserlaubnis einen unbefristeten Aufenthalt in Deutschland. Wer im Besitz einer Niederlassungserlaubnis ist, darf erwerbstätig sein. Im Hinblick auf Sozialleistungen werden AusländerInnen mit einer Niederlassungserlaubnis den deutschen StaatsbürgerInnen gleichgestellt, müssen also dieselben Voraussetzungen erfüllen wie diese. Der Niederlassungserlaubnis ähnlich ist die Erlaubnis zum Daueraufenthalt – EU (§§ 9aff. AufenthG), die ebenfalls einen unbefristeten Aufenthalt in Deutschland erlaubt. Darüber hinaus ermöglicht sie Drittstaatsangehörigen, sich auch in den anderen EU-Staaten aufzuhalten. Neben der Niederlassungserlaubnis nach § 9 AufenthG bestehen weitere spezielle Vorschriften für den Erwerb einer Niederlassungserlaubnis, die abhängig vom zuvor besessenen Aufenthaltstitel andere, teilweise erleichterte, Voraussetzungen für den Erwerb der Niederlassungserlaubnis formulieren, z. B. § 28 Abs. 2 AufenthG für Familienangehörige eines Deutschen.

6.7.5 Beendigung des Rechts zum Aufenthalt

Besitzt ein/e Ausländer/in einen erforderlichen Aufenthaltstitel nicht oder nicht mehr, ist er/sie zur Ausreise aus der Bundesrepublik Deutschland verpflichtet, § 50 AufenthG. Das Recht zum Aufenthalt endet, wenn etwa die Geltungsdauer des Aufenthaltstitels abgelaufen ist und der Titel nicht verlängert wurde oder durch eine Ausweisung, §§ 51–56 AufenthG. Reist der/die Ausländer/in nicht freiwillig aus, droht die Abschiebung, §§ 57ff. AufenthG. Die Abschiebung ist ein gestuftes Verwaltungsverfahren, in dem die Abschiebung zunächst angedroht und anschließend, gegebenenfalls nach einer Abschiebehaft, mit unmittelbarem Zwang durchgesetzt wird.

Duldung

Besteht zwar eine Pflicht zur Ausreise und soll dennoch vorübergehend auf die Abschiebung verzichtet werden, wird der Aufenthalt eines Ausländers bzw. einer Ausländerin geduldet, § 60a AufenthG. Mit der Duldung wird ihm/ ihr bescheinigt, dass es keinen rechtlich anerkannten Grund für seinen oder ihren Aufenthalt in Deutschland gibt, er/sie also ausreisen muss. Zugleich bescheinigt die Duldung, dass der/die Ausländer/in, jedenfalls im Moment, nicht zwangsweise in ihr bzw. sein Herkunftsland verbracht werden kann (Abschiebung). Daher ist der geduldete Aufenthalt zwar nicht rechtswidrig, gilt aber auch nicht als rechtmäßig. Die Duldung ist dementsprechend auch kein Aufenthaltstitel. Der geduldete Aufenthalt ein aufenthaltsrechtlicher Status neben dem erlaubten Aufenthalt.

Auf die Abschiebung wird verzichtet, wenn Abschiebehindernisse vorliegen. Abschiebehindernisse können tatsächlicher oder rechtlicher Art sein. Tatsächlich ist der deutsche Staat an der Abschiebung eine/s/r Ausländer/in zum Beispiel gehindert, wenn es keinen anderen Staat gibt, der die Abzuschiebenden aufnehmen will, weil z. B. dessen bzw. deren Identität oder Staatsangehörigkeit ungeklärt ist. Rechtliche Gründe sind z. B. die in § 60 AufenthG aufgeführten Abschiebeverbote oder familiäre Bindungen des Ausländers bzw. der Ausländerin. Die der Duldung zu Grunde liegenden Gründe könnten zumeist auch die Erteilung einer Aufenthaltserlaubnis rechtfertigen. Dass die Aufenthaltserlaubnis dennoch nicht erteilt wird, kann dann daran liegen, dass die allgemeinen Erteilungsvoraussetzungen nicht erfüllt werden, also beispielsweise der Heimatpass nicht vorliegt, der/die Ausländer/in straffällig geworden ist oder ihren/seinen Lebensunterhalt nicht sichern kann. Darüber hinaus können auch eine zurückliegende Abschiebung oder ein erfolgloses Asylverfahren dazu führen, dass eine Aufenthaltserlaubnis nicht erteilt werden darf.

Grundsätzlich soll die Duldung nur einen vorübergehenden Zustand beschreiben. Weil sowohl die Gründe für die Duldung als auch die Hinderungsgründe für die Erteilung einer Aufenthaltserlaubnis nicht notwendig kurzfristiger Natur sind, stellt sich die Duldung für manche/n als dauerhafter Aufenthaltsstatus dar (Kettenduldung). Nicht selten leben AusländerInnen daher jahrelang mit einer Duldung in Deutschland: Von den am 30.06.2015 geduldeten Menschen hielten sich etwa 10 % länger als 15 Jahre in Deutschland auf[152]. Um die Anzahl dieser sich weder rechtmäßig noch rechtswidrig in Deutschland Aufhaltenden zu verringern, schafft der Gesetzgeber in regelmäßigen Abständen Regelungen, wonach durch besondere Integrationsleistungen die Hinderungsgründe für die Erteilung einer Aufenthaltserlaubnis ‚kompensiert' werden können[153]. Solche Neuregelungen gehen in der Regel

---

152 BT-Drucks. 18/5862, S. 24.
153 Z. B. § 25a AufenthG (Aufenthaltserlaubnis für gut integrierte Jugendliche und Heranwachsende), § 25b AufenthG (Aufenthaltsgewährung bei nachhaltiger Integration) und

mit der Forderung einher, die Bemühungen zur Rückführung geduldeter Flüchtlinge zu verstärken[154].

6.7.6 Das Asylrecht

Zuständig für die Durchführung des Asylverfahrens ist das Bundesamt für Migration und Flüchtlinge (BAMF). Die Einleitung des Asylverfahrens beginnt mit der Äußerung des Asylbegehrens, das ist die Mitteilung des Ausländers, dass er in Deutschland Schutz sucht. Ob er diesen Schutz erhält, hängt wiederum davon ab, ob sein Vorbringen die im Asylgesetz festgelegten Kriterien erfüllt. Der Meldung als asylsuchend folgt eine ,Verteilung'[155], bei welcher der/die Asylsuchende einer bestimmten Ersthilfe-Einrichtung zugeordnet wird. Dort muss er bzw. sie einen Asylantrag stellen, woraufhin geprüft wird, ob Deutschland für die Durchführung des Asylverfahrens überhaupt zuständig ist (Dublin-Verfahren[156]), oder ob ein anderer Mitgliedstaat der Europäischen Union den Antrag bearbeiten muss. Erweist sich Deutschland als zuständig, erfolgt eine Anhörung zu den Asylgründen. Hierbei wird geprüft, ob der/die Ausländer/in politisch verfolgt, also asylberechtigt ist. Trotz politischer Verfolgung kann die Anerkennung als Asylberechtigte/r nach Art. 16a Abs. 2 oder 3 GG ausgeschlossen sein, wenn die Einreise aus einem Mitgliedstaat der Europäischen Union oder einem anderen Staat erfolgt ist, den Deutschland als sicheren Staat qualifiziert[157]. Kann der/die Ausländer/in nicht als asylberechtigt anerkannt werden, wird geprüft, ob ihm bzw. ihr Flüchtlingsschutz (§ 3 Abs. 1 AsylG) oder subsidiärer Schutz (§ 4 Abs. 1 AsylG) zuerkannt werden kann. Sind auch diese Voraussetzungen nicht gegeben, kommen Abschiebeverbote nach § 60 Abs. 5 oder Abs. 7 AufenthG in Betracht. Wird der Antrag abgelehnt, geschieht dies entweder als einfach unbegründet oder offensichtlich unbegründet. Letzteres kommt insbesondere in Betracht, wenn nach den Umständen des Einzelfalles offensichtlich ist, dass sich der/die Ausländer/in nur aus wirtschaftlichen Gründen oder um einer allgemeinen Notsituation zu entgehen, im Bundesgebiet aufhält, § 30 Abs. 2 AsylG. Zu beachten ist, dass in diesen Fällen vor der Ausreise des/der Ausländer/in/s kein Aufenthaltstitel erteilt werden darf. Je nach Ergebnis des Asylverfahrens wird dem Flüchtling eine Aufenthaltserlaubnis erteilt, oder es wird eine Ausreiseaufforderung aus-

---

§ 18a AufenthG (Aufenthaltserlaubnis für qualifizierte Geduldete zum Zweck der Beschäftigung). Siehe auch: Öndül/Gerlach (2011: 45ff.)

154 BT-Drucks. 18/4097, S. 23.

155 Für unbegleitete minderjährige Ausländer (UMA) gelten besondere Regelungen, die in den §§ 42 ff. SGB VIII niedergelegt sind.

156 VO 604/2013, ABl. EU L 180, S. 31.

157 Sichere Drittstaaten sind gem. Anlage I zu § 26a AsylG Norwegen und die Schweiz. Sichere Herkunftsstaaten sind gem. Anlage II zu § 29a AsylG Ghana, Senegal, Bosnien und Herzegowina, Mazedonien und Serbien.

gesprochen. Für die eventuelle Erteilung einer Aufenthaltserlaubnis ist statt des BAMF die Ausländerbehörde zuständig (eine Übersicht liefert die nachfolgende Tabelle).

Zuständigkeiten von BAMF und Ausländerbehörde

BAMF	Ausländerbehörde
Anerkennung als asylberechtigt, Art. 16a GG	Eine Aufenthaltserlaubnis nach § 25 Abs. 1 AufenthG *muss* erteilt werden.
Zuerkennung von Flüchtlingsschutz, § 3 Abs. 1 AsylG	Eine Aufenthaltserlaubnis nach § 25 Abs. 2 AufenthG *muss* erteilt werden.
Zuerkennung von subsidiärem Schutz, § 4 Abs. 1 AsylG	Eine Aufenthaltserlaubnis nach § 25 Abs. 2 AufenthG *muss* erteilt werden
Feststellung von Abschiebeverboten, § 60 Abs. 5 oder Abs. 7 AufenthG	Eine Aufenthaltserlaubnis nach § 25 Abs. 3 AufenthG *soll* erteilt werden

Quelle: eigene Darstellung

Aufenthaltsgestattung

Meldet sich ein/e Ausländer/in als asylsuchend ist sein/ihr Aufenthalt nach § 55 Abs. 1 Satz 1 AsylG zur Durchführung des Asylverfahrens gestattet, d. h. erlaubt. Eine Ausnahme gilt für diejenigen, die unerlaubt aus einem sicheren Drittstaat (§ 26a AsylG) einreisen. Zu den sicheren Drittstaaten gehören die EU-Mitgliedstaaten sowie Norwegen und die Schweiz. Nach unerlaubter Einreise aus einem *sicheren Drittstaat* ist der Aufenthalt erst mit der Stellung des förmlichen Asylantrags gestattet. Solange kein Asylantrag gestellt werden kann, herrscht für diese Menschen ein Schwebezustand. Sie haben dann vorübergehend keinen rechtlich anerkannten Status. Die Besonderheit der Aufenthaltsgestattung liegt darin, dass der Aufenthalt auch dann gestattet ist, wenn die Behörde die entsprechende Bescheinigung (§ 63 AsylG) noch gar nicht ausgestellt hat. Deswegen ist die Aufenthaltsgestattung auch kein Aufenthaltstitel, sondern ein Aufenthaltsrecht besonderer Art und ist ein weiterer Aufenthaltsstatus neben der Duldung und den Aufenthaltstiteln Die Aufenthaltsgestattung entsteht wie sich aus § 55 AsylG ergibt im Normalfall bereits mit der Äußerung des Asylbegehrens Der durch das *Asylverfahrensbeschleunigungsgesetz vom* 20.10.2015[158] neu in das Asylgesetz eingefügte Auskunftsnachweis (zunächst bekannt als BüMA) ist kein Aufenthaltstitel. Es bescheinigt lediglich, dass sich die schutzsuchende Person nicht illegal, sondern zwecks Asylantragstellung in Deutschland aufhält.

---

158 BGBl. I 2015, S. 1722.

6.7.7 Arbeitsmarktzugang für Drittstaatsangehörige

Auch der Arbeitsmarktzugang ist für AusländerInnen reglementiert. Ein/e Ausländer/in, der/die arbeiten will, braucht eine Aufenthaltserlaubnis, die auch zur Erwerbstätigkeit berechtigt. Nach § 4 Abs. 2 Satz 1 und 2 AufenthG ist diese Voraussetzung in zwei Fällen erfüllt. Entweder erlaubt das Aufenthaltsgesetz die Erwerbstätigkeit, oder die Erlaubnis ist im Aufenthaltsdokument selbst vermerkt[159]. Das Aufenthaltsgesetz erlaubt die Erwerbstätigkeit etwa für anerkannt Asylberechtigte (§ 25 Abs. 1 Satz 4 AufenthG) oder in Fällen des Familiennachzugs (§ 27 Abs. 5 AufenthG). Wenn sich für eine Aufenthaltserlaubnis im Aufenthaltsgesetz keine ausdrückliche Erlaubnis zur Erwerbstätigkeit finden lässt, muss eine solche Erlaubnis bei der Ausländerbehörde beantragt werden. Grundsätzlich steht die Erlaubnis zur Erwerbstätigkeit eine/s/r Ausländer/s/in unter dem Vorbehalt, dass sie sich an den Erfordernissen des Wirtschaftsstandortes Deutschland zu orientieren hat (§ 18 Abs. 1 Satz 1 AufenthG). § 39 Abs. 2 Satz 1 AufenthG sieht daher vor, dass die Erlaubnis zur Ausübung einer Beschäftigung nur mit Zustimmung der Bundesagentur für Arbeit erteilt werden darf. Dabei prüft die Bundesagentur für Arbeit dreierlei:

- ob sich aus dem zusätzlichen Kräfteangebot ausländischer ArbeitnehmerInnen nachteilige Auswirkungen auf den Arbeitsmarkt ergeben (Arbeitsmarktprüfung),
- ob für die konkret zu besetzende Stelle entweder deutsche ArbeitnehmerInnen oder andere bevorrechtigte AusländerInnen zur Verfügung stehen (Vorrangprüfung), und
- ob der bzw. die Ausländer/in zu ungünstigeren Arbeitsbedingungen als vergleichbare deutsche ArbeitnehmerInnen beschäftigt werden soll (Gleichwertigkeitsprüfung).

Von dem Erfordernis, dass die Agentur für Arbeit der Erwerbstätigkeit von AusländerInnen zustimmen muss, werden zahlreiche Ausnahmen gemacht. Diese sind in der Beschäftigungsverordnung (BeschV) geregelt. Insgesamt ist der Zugang zum Arbeitsmarkt in den vergangenen Jahren vor allem für gut ausgebildete ausländische ArbeitnehmerInnen erleichtert worden[160].

---

159 Die in der Duldung oder einer Aufenthaltserlaubnis enthaltene Formulierung ‚Ausübung einer Beschäftigung nur mit Zustimmung der Ausländerbehörde erlaubt' bedeutet, dass die Erwerbstätigkeit nicht erlaubt ist, sondern eine entsprechende Erlaubnis beantragt werden muss.
160 BR-Drucks. 182/13, S. 1.

6.7.8 Sozialleistungen für Drittstaatsangehörige

Sozialversicherungsleistungen erhalten Drittstaatsangehörige in der Regel bei Erfüllung der Voraussetzungen, die auch für deutsche Staatsangehörige gelten. Das liegt daran, dass die Mitgliedschaft in den Sozialversicherungen an die Eigenschaft als Arbeitnehmer/in anknüpft und damit nicht von Staatsangehörigkeit und Aufenthaltsstatus abhängt.

Im Bereich der Sozialleistungen wird zwischen Deutschen und Drittstaatsangehörigen einerseits sowie zwischen den InhaberInnen der verschiedenen Aufenthaltsstatus andererseits unterschieden. Zur Existenzsicherung hat der Gesetzgeber ein eigenes Gesetz geschaffen. Die Leistungen nach dem Asylbewerberleistungsgesetz (AsylbLG) ersetzen für bestimmte Ausländergruppen die Grundsicherung für Arbeitssuchende bzw. die Sozialhilfe [6.1.5].

Darüber hinaus knüpft der Gesetzgeber die Gewährung von Sozialleistungen an die Erwartung, dass der/die Ausländer/in voraussichtlich dauerhaft in Deutschland bleiben wird. Im Bereich der Familienleistungen begründet der Gesetzgeber diesen Entschluss damit, dass er eine nachhaltige Bevölkerungsentwicklung in Deutschland fördern will[161]. Wann davon ausgegangen werden kann, dass ein/e Ausländer/in voraussichtlich dauerhaft in Deutschland bleiben wird und welche Zeitspanne damit überhaupt gemeint ist, ist sehr umstritten[162]. Maßstab für die Annahme eines dauerhaften Aufenthalts ist jedenfalls nicht der diesbezügliche Wille des/der Ausländer/s/in, sondern der des Gesetzgebers. In den meisten Gesetzen werden nämlich als Indizien für diese Prognose der dem/der Ausländer/in zuerkannte Aufenthaltsstatus, die bisherige Aufenthaltsdauer, die Erlaubnis zur Erwerbstätigkeit oder die tatsächliche Erwerbstätigkeit herangezogen. Juristisch problematisiert werden die genannten Regelungen im Hinblick auf Art. 3 Abs. 1 GG[163]. Da Art. 3 Abs. 1 GG Ungleichbehandlungen nicht grundsätzlich verbietet, sondern einen sachlichen Grund für die Ungleichbehandlung fordert, hat das Bundesverfassungsgericht mehrfach entschieden, dass die Ungleichbehandlung durch die einzelnen Regelungen zwar sachlich gerechtfertigt, es dem Gesetzgeber aber nicht gelungen sei, durch die Ausgestaltung der Vorschriften den Kreis der betroffenen AusländerInnen richtig zu bestimmen[164]. Der Gesetzgeber hält daher nach wie vor an der Verknüpfung des Sozialleistungsanspruchs mit einem

---

161 BVerfG v. 10.07.2012 – 1 BvL 2/10 – BVerfGE 132, S. 72–99 – juris Rn. 26.
162 Z. B. BSG v. 29.04.2010 – B 9 SB 2/09 R – BSGE 106, S. 101–110 zur Anerkennung von geduldeten AusländerInnen als schwerbehindert.
163 „Alle Menschen sind vor dem Gesetz gleich."
164 BVerfG v. 06.07.2004 – 1 BvL 4/97 – BVerfGE 111, S. 160–176; BVerfG v. 06.07.2004 – 1 BvR 2515/95 – BVerfGE 111, S. 176–190; BVerfG v. 10.07.2012 – 1 BvL 2/10 – BVerfGE 132, S. 72–99.

voraussichtlich dauerhaften Aufenthalt fest und hat bei Reformen lediglich den Kreis der Anspruchsberechtigten neugefasst[165].

6.7.9 Das Freizügigkeitsrecht der UnionsbürgerInnen

UnionsbürgerInnen genießen in der Regel Freizügigkeit. Diese beinhaltet das Recht, in ein beliebiges Land der Europäischen Union (EU) einreisen und sich dort aufhalten zu dürfen sowie das Recht, dort zu arbeiten bzw. Arbeit zu suchen. Dieses Recht steht prinzipiell allen UnionsbürgerInnen und ihren Familienangehörigen zu; ab dem 3. Monat des Aufenthalts ist es jedoch an bestimmte Voraussetzungen geknüpft (§§ 2 bis 4 FreizügG/EU):

- ab diesem Zeitpunkt genießen das Freizügigkeitsrecht vor allem die Erwerbstätigen, also z. B. ArbeitnehmerInnen, Selbstständige oder DienstleistungserbringerInnen.
- auch arbeitssuchende UnionsbürgerInnen sind freizügigkeitsberechtigt. Diese Regelung gilt zunächst für bis zu sechs Monate und danach nur, wenn und solange nachgewiesen werden kann, dass die Betroffenen weiterhin Arbeit suchen und begründete Aussicht haben, eingestellt zu werden. Diejenigen UnionsbürgerInnen, die weder erwerbstätig sind noch Arbeit suchen, sind nach Ablauf der drei Monate nur freizügigkeitsberechtigt, wenn sie über ausreichende Existenzmittel sowie ausreichenden Krankenversicherungsschutz verfügen.

Hintergrund dieser Regelungen, wonach Erwerbstätige und Arbeitssuchende sowie deren Familienangehörige ohne weitere Voraussetzungen Freizügigkeit genießen, ist das von der EU mit ihrer Gründung verfolgte Ziel, einen gemeinsamen Binnenmarkt zu schaffen, auf dem sich Waren, Kapital, aber eben auch ArbeitnehmerInnen, DienstleisterInnen und Arbeitssuchende frei bewegen sollten. Daher gehört die Freizügigkeit zu den sogenannten Grundfreiheiten der EU, auf die sich die EU-Mitgliedstaaten geeinigt haben. Die Voraussetzungen hierfür werden nicht nationalstaatlich, sondern überstaatlich, also durch Rechtsetzungsakte der EU festgelegt. In sozialrechtlicher Hinsicht sind freizügigkeitsberechtigte EU-BürgerInnen überwiegend deutschen Staatsangehörigen gleichgestellt. Im Bereich der Grundsicherung und der Sozialhilfe hat der Gesetzgeber sie allerdings, sofern die Freizügigkeit ihren einzigen Grund in der Arbeitssuche hat, von den Leistungen ausgeschlossen[166]. Das Bundessozialgericht hat aber den von den SGB-II-Leistungen ausgeschlossenen UnionsbürgerInnen nach einem Aufenthalt von sechs Monaten Hilfe zum Lebensunterhalt nach dem Recht der Sozialhilfe zugesprochen[167]. Die Frage, ob

---

165 BT-Drucks. 16/1368, S. 1 und BT-Drucks. 18/2592, S. 1.
166 § 7 Abs. 1 Satz 2 Nr. 1 und 2 SGB II und § 23 Abs. 3 SGB XII.
167 Vgl. etwa BSG v. 03.12.2015 – B 4 AS 44/15 R – juris.

der Ausschluss von arbeitsuchenden Unionsbürger aus dem SGB II gegen das Grundrecht auf ein menschenwürdiges Existenzminimum [6.1.3] verstößt, ist dem Bundesverfassungsgericht zur Entscheidung vorgelegt[168].

Weitergehende Literaturempfehlungen

Frings, Dorothee (2008): Sozialrecht für Zuwanderer. Baden-Baden: Nomos Verlag.

Frings, Dorothee/Tießlar-Marenda, Elke (2012): Ausländerrecht für Studium und Beratung. Einschließlich Staatsangehörigkeitsrecht. Frankfurt a. M.: Fachhochschulverlag.

Hailbronner, Kay (2013): Asyl- und Ausländerrecht. Stuttgart: Kohlhammer Verlag.

Hohm, Karl-Heinz (2015): Gemeinschaftskommentar zum Asylbewerberleistungsgesetz. Köln: Luchterhand Verlag.

Renner, Günter/Bergmann, Jan Michael/Dienelt, Klaus (2013): Ausländerrecht. Kommentar. München: C. H. Beck Verlag

---

168 SG Mainz v. 18.04.2016 v S 3 AS 149/16 – juris.

7 Professionsrecht

7.1 Allgemeines

Eine Fülle von Rechtsfragen ergibt sich unmittelbar aus der Tätigkeit selbst, die SozialarbeiterInnen und SozialpädagogInnen ausführen. Zunächst stellt sich die Frage nach etwaigen berufsrechtlichen Vorgaben. Dann mag sich die Frage nach ihrem Arbeitsverhältnis stellen; hierfür sind Grundkenntnisse im *Arbeitsrecht* hilfreich. Weiter können Fragen danach auftauchen, ob und inwiefern die Interessen von KlientInnen gegenüber Dritten und Behörden vertreten werden dürfen: sozialanwaltschaftliche Vertretung von Klienten. Und schließlich taucht in der sozialarbeiterischen Praxis immer wieder die Frage nach Vertrauens- und Datenschutz auf.

7.2 Berufsrecht der Sozialen Arbeit

Für berufsrechtliche Regelungen der Sozialen Arbeit, die sich mit Berufszugang, Berufsbezeichnung und Berufsausübung befassen können, sind die Länder zuständig. Sie haben von dieser Gesetzgebungskompetenz jedoch nur in einem recht geringen Umfang Gebrauch gemacht. Die Berufsbezeichnung des ‚staatlich anerkannten Sozialpädagogen/Sozialarbeiters‘ bzw. der ‚staatlich anerkannten Sozialpädagogin/Sozialarbeiterin‘ kann danach grundsätzlich führen, wer ein entsprechendes Bachelor-Studium abgeschlossen und ein Praktikum absolviert hat. Darüber hinaus darf keine einschlägige Vorbestrafung (vgl. § 72a Abs. 1 SGB VIII) vorliegen.

Das früher durchgängig erforderliche ‚*Anerkennungsjahr*‘ zur Erlangung der staatlichen Anerkennung ist – bedauerlicherweise – weitgehend abgeschafft worden. Nur Bremen, Hessen, Rheinland-Pfalz und Schleswig-Holstein halten daran fest. In Nordrhein-Westfalen und Niedersachsen ist die Situation uneinheitlich, da hier die Entscheidung über das Anerkennungsjahr auf die Hochschulen übertragen wurde[169].

---

169 Vgl. die Übersicht des Fachbereichstages Soziale Arbeit abzurufen unter http://www. hs-emden-leer.de/fileadmin/user_upload/Fachbereiche/FB_SAG/Soziale_Arbeit/Berufsanerkennungsjahr/Regelungen_der_Bundeslaender_zum_Anerkennungsjahr_von_SozialarbeiterInnen.pdf [Zugriff: 04.06.2016].

Welche Kompetenzen man in den Bachelor-Studiengängen erwerben muss, um in der sozialarbeiterischen Praxis bestehen zu können, ist damit bundesrechtlich nicht einheitlich geregelt. Darüber hinaus verweisen wir auf den ‚Qualifikationsrahmen Soziale Arbeit' des Fachbereichstages Soziale Arbeit[170], der allerdings vergleichsweise abstrakt geraten ist. Bessere Auskunft bieten hier die Internetseiten der einzelnen Fachhochschulen bzw. Hochschulen für angewandte Wissenschaften, an denen entsprechende BA-Studiengänge belegt werden können. Dort finden sich zum einen die jeweils aktuellen Vorlesungsverzeichnisse sowie auch die Modulhandbücher, die über die Lerngegenstände Aufschluss bieten.

7.3 Arbeitsrecht

Das Arbeitsrecht, also das Recht der Arbeit, ist zwar kein klassisches Handlungsfeld der Sozialen Arbeit, gleichwohl in mehreren Hinsichten für sie bedeutsam. Zum einen ist das Arbeitsverhältnis *die* Lebensgrundlage der KlientInnen von Sozialer Arbeit. Zum anderen bildet das Arbeitsverhältnis den Rahmen für die Tätigkeit von SozialarbeiterInnen und –pädagogInnen, sofern sie nicht selbstständig tätig sind. Als spezielles Handlungsfeld begegnet das Arbeitsrecht SozialarbeiterInnen im Rahmen der betrieblichen Sozialarbeit, in deren Mittelpunkt die Beratung bei Konflikten am Arbeitsplatz und bei psychosozialen, gesundheitlichen, persönlichen, familiären und finanziellen Problemen der ArbeitnehmerInnen steht.

7.3.1 Das Arbeitsverhältnis als Lebensgrundlage

Wer leben will, ist auf die Dinge des täglichen Bedarfs angewiesen. Diese Dinge des täglichen Bedarfes sind heute zwar in Hülle und Fülle vorhanden, wer auf sie zugreifen will, braucht jedoch finanzielle Mittel. Für die große Masse der Bevölkerung ist *Lohnarbeit* der einzige Weg, um sich diese zu verschaffen. Damit stellt das Arbeitsverhältnis für die meisten Menschen *die* Existenzgrundlage dar: Sie sind darauf angewiesen, ihre Arbeitskraft zu verkaufen. Ihnen gegenüber stehen Unternehmen, die im Hinblick auf ihren Gewinn an flexiblen und intensiven Arbeitszeiten sowie niedrigen Löhnen interessiert sind. Ihnen ist durch das Weisungsrecht [7.3.5] die Möglichkeit eingeräumt, auf der Grundlage der vereinbarten Vergütung die Arbeitsleistung entsprechend zu organisieren. Damit leisten ArbeitnehmerInnen Dienste in persönlich abhängiger Stellung.

---

170 Abzurufen unter www.fbts.de/fileadmin/fbts/Aktuelles/QRSArb_Version_5.1.pdf [Zugriff: 04.06.2016].

7.3.2 Zweck des Arbeitsrechts

Ökonomisch gesehen haben ArbeitnehmerInnen nicht die Möglichkeit, ihre Arbeitskraft nur unter Bedingungen anzubieten, z. B. unter der Voraussetzung, dass sich von der Entlohnung der Lebensunterhalt finanzieren lässt. Ohne Arbeit stehen ihnen nämlich überhaupt keine Mittel für den Lebensunterhalt zur Verfügung. Die ArbeitnehmerInnen sind daher in ihrem Interesse, den eigenen Lebensunterhalt mittels abhängiger Arbeit zu verdienen, dem Interesse der ArbeitgeberInnen ausgeliefert[171]. Sinn und Zweck des Arbeitsrechts ist es daher, rechtliche Rahmenbedingungen für das Arbeitsverhältnis zu schaffen. Weil die ArbeitnehmerInnen diejenigen sind, die auf den Bestand und die ordnungsgemäße Durchführung des Arbeitsverhältnisses angewiesen sind, stellen die meisten arbeitsrechtlichen Gesetze Schutzvorschriften zugunsten der ArbeitnehmerInnen dar, mit denen Mindestarbeitsbedingungen geschaffen werden. Darüber hinaus werden Konflikte durch gerichtliche oder gerichtsähnliche Verfahren begrenzt und der Arbeitskampf reglementiert.

7.3.3 Gegenstand des Arbeitsrechts

Die Regelungen des Arbeitsrechts gelten nicht für jede Form von Arbeit, sondern nur für die Beschäftigung von *ArbeitnehmerInnen*. Juristisch gesehen sind ArbeitnehmerInnen nur diejenigen, die durch einen privatrechtlichen Vertrag im Dienste eines anderen zur Leistung weisungsgebundener, fremdbestimmter Arbeit in persönlicher Abhängigkeit verpflichtet sind[172].

Trotz der Anknüpfung an einen *privat*rechtlichen Vertrag können sich auch Beschäftigte im öffentlichen Dienst, also Angestellte des Bundes, der Länder, der Gemeinden sowie anderer Körperschaften, Anstalten und Stiftungen des öffentlichen Rechts, auf die arbeitsrechtlichen Regelungen berufen. Im öffentlichen Dienst sind einerseits BeamtInnen und andererseits ArbeitnehmerInnen beschäftigt. BeamtInnen unterliegen einem besonderen Recht, dem Beamtenrecht. Den weit größeren Anteil der im öffentlichen Dienst Beschäftigten machen aber ArbeitnehmerInnen aus[173]. Auch ihr Dienstverhältnis wird durch einen privatrechtlichen Vertrag begründet, wodurch für sie grundsätzlich die allgemeinen arbeitsrechtlichen Regelungen gelten. Allerdings werden die Arbeitsbedingungen für ArbeitnehmerInnen im öffentlichen Dienst überwiegend durch Tarifverträge geregelt.

Abzugrenzen ist die *abhängige* Beschäftigung von der selbstständigen Arbeit. Diejenigen, die selbstständig Dienste für andere leisten, sind keine Ar-

---

171 Zu den Besonderheiten des Arbeitsmarktes siehe Buestrich (2006: 437ff.)
172 Siehe z. B. BAG v. 17.04.13 – 10 AZR 272/12 – BAGE 145, S. 26–36.
173 Von den insgesamt etwa 4,6 Mio. Beschäftigten im öffentlichen Dienst waren 2014 etwa 2,8 Mio. als Arbeitnehmer/in beschäftigt, vgl. Statistisches Bundesamt (2014a).

beitnehmerInnen. Für die von Selbstständigen abgeschlossenen Verträge gilt ausschließlich das Bürgerliche Gesetzbuch. Negativ ausgedrückt sind ArbeitnehmerInnen / MitarbeiterInnen, die ihre Tätigkeit im Wesentlichen nicht frei gestalten und ihre Arbeitszeit nicht frei bestimmen können (vgl. § 84 Abs. 1 Satz 2 HGB). Anhaltspunkte für eine abhängige Beschäftigung sind eine Tätigkeit nach Weisungen und eine Eingliederung in die Arbeitsorganisation des Weisungsgebers (§ 7 Abs. 1 Satz 2 SGB IV). Eine wirtschaftliche Abhängigkeit, in der sich auch Selbstständige befinden können, ist für die Arbeitnehmereigenschaft weder erforderlich noch ausreichend.

7.3.4 Systematik

Systematisch gesehen besteht das Arbeitsrecht aus zwei Bereichen: dem individuellen sowie dem kollektiven Arbeitsrecht. Gegenstand des individuellen Arbeitsrechts sind Fragen, die das einzelne, konkrete Arbeitsverhältnis betreffen. Es legt die Rechte und Pflichten der ArbeitnehmerInnen und ArbeitgeberInnen fest. Die Vorschriften sind teilweise dem Privatrecht und teilweise dem öffentlichen Recht zuzuordnen. Die Durchsetzung privatrechlicher Ansprüche ist Sache der Parteien. Sie entscheiden darüber, ob sie ihre gesetzlichen Rechte geltend machen oder nicht.

Beispiel

Auch eine rechtlich fehlerhafte Kündigung des Arbeitsverhältnisses wird wirksam, wenn nicht binnen drei Wochen nach Erhalt des Kündigungsschreibens gegen sie geklagt wird, § 4 Satz 1 KSchG.

Die Vorschriften, die ArbeitgeberInnen Schutzpflichten gegenüber ArbeitnehmerInnen auferlegen, sind dem öffentlichen Recht zuzuordnen, weil deren Einhaltung staatlicherseits durch die zuständigen Aufsichtsbehörden überwacht und sanktioniert wird.

Beispiel

Wer vorsätzlich ein Kind, welches der Vollzeitschulpflicht unterliegt, außerhalb der Grenzen des § 5 Abs. 1 JArbSchG beschäftigt und das Kind dadurch in seiner Gesundheit oder Arbeitskraft gefährdet, wird mit Freiheitsstrafe bis zu einem Jahr oder mit Geldstrafe bestraft, § 58 Abs. 5 Satz 1 JArbSchG.

Das kollektive Arbeitsrecht umfasst im Wesentlichen zwei Regelungsbereiche: das Tarifvertragsrecht einschließlich des Arbeitskampfrechts und das Betriebsverfassungsrecht. Auf Grundlage des Art. 9 Abs. 3 GG (Koalitionsfreiheit) steht den Gewerkschaften das Recht zu, in Vereinbarungen mit einzelnen ArbeitgeberInnen oder Arbeitgeberverbänden Löhne und Arbeitsbedingungen durch Tarifverträge festzulegen, die einen verbindlichen Mindeststandard für die Arbeitsverträge vorgeben. Dieses Recht, die sogenannte Tarifautonomie, ist darauf angelegt, die strukturelle Unterlegenheit der einzelnen ArbeitnehmerInnen beim Abschluss von Arbeitsverträgen durch kollektives Handeln auszugleichen[174]. Das Mittel der Gewerkschaften zur Durchsetzung ihrer Forderungen ist das Arbeitskampfrecht. Es ist darauf gerichtet, durch das Vorenthalten von Arbeitskraft und einen hierdurch ausgelösten Schaden Druck auf die Arbeitgeberseite auszuüben, damit diese über die Arbeitsbedingungen verhandelt[175]. Zugleich bieten Tarifverträge während ihrer Laufzeit eine sichere Kalkulationsgrundlage für die Unternehmen, da die tariflichen Regelungen für die Dauer der Friedenspflicht nicht infrage gestellt werden können. Die Regelungen des Tarifvertrags gelten wie Gesetze, d. h. unmittelbar und zwingend, § 4 TVG. Allerdings kann von Regelungen in Tarifverträgen häufig durch Betriebsvereinbarungen abgewichen und ein geringerer Standard vereinbart werden (Öffnungsklauseln). Die Regelungen eines Tarifvertrags gelten zunächst nur für die Mitglieder derjenigen Vereinigungen, die den Tarifvertrag abgeschlossen haben, § 3 TVG. ArbeitgeberInnen haben aber auch die Möglichkeit, mit ArbeitnehmerInnen ohne Gewerkschaftszugehörigkeit, die Geltung eines bestimmten Tarifvertrags arbeitsvertraglich zu vereinbaren (Inbezugnahme). Schließlich kann das Bundesministerium für Arbeit und Soziales einen Tarifvertrag für allgemeinverbindlich erklären, sodass er für alle ArbeitnehmerInnen und ArbeitgeberInnen gilt, die in dem geregelten Bereich tätig sind, unabhängig davon, ob sie den vertragschließenden Vereinigungen angehören, § 5 TVG[176].

Das Betriebsverfassungsgesetz erlaubt ArbeitnehmerInnen ab einer bestimmten Betriebsgröße eine Interessenvertretung, den Betriebsrat, zu wählen. Dem Betriebsrat sind gesetzlich unterschiedlich stark ausgeprägte Mitbestimmungsrechte eingeräumt. In bestimmten Bereichen können ArbeitgeberInnen keine Maßnahmen durchsetzen, ohne sich zuvor mit dem Betriebsrat geeinigt zu haben, z. B. § 87 BetrVG. Resultat dieser Einigung ist eine Betriebsvereinbarung, die ebenso wie der Tarifvertrag unmittelbar und zwingend gilt (§ 77 Abs. 4 BetrVG), allerdings nur die MitarbeiterInnen des jeweiligen Betriebs erfasst. Dem Betriebsrat sind anders als der Gewerk-

---

174 BVerfG v. 26.06.1991 - 1 BvR 779/85 - BVerfGE 84, S. 212–232.
175 BAG v. 20.11.2012 – 1 AZR 179/11 – BAGE 143, S. 354–406.
176 Im Jahr 2016 sind von den rund 71.900 als gültig in das Tarifregister eingetragenen Tarifverträgen 490 allgemeinverbindlich, siehe Bundesministerium für Arbeit und Soziales (2016).

schaft Arbeitskampfmaßnahmen verboten, § 74 Abs. 2 BetrVG. Können sich Betriebsrat und Arbeitgeber/in nicht einigen, müssen sie eine Einigungsstelle anrufen (§§ 76 ff. BetrVG) oder ihren Streit vor dem Arbeitsgericht austragen. Für den öffentlichen Dienst gilt das Betriebsverfassungsgesetz nicht. Hier werden Personalvertretungen gewählt, deren Rechte im Bundespersonalvertretungsgesetz (BPersVG) und den entsprechenden Ländergesetzen geregelt sind.

7.3.5 Rechtsquellen

Der Inhalt des Arbeitsverhältnisses wird durch den Arbeitsvertrag sowie eine Vielzahl von Einzelgesetzen bestimmt. Zu diesen Gesetzen gehören das Bürgerliche Gesetzbuch (BGB), das Mindestlohngesetz (MiLoG), das Kündigungsschutzgesetz (KSchG), die Gewerbeordnung (GewO), das Handelsgesetzbuch (HGB), das Teilzeit- und Befristungsgesetz (TzBfG), das Bundesurlaubsgesetz (BUrlG), das Arbeitszeitgesetz (ArbZG), das Nachweisgesetz (NachwG) und viele mehr. Hinzu kommen tarifvertragliche Regelungen und Betriebs- bzw. Dienstvereinbarungen. Schließlich sind europäische Regelungen und das Grundgesetz zu beachten.

Dadurch stellt die Bestimmung der anwendbaren Regelungen eine besondere Schwierigkeit des Arbeitsrechts dar. Zudem sprechen die genannten Rechtsquellen bestimmte Fragen gar nicht an oder regeln sie nur allgemein. In diesen Fällen steht ArbeitgeberInnen das Weisungs- oder Direktionsrecht zu. Sie sind dann befugt, den Inhalt, den Ort und die Zeit der Arbeitsleistung zu konkretisieren, also näher zu bestimmen (§ 106 Satz 1 GewO).

Beispiel

Der Arbeitsvertrag enthält folgende Formulierung: „Frau M. wird ab dem 01.01.2016 auf unbestimmte Zeit als – pädagogische Mitarbeiterin – Sozialpädagogin – für die Schulsozialarbeit an der Gesamtschule G. in den niedersächsischen Landesdienst eingestellt." Wann genau Frau M. welche Tätigkeit verrichten wird, bestimmt wegen des Direktionsrechts der bzw. die Arbeitgeber/in.

Die unterschiedlichen Rechtsquellen stehen in einem hierarchischen Verhältnis zueinander. So darf eine arbeitsvertragliche Regelung nicht gegen eine gesetzliche Regelung verstoßen, und eine gesetzliche Regelung muss mit dem Grundgesetz und dem europäischen Recht im Einklang stehen.

Beispiel

§ 622 Abs. 2 Satz 2 BGB bestimmt hinsichtlich der Kündigungsfristen, dass bei der Berechnung der Beschäftigungsdauer Zeiten, die vor der Vollendung des 25. Lebensjahrs von ArbeitnehmerInnen liegen, nicht berücksichtigt werden. Nach einem Urteil des Europäischen Gerichtshofs[177] verstößt diese Vorschrift gegen europäisches Recht und darf deshalb nicht angewendet werden.

Es gilt folgende, absteigende Rangordnung der für ein bestimmtes Arbeitsverhältnis geltenden Vorschriften:

Europäische Regelungen
Grundgesetz
Gesetz
Tarifvertrag
Betriebsvereinbarung
Arbeitsvertrag
Weisungsrecht des Arbeitgebers

Zu beachten ist weiter, dass rechtliche Regelungen nicht immer *zwingend* sind, dass von ihnen also unter bestimmten Voraussetzungen abgewichen werden darf. Man spricht dann von *dispositivem* Recht. Da die meisten arbeitsrechtlichen Regelungen Mindeststandards zum Schutz von ArbeitnehmerInnen setzen, sind sie nur einseitig zwingend. Von diesen darf zwar nicht zulasten von ArbeitnehmerInnen abgewichen werden, es ist aber zulässig, für ArbeitnehmerInnen günstigere Regelungen zu vereinbaren. Sofern von einer gesetzlichen Regelung auch zu Ungunsten von ArbeitnehmerInnen abgewichen werden darf, findet sich häufig auch eine Regelung darüber, ob diese Abweichung nur durch Tarifvertrag und/oder Betriebsvereinbarung zulässig ist oder auch im Arbeitsvertrag vereinbart werden darf.

---

177 EuGH v. 19.01.2010 – C-555/07 Kücükdeveci/Swedex GmbH – ABl. EU C 63, S. 4.

Beispiele

Im Arbeitsvertrag ist vereinbart, dass der bzw. die Arbeitgeber/in das Arbeitsverhältnis mit einer Frist von einem Monat zum Quartalsende kündigen darf. Laut Gesetz dürfte das Arbeitsverhältnis mit einer Frist von 4 Wochen zum 15. oder zum Monatsende gekündigt werden (§ 622 Abs. 1 BGB). Erhält der/die Arbeitnehmer/in die Kündigung nun am 04.03.2016, so wäre das Arbeitsverhältnis nach der arbeitsvertraglichen Regelung am 30.6.2016 und nach Gesetz am 15.04.2016 beendet. Der Rangordnung zufolge müsste die gesetzliche Regelung angewendet werden. Für den bzw. die Arbeitnehmer/in deutlich günstiger ist aber die vertragliche Regelung, weswegen diese auch Anwendung findet.

§ 13 Abs. 1 Satz 1 BUrlG bestimmt, dass von den ihm vorgehenden Vorschriften in Tarifverträgen abgewichen werden darf, mit Ausnahme der §§ 1, 2 und 3 Abs. 1 BUrlG. Das bedeutet, dass die in § 3 BUrlG geregelte Mindesturlaubsdauer in einem Arbeitsverhältnis nicht unterschritten werden darf. Die Frage, wann der Urlaubsanspruch erstmalig entsteht, geregelt in § 4 BUrlG, kann durch Tarifverträge aber zu Ungunsten der ArbeitnehmerInnen anders geregelt werden als im Gesetz.

7.3.6 Verfahrensrecht

Über arbeitsrechtliche Fragen entscheiden die Arbeitsgerichte, die Landesarbeitsgerichte und das Bundesarbeitsgericht (§ 1 ArbGG). Grundsätzlich stehen zwei Verfahrensarten zur Verfügung. Klagen ArbeitnehmerInnen gegen ihre ArbeitgeberInnen, findet ein Urteilsverfahren statt. Geht es um einen Streit zwischen dem Betriebsrat und dem/der Arbeitgeber/in oder um eine Entscheidung über die Tariffähigkeit und -zuständigkeit einer Gewerkschaft bzw. eines Arbeitgeberverbandes, so wird ein Beschlussverfahren durchgeführt. Der wesentliche Unterschied zwischen den beiden Verfahrensarten besteht darin, dass im Urteilsverfahren die Parteien dem Gericht die für die Entscheidung erforderlichen Tatsachen vortragen und bei Bedarf beweisen müssen. Im Beschlussverfahren muss das Gericht den Sachverhalt weitgehend von sich aus ermitteln und aufklären.

Das arbeitsgerichtliche Verfahren ist durch verschiedene Besonderheiten gekennzeichnet. So sind bei den Arbeitsgerichten nicht nur BerufsrichterInnen, sondern auch ehrenamtliche RichterInnen aus Kreisen der ArbeitnehmerInnen und der ArbeitgeberInnen tätig (§ 16 ArbGG). Außerdem findet in der ersten Instanz vor dem eigentlichen Verfahren (dem streitigen Verfahren) eine Güteverhandlung statt (§ 54 ArbGG), um das Verfahren zu beschleunigen. In der Güteverhandlung wird versucht, zwischen Arbeitgeber/in und Arbeitnehmer/in eine Einigung (Vergleich) herbeizuführen, ohne dass das Gericht eine Entscheidung treffen muss. Tatsächlich wird im arbeitsgerichtlichen Prozess die überwiegende Anzahl der Klageverfahren durch Vergleiche beendet[178]. Eine weitere Besonderheit des arbeitsgerichtlichen Prozesses besteht darin, dass nach § 12a ArbGG die Parteien des Rechtsstreits, also der oder die Kläger/in und der bzw. die Beklagte, in der ersten Instanz seine/ihre Kosten, das ist in der Regel das Honorar von ProzessvertreterInnen, selber tragen müssen. Das gilt abweichend von den üblichen Regelungen, unabhängig davon, wie der Prozess für die Parteien ausgeht. Damit sollen ArbeitnehmerInnen, die sich keine/n Anwalt oder Anwältin leisten können, auch wenn sie den Prozess verlieren, keine Anwaltskosten zahlen müssen, um so nicht vor einer Klageerhebung zurückzuschrecken. Da aber heutzutage kaum ein/e Arbeitnehmer/in den Prozess ohne anwaltliche Hilfe durchführt, handelt es sich für beide Seiten um eine Verfahrensverteuerung, wenn die den Prozess gewinnende Partei die Kosten ihrer Rechtsvertretung nicht erstattet bekommt.

7.3.7 Soziale Arbeit als Gegenstand des Arbeitsrechts

Beschäftigte im Bereich der Sozialen Arbeit sind teilweise im öffentlichen Dienst tätig. Welche arbeitsrechtlichen Regelungen für sie gelten, hängt davon ab, ob sie als BeamtenInnen oder ArbeitnehmerInnen beschäftigt werden. Für ArbeitnehmerInnen, die für den Bund oder die Gemeinden tätig sind, gilt neben dem allgemeinen staatlichen Arbeitsrecht der Tarifvertrag für den öffentlichen Dienst (TVöD). Ist ein Bundesland der Dienstherr, so gilt der Tarifvertrag Länder (TV-L)[179]. Diese Tarifverträge regeln vor allem die Gehälter der Angestellten des öffentlichen Dienstes und haben ab dem 01.10.2005 (Bund und Gemeinden) bzw. dem 01.11.2006 (Länder) den Bundes-Angestelltentarifvertrag (BAT) abgelöst. Für BeamtenInnen in der Sozialen Arbeit sind die maßgeblichen arbeitsrechtlichen Regelungen in den Beamtengesetzen enthalten[180].

Die größten ArbeitgeberInnen im Bereich der Sozialen Arbeit sind Caritas und Diakonie, die Wohlfahrtsverbände der katholischen bzw. evangelischen Kirche. Für Beschäftigte in diesen Einrichtungen bestehen besondere Regelungen, da die Kirchen nach §§ 140 GG, 137 WRV das Recht haben, die

---

178 Im Jahr 2014 wurden von 392.061 erledigten Klagen 236.689 durch einen Vergleich beendet. Vgl. Statistisches Bundesamt (2014c: 106).
179 Alle abzurufen unter http://oeffentlicher-dienst.info [Zugriff: 04.06.2016].
180 Abzurufen unter http://www.beamtengesetze.de/ [Zugriff: 04.06.2016].

Dienstverhältnisse nach ihrem Selbstverständnis auszugestalten[181]. Zu den Besonderheiten des kirchlichen Arbeitsrechts zählt, dass ihr das Leitbild der Dienstgemeinschaft zugrunde liegt. Das Leitbild geht von einem Gemeinschaftsverhältnis zwischen Arbeitgeber/in und Arbeitnehmer/in aus und ist auf die religiöse Bindung des Auftrags kirchlicher Einrichtungen gerichtet. Daraus folgen z. B. besondere Loyalitätsverpflichtungen und Einstellungsvoraussetzungen für kirchliche ArbeitnehmerInnen[182]. Darüber hinaus findet in kirchlichen Einrichtungen das Betriebsverfassungsrecht keine Anwendung. Stattdessen können Mitarbeitervertretungen gewählt werden, denen aber keine gerichtlich durchsetzbaren Rechte zustehen. Auch das Streikrecht der Gewerkschaften ist eingeschränkt, da die mit dem Arbeitskampf verbundene Arbeitsniederlegung aus Sicht der Kirchen die bestehende Gemeinsamkeit von Dienstnehmer/in und Dienstgeber/in auflösen würde[183].

7.4 Sozialanwaltschaftliche Vertretung von KlientInnen

Vielfach haben SozialarbeiterInnen und SozialpädagogInnen ein kämpferisches Selbstverständnis: Sie wollen für ihre KlientInnen eintreten und sich auch in rechtlicher Hinsicht für sie einsetzen. Dies ist nicht verwunderlich angesichts der Lebenslagen, in denen sich ihre KlientInnen befinden: Anträge auf Sozialleistungen müssen gestellt, Termine bei Sozialbehörden müssen wahrgenommen werden; immer wieder stellt sich die Frage, ob Rechtsmittel eingelegt werden sollten. Bei der Arbeit mit illegalisierten AusländerInnen oder mit Straffälligen befindet man sich bisweilen selbst im Grenzbereich zur Illegalität.

Bei all diesen Tätigkeiten ist die *politische* Interessenvertretung unproblematisch: Wer sich, ehrenamtlich oder professionell, für die Interessen anderer Menschen stark macht, kann sich auf die Meinungsfreiheit (Art. 5 Abs. 1 GG). und ggf. die Vereinigungsfreiheit (Art. 9 Abs. 1 GG) berufen und ist, jedenfalls soweit er oder sie sich auf dem Boden der freiheitlich-demokratischen Grundordnung befindet, nicht mehr reglementiert als andere BürgerInnen auch.

---

181 BVerfG v. 22.10.2014 – 2 BvR 661/12 – juris.
182 Z. B. Richtlinie über die Anforderungen der privatrechtlichen beruflichen Mitarbeit in der Evangelischen Kirche in Deutschland und des Diakonischen Werkes der EKD vom 01.07.2005, abzurufen unter https://www.ekd.de/download/loyalitaetsrichtlinie.pdf [Zugriff: 04.06.2016].
183 BAG v. 20.11.2012 – 1 AZR 179/11 – BAGE 143, S. 354–406.

7.5 Öffentliche oder freie/privatrechtliche Eigenschaft des Anstellungsträgers

Wird man als Sozialarbeiterin oder Sozialpädagoge im öffentlichen Dienst tätig, unterliegt man allerdings arbeits- bzw. dienstrechtlichen Verpflichtungen, die der offiziellen Parteinahme für die KlientInnen enge Grenzen setzen; hier hat man die Interessen des jeweiligen Sozialleistungsträgers im Außenverhältnis zu wahren. Rechte und Pflichten im Verhältnis zu den KlientInnen ergeben sich insbesondere aus den §§ 13, 14, 15 SGB I, in denen Aufklärungs-, Beratungs- und Auskunftspflichten des Sozialleistungsträgers geregelt sind [5.5.2]. Das Rechtsdienstleistungsgesetz (RDG) steht dem nicht entgegen (vgl. § 8 Abs. 1 Nr. 1 und 2 RDG).

Ist man hingegen bei einem freien oder privatgewerblichen Träger der Wohlfahrtspflege beschäftigt, wird die Sache komplizierter, hier ist nämlich das RDG sowie das Verfahrensrecht (nun aber, anders als oben dargestellt, aus der Perspektive der KlientInnen!) sowie das jeweilige Prozessrecht zu beachten.

7.5.1 Das Rechtsdienstleistungsgesetz (RDG)

Außergerichtliche Rechtsdienstleistungen sind reglementiert. Gemeint ist damit gem. § 2 Abs. 1 RDG ,jede Tätigkeit in konkreten fremden Angelegenheiten, sobald sie eine rechtliche Prüfung des Einzelfalls erfordert'. Erfolgt die *Hilfestellung unentgeltlich*, darf sie im Rahmen der Familie oder eines Nachbarschaftsverhältnisses geleistet werden (§ 6 Abs. 2 RDG). Liegt ein solcher Bezug nicht vor, muss sichergestellt sein, dass ein/e Volljurist/in (zwei juristische Staatsexamina) zumindest die Fragen aus dem Hintergrund beantworten kann, die sich aus der Hilfestellung ergeben.

Hingegen ist die *entgeltliche Hilfestellung* zunächst den *RechtsanwältInnen* gestattet, § 3 BRAO, § 3 RDG. Auch *SozialarbeiterInnen* sind hierzu befugt, sofern es sich bei dieser Tätigkeit um eine Nebenleistung handelt, die ihrem Berufsbild entspricht, was regelmäßig zu bejahen sein dürfte (§ 5 RDG). Sollte die Tätigkeit nach Umfang und Beratungsthema mehr darstellen, als nur Nebenleistung, greift für Träger der freien Wohlfahrtspflege § 8 Abs. 1 Nr. 5 RDG: Ihnen ist diese Rechtsdienstleistung erlaubt; sie stehen dann allerdings unter dem gleichen Vorbehalt, wie bei der oben bereits erwähnten unentgeltlichen Rechtsdienstleistung: ein Volljurist muss im Hintergrund zur Verfügung stehen, um auftauchende Fragen sachgerecht beantworten zu können, §§ 8 Abs. 2, 7 Abs. 2 RDG. Dies sind zwar alles Hürden, die aber mit einiger professionellen Überlegung durchaus bewältigt werden können.

Bevollmächtigte und Beistände im Verwaltungsverfahren

Jede/r Hilfesuchende kann sich gem. § 13 SGB X gegenüber allen Sozialleistungsträgern durch eine/n Bevollmächtigte/n vertreten lassen und zu Verhandlungen und Besprechungen einen Beistand mitnehmen (vgl. hierzu auch § 14 VwVfG). Dies können, wie oben gezeigt wurde, auch SozialarbeiterInnen und SozialpädagogInnen sein. Von dieser Möglichkeit sollte man im Rahmen der Möglichkeiten des RDG (s. o.) unbedingt Gebrauch machen, wenn man feststellt, dass KlientInnen hier – wie häufig – mit erheblichen Unsicherheiten zu kämpfen haben. Unterhalb der Schwelle einer offiziellen Bevollmächtigung ist es natürlich auch möglich, den KlientInnen bei der Abfassung von Anträgen, Widersprüchen usw. behilflich zu sein. Dies entspricht auch der gängigen Praxis bei freien Trägern.

7.5.2 Bevollmächtigte und Beistände im Prozess

Im Prozessrecht sieht die Sache wiederum anders aus: Hier handelt es sich nämlich um *gerichtliche* Rechtsdienstleistungen, für die gem. § 1 RDG das Rechtsdienstleistungsgesetz *keine Anwendung* findet. Maßgeblich sind vielmehr die einzelnen Prozessordnungen (ZPO, StPO, SGG, VwGO). Und hier gilt im Grundsatz und etwas vergröbernd dargestellt, dass es sich um Rechtsanwälte, jedenfalls aber um VolljuristInnen handeln muss. Es gibt zwar eine Reihe von Ausnahmen, professionell tätige SozialarbeiterInnen und SozialpädagogInnen fallen aber durchweg nicht darunter.

Überdies betritt man hier als Sozialarbeiter/in endgültig ‚dünnes Eis': Gerichtliche Verfahren bergen derart viele Fallstricke, dass man unterm Strich besser daran tut, mit RechtsanwältInnen und ggf. anderen professionell tätigen JuristInnen (RechtsprofessorInnen, JustitiarInnen in der freien Wohlfahrtspflege) zusammenzuarbeiten, als sich die Prozessführung für eigene KlientInnen selber zuzutrauen.

7.5.3 Strafrechtliche Probleme

Nicht selten erhalten SozialarbeiterInnen Kenntnis von begangenen oder geplanten Straftaten ihrer KlientInnen. In diesen Fällen stellt sich die Frage, ob sie eine Anzeige erstatten *müssen* und ob sie sich bei Unterlassen einer Anzeige *selbst strafbar machen*. Einschlägig ist hier § 138 StGB. Die Vorschrift stellt allerdings nur die Nichtanzeige bestimmter, abschließend aufgezählter Straftaten unter Strafe, wie etwa Mord, Menschenraub oder Brandstiftung. Zudem besteht die Anzeigepflicht nur solange die Straftaten noch abgewendet werden können. Im Normalfall besteht also keine Gefahr, sich bei entsprechender Kenntnis strafbar zu machen.

Eine andere Frage ist diejenige nach der *Beihilfe zu fremden Straftaten.* Insbesondere wenn es darum geht, den KlientInnen Handlungsempfehlungen zu geben, ist darauf zu achten, dass diese Handlungsempfehlungen nicht auf ein verbotenes Verhalten zielen (Sozialleistungsbetrug durch das Verschieben von Bankguthaben auf andere Personen, illegaler Aufenthalt durch Untertauchen, ...). Denn dann besteht die Gefahr, dass die Beraterin bzw. der Berater sich selbst wegen Beihilfe strafbar macht, § 27 StGB.

7.6 Vertrauens- und Datenschutz in der Sozialen Arbeit

7.6.1 Vertrauensschutz als fachliches Gebot

Der vertrauliche Umgang mit den Informationen der bzw. über die KlientInnen zählt zu den fachlichen Erfordernissen aller helfenden Berufe: Rechtsanwälte, Ärztinnen, Psychologen, Pastorinnen, Sozialarbeiter, Sozialpädagoginnen – all diese Berufsgruppen sind zur Verschwiegenheit verpflichtet, entweder direkt über die Strafnorm des § 203 StGB, oder über die jeweiligen berufsrechtlichen Regelungen. Warum? Weil der *Zugang* zum/zur Klienten bzw. Klientin am *Vertrauen* hängt, das diese/r gegenüber den helfenden Professionellen hat[184]. Diesen Zusammenhang fasst das Bundesverfassungsgericht 1972[185] am Beispiel des Arztberufes wie folgt:

> *„Wer sich in ärztliche Behandlung begibt, muss und darf erwarten, dass alles, was der Arzt im Rahmen seiner Berufsausübung über seine gesundheitliche Verfassung erfährt, geheim bleibt und nicht zur Kenntnis Unberufener gelangt. Nur so kann zwischen Patient und Arzt jenes Vertrauen entstehen, das zu den Grundvoraussetzungen ärztlichen Wirkens zählt, weil es die Chancen der Heilung vergrößert und damit der Aufrechterhaltung einer leistungsfähigen Gesundheitsfürsorge dient."*

Dieser Gedanke lässt sich ohne weiteres auf die Soziale Arbeit übertragen. Die Identität beider Bereiche besteht in einer Bedarfslage, die die/den Bedürftige/n tendenziell verwundbar macht, weil sie für eine Normabweichung steht: physisch oder psychisch kranke Menschen, Obdachlose ‚sans papiers', Konsumenten illegaler Drogen, oder scheiternde, ihre Kinder misshandelnde Eltern sind – vor rechtlichen Maßstäben – fragwürdige Individuen, die in unserer Gesellschaft verachtet werden und daher ausgeschlossen sind. Zugleich erfor-

---

184 Der Eid des Hippokrates (460–370 v. Chr.) ist das älteste Zeugnis dieser Erkenntnis: „Was immer ich sehe und höre, bei der Behandlung oder außerhalb der Behandlung, im Leben der Menschen, so werde ich von dem, was niemals nach draußen ausgeplaudert werden soll, schweigen, indem ich alles derartige als solches betrachte, das nicht ausgesprochen werden darf."
185 BVerfG v. 08.03.1972 – 2 BvR 28/71 – BVerfGE 32, S. 373–387 (380).

dert gerade diese Bedarfslage einen positiven Bezug des jeweiligen Willens auf Abhilfe (Therapie, Rückkehr in die bürgerliche Existenz, Entzug und Reha-bilitation, Beratung, Unterstützung, Hilfe zur angemessenen Erziehung) und deren Organisation, nämlich die professionelle Hilfe. Diesen Gedanken führt das Bundesverfassungsgericht[186] am Fall der Durchsuchung einer *Suchtbera-tungsstelle* 1977 noch genauer aus:

> *„Unabdingbare Voraussetzung für die Arbeit solcher Stellen ist die Bildung eines Vertrauensverhältnisses zwischen Berater und Klienten. Dies gilt sowohl für die Anbahnung der Berater-Klienten-Beziehung als auch für deren Aufrechterhal-tung. Muß der Klient damit rechnen, daß seine während der Beratung gemach-ten Äußerungen und die dabei mitgeteilten Tatsachen aus seinem persönlichen Lebensbereich – einschließlich des Eingeständnisses strafbarer Handlungen: des Erwerbs und Besitzes von Drogen – Dritten zugänglich werden, so wird er re-gelmäßig gar nicht erst bereit sein, von der Möglichkeit, sich beraten zu lassen, Gebrauch zu machen. Darüber hinaus kann er vom Berater wirksame Hilfe zu-meist nur erwarten, wenn er sich rückhaltlos offenbart und ihn zum Mitwisser von Angelegenheiten seines privaten Lebensbereichs macht. Das ist vor allem im Hinblick auf die Ursachen und Motive notwendig, die für den Drogenmißbrauch bestimmend sind und die oft in tieferen Schichten der Persönlichkeit wurzeln."*

Vertrauensschutz ist also ein bewährter fachlicher Grundsatz, der viel weiter zurückreicht, als die modernen Bestimmungen zum Datenschutz, die erst seit dem *Volkszählungsurteil* des Bundesverfassungsgericht[187] 1983 entwickelt wurden (und heute, 20 Jahre nach Einführung des Internets schon wieder an-tiquiert erscheinen). Jedenfalls wird heute der besondere Vertrauensschutz in der Sozialen Arbeit nach Maßgabe datenschutzrechtlicher Vorschriften or-ganisiert.

7.6.2 Das Recht auf informationelle Selbstbestimmung und der Schutz der Sozialdaten

Datenschutz steht in der Praxis für merkwürdige Vorgänge: Betroffenen wird bisweilen mit dem etwas absurden Argument eines angeblich zu sichernden Datenschutzes Akteneinsicht in die, die *eigenen Lebensumstände* betreffen-den, behördlichen Unterlagen verwehrt; aber auch Betroffene verweigern mit dem Hinweis auf Datenschutz jede inhaltliche Zusammenarbeit. Es scheint, als ob der Hinweis auf Datenschutz als Generalargument zur Abwehr unbe-quemer Nachfragen dient.

Schauen wir etwas genauer hin: Datenschutz ist Ausfluss des Rechts auf informationelle Selbstbestimmung, welches das BVerfG aus Art. 1 Abs. i.V.m.

---

186 BVerfG v. 24.05.1977 – 2 BvR 988/75 – BVerfGE 44, S. 353–384 (367).
187 BVerfG v. 15.12.1983 – 1 BvR 209/83 u. a. – BVerfGE 65, S. 1–71.

Art. 2 Abs. 1 GG ableitet.[188] Datenschutz genießt also Verfassungsrang. Es gilt das *Transparenzgebot*, d. h. dass die BürgerInnen im Grundsatz wissen müssen, ,wer was wann und bei welcher Gelegenheit über sie weiß'[189]. Weiter gilt der *Zweckbindungsgrundsatz*, d. h. dass Informationsnutzung nur für einen bestimmten Zweck, nicht aber ,ins Blaue hinein' erfolgen darf. Schließlich gilt, wie bei aller den Bürger belastenden staatlichen Tätigkeit, der *Verhältnismäßigkeitsgrundsatz*.

Begrifflich ist zu unterscheiden zwischen *Informationserhebung, Informationsnutzung, bzw. -verarbeitung sowie der Informationsübermittlung an andere Stellen*. Bei den Rechtsquellen ist zu unterscheiden, welches die handelnde Institution ist: Für alle *Sozialleistungsträger* gelten die Regelungen zum *Sozialgeheimnis* gem. § 35 SGB I und den *Sozialdatenschutz* gem. §§ 67 ff. SGB X sowie das Bundesdatenschutzgesetz (BDSG), soweit es sich mit dem Datenschutz *bei öffentlichen Stellen* beschäftigt (§§ 11 ff. BDSG). Für die Jugendämter werden diese Regelungen durch die §§ 61-68 SGB VIII weiter konkretisiert. Für die freien Träger der Wohlfahrtspflege gelten die Bestimmungen des BDSG, soweit es um den Datenschutz nicht-öffentlicher Stellen geht (§§ 27 ff. BDSG). Standesrechtliche Vorgaben (wie für die Ärzte) existieren im Bereich der Sozialen Arbeit nicht. Daneben besteht für SozialarbeiterInnen und SozialpädagogInnen des Jugendamtes und freier Träger und die Ärzte die *strafrechtliche Verschwiegenheitsverpflichtung* des § 203 StGB.

Das Zusammenspiel dieser Normen ist im Einzelnen sehr kompliziert. Wir wollen es am Beispiel des Datenschutzes in der Jugendhilfe erläutern. Hier liegt eingreifendes und leistendes Verwaltungshandeln eng beieinander, weshalb der Datenschutz hier besonders anspruchsvoll geregelt ist.

7.6.3 Beispielhaft: Datenschutz in der Jugendhilfe

Informationserhebung und -nutzung durch das Jugendamt

Eine Informationserhebung muss zur Erfüllung einer Aufgabe *erforderlich* sein, § 62 Abs. 1 SGB VIII. Die Aufgaben des Jugendamtes ergeben sich aus dem Katalog des § 2 SGB VIII sowie aus § 8a SGB VIII. Hierzu gehören sowohl die eingreifenden ,anderen Aufgaben', als auch die Leistungsgewährung, etwa nach §§ 27ff. SGB VIII. Es gilt der Amtsermittlungsgrundsatz des § 20 SGB X, sodass das Jugendamt von sich aus Informationen zu erheben hat, wenn es davon ausgehen muss, dass entweder eine Gefahrenlage vorliegen könnte, oder die gesetzlichen Voraussetzungen einer Leistungsnorm erfüllt sein könnten. Abzugrenzen ist hier gegenüber einer *unzulässigen Vorratsdatenspeicherung*, die dann anzunehmen ist, wenn keine konkreten Gefahrenverdachtsmomente gegeben sind.

---

188 BVerfG v. 15.12.1983 – 1 BvR 209/83 u. a. – BVerfGE 65, S. 1–71.
189 BVerfG v. 15.12.1983 – 1 BvR 209/83 u. a. – BVerfGE 65, S. 43.

Allerdings wird diese weite Befugnis sogleich erheblich eingeschränkt durch den Grundsatz, dass Daten *beim Betroffenen* zu erheben sind, § 62 Abs. 2 SGB VIII. Insofern ist das Jugendamt bereits an dieser Stelle darauf angewiesen, dass die Betroffenen mit der Informationserhebung einverstanden sind. Ausnahmen von diesem Grundsatz einverständlicher und transparenter Datenerhebung müssen sich sodann eindeutig aus dem Gesetz ergeben.

Solche Ausnahmen können sich in erster Linie aus § 62 Abs. 3 SGB VIII ergeben, der in der Nr. 1 einen Verweis auf mögliche weitere Ausnahmen enthält und in Nr. 2–4 einzelne Fälle der Zulässigkeit der Datenerhebung ohne Mitwirkung der Betroffenen benennt. Insgesamt bedarf es jedenfalls einer gesetzlichen Ermächtigung zur Datenerhebung ohne Mitwirkung der Betroffenen. Hierzu gilt:

§ 62 Abs. 3 Nr. 2 erschließt dem Jugendamt *nicht* ohne weiteres die Möglichkeit, die Ermittlung z. B. von ‚*Risikofaktoren*‘ ohne Mitwirkung der Betroffenen. Dies ergibt sich daraus, dass die Vorschrift aus systematischen und verfassungsrechtlichen Gründen einschränkend auszulegen ist: denn in Fällen verweigerter Mitwirkung gehen die Vorschriften der §§ 60ff. SGB I als speziellere Normen vor.[190]

Werden jedoch dem Jugendamt konkrete Tatsachen bekannt, die zur Annahme mindestens von gewichtigen Anhaltspunkten für eine Kindeswohlgefährdung gem. § 8a SGB VIII führen können, dann darf es selbstständige Ermittlungen anstellen, vgl. § 62 Abs. 3 Nr. 2 c) und d) SGB VIII. Dies ist namentlich dann der Fall, wenn bereits ein Hilfebedarf bekannt ist, sich die Betroffenen aber weigern, mit dem Jugendamt zu kooperieren, oder diese Frage noch offen ist, aber bereits eine dringende Gefahr im Sinne des § 42 Abs. 2 Nr. 2 SGB VIII gegeben ist.

Allerdings erleichtert § 62 Abs. 2 Nr. 4 SGB VIII die Informationsgewinnung in den Fällen, wo das Jugendamt befürchten muss, eine weitere Ermittlung bei den Betroffenen könne zu einer Risikoerhöhung für die betreffenden Kinder u. Jugendlichen führen, also etwa dann, wenn Informationen über massive Misshandlungen seitens Dritter bereits an das Jugendamt herangetragen wurden, ein ‚Ermittlungsdruck‘ auf die Eltern aber eskalierend wirken würde. In den meisten Fällen dieser Art wären jedoch bereits gewichtige Anhaltspunkte gem. § 8a SGB VIII bzw. eine ‚dringende Gefahr‘ § 42 Abs. 2 Nr. 2 SGB VIII gegeben.

Zwei Punkte sind daher für die Informationserhebung des Jugendamtes von entscheidender Bedeutung: Entweder die Betroffenen kooperieren und stellen von sich aus die erforderlichen Daten zur Verfügung bzw. willigen in die Erhebung bei Dritten ein. Oder sie tun dies nicht; dann kommt es für Informationserhebung bei Dritten darauf an, ob – mindestens – gewichtige Anhaltspunkte für eine Kindeswohlgefährdung vorliegen.

---

190 Proksch in: Münder/Meysen/Trenczek, (2013), § 62 SGB VIII Rn. 15.

Informationsweitergabe durch das Jugendamt

Der Gesetzgeber schützt die besondere Vertrauensbeziehung im Rahmen der Jugendhilfe ausdrücklich in der Spezialvorschrift des § 64 Abs. 2 SGB VIII, die die Zulässigkeit der Übermittlung von dem Einfluss dieser Übermittlung auf den Erfolg der zu gewährenden Sozialleistungen abhängig macht. Diese Vorschrift macht deutlich, dass es dem Datenschutz gerade um den Erfolg der Sozialleistungen geht und nicht um dessen Verhinderung. Wer das Gefühl hat, die eigenen Daten würden einfach weiteregegeben, sobald eine Behörde einmal in ihrem Besitz ist, wird der Behörde den Rücken kehren. Die zuständige Fachkraft im Jugendamt soll also genau diese Reflexion anstellen: was passiert mit meiner Vertrauensbeziehung zur Klientin, wenn ich ihre Daten an eine andere Stelle weitergebe? Wenn diese Vertrauensbeziehung gestört wird – was sich regelmäßig an einer negativen Erfolgsprognose für die Leistung zeigen wird – dann soll die Übermittlung unterbleiben.

Darüber hinaus besteht der ‚besondere Vertrauensschutz‘ bezüglich ‚Daten‘, die der Fachkraft ‚anvertraut‘ wurden, § 65 Abs. 1 SGB VIII. Dieser Begriff entspricht dem Begriff des Anvertrauens in § 203 StGB, verknüpft also den verwaltungsrechtlichen Datenschutz mit seinem strafrechtlichen Schutz. Hierbei ist anerkannt, dass für den Begriff der ‚anvertrauten Daten‘ die subjektive Sicht des Geheimnisträgers maßgeblich ist[191]: Dies bedeutet, dass nicht nur solche Daten nicht weitergegeben werden dürfen, die ‚unter dem Siegel der Verschwiegenheit‘ offenbart wurden, sondern auch solche, von denen die Fachkraft annehmen musste, dass sie nicht für fremde Ohren bestimmt waren. Die engeren sozialen Verhältnisse, die möglicherweise zugleich als Risikofaktoren zu bezeichnen sind, dürften regelmäßig dazu gehören.

Im Ergebnis zeigt sich auch bei der Informationsweitergabe, dass hierfür entweder die Einwilligung des/der Betroffenen einzuholen ist, § 65 Abs. 1 Nr. 1 SGB VIII; diese ist auch wirksam, wenn sie mündlich abgegeben wurde[192]. Oder es liegen gewichtige Anhaltspunkte für eine Kindeswohlgefährdung gem. § 8a Abs. 1 und 3 SGB VIII vor, § 65 Abs. 1 Nr. 2 und 4 SGB VIII.

Informationserhebung und -nutzung durch freie Träger

Da es sich bei freien Trägern nicht um öffentliche Stellen handelt, ist das BDSG mit seinen Bestimmungen zur Datenverarbeitung durch nicht-öffentliche Stellen (§§ 27ff. BDSG) einschlägig sowie die besonderen Bestimmungen des SGB VIII

Zunächst ist die Definitionsnorm des § 3 Abs. 9 BDSG zu beachten, die sich mit ‚sensitiven Daten‘ beschäftigt. Rechtsgrundlage ist dann § 28 Abs. 6 Nr. 1 BDSG, wonach der/die Betroffene grundsätzlich gem. § 4a Abs. 3 BDSG in die Informationserhebung und -nutzung *eingewilligt* haben muss. Gewisse Erwei-

---

191 Mörsberger in: Wiesner (2015), § 65 SGB VIII Rn. 12.
192 Mörsberger in: Wiesner (2015), § 65 SGB VIII Rn. 17.

terungen bestehen, wenn Erhebung usw. im (mutmaßlichen) lebenswichtigen Interesse des/der Betroffenen liegen, bzw. zur Geltendmachung von dessen/ deren Interessen gegenüber Dritten erforderlich ist und eine Abwägung ergibt, dass datenschutzwürdige Belange nicht entgegenstehen, § 28 Abs. 6 Nr. 2, 3 BDSG.

Freie Träger sollen in den Schutzauftrag bei Kindeswohlgefährdung über die Vereinbarungen nach § 8a Abs. 4 SGB VIII eingebunden werden; der Datenschutz soll dann nach § 61 Abs. 3 SGB VIII ebenfalls gesichert werden. Für freie Träger besteht keine Grundrechtsbindung aus Art. 6 Abs. 2 S. 2 GG, sie sind also nicht originäre Träger des staatlichen Wächteramtes. Sie müssen daher nicht im Rahmen des Amtsermittlungsgrundsatzes selber *investigativ* tätig werden, ihre Ermittlungspflicht ist also durchaus geringer als die der Jugendämter.

Informationsweitergabe durch freie Träger

Die Weitergabe von dem freien Träger anvertrauten Daten ist nicht direkt geregelt. Bei der Weitergabe handelt es sich um eine Form der Datenverarbeitung (vgl. § 3 Abs. 4 Nr. 3 b BDSG), deren Zulässigkeit sich nach § 28 Abs. 6 BDSG bestimmt. Zu fragen ist also, ob der freie Träger die Daten verarbeiten dürfte. Maßstab ist hier zunächst § 203 StGB (s. u.), der für SozialarbeiterInnen ebenso gilt, wie für weitere in der Jugendhilfe und dem Gesundheitswesen Beschäftigte. Daneben ist die besondere *Befugnisnorm des § 4 KKG ('Gesetz zur Kooperation und Information im Kinderschutz')* zu erwähnen.

Für beide Vorschriften gilt, dass eine Einwilligung der Betroffenen die Weitergabe erlaubt. Falls die Fachkraft beim freien Träger den Eindruck hat, es wäre für ein Kind besser, wenn die Eltern Kontakt mit dem Jugendamt aufnähmen, bzw. das Jugendamt sollte sich mit den Eltern in Verbindung setzen, dann sollte sie sich um diese Einwilligung kümmern. Diese müsste allerdings wegen § 4a BDSG schriftlich vorliegen. Daneben rechtfertigen *gewichtige Anhaltspunkten für eine Kindeswohlgefährdung* (§§ 8a SGB VIII, 1666 BGB) die Weitergabe der Informationen an das Jugendamt.

7.6.4 Strafrechtlicher Vertrauensschutz

§ 203 StGB schützt die professionelle Vertrauensbeziehung vieler beratender Berufe, auch der der Sozialarbeiter und Sozialpädagogen, darüber hinaus aber auch die der 'Ehe-, Familien- Erziehungs- oder Jugendberater', sowie auch die der 'Berater für Suchtfragen' öffentlich anerkannt ist. Ein *'fremdes Geheimnis'* i. S. d. Vorschrift liegt nur vor, wenn es sich um Tatsachen handelt, die nicht allgemein bekannt und zugänglich sind und die objektiv geheimhaltungswürdig sind.[193] Für das Tatbestandsmerkmal des anvertrauten fremden Geheimnisses kommt es auf die subjektive Sicht des Geheimnisträgers an.[194]

Eine tatbestandlich gegebene Verletzung von Privatgeheimnissen kann jedoch rechtmäßig sein, wenn der/die Anvertrauende in die Weitergabe eingewilligt hat. Diese für das Strafrecht relevante Einwilligung ist – anders als die nach BDSG – nicht an eine bestimmte Form gebunden, kann also auch mündlich, oder sogar konkludent (also schlüssig, sich aus den Umständen ergebend) ergehen[195].

Liegt eine solche Einwilligung nicht vor, ist die Tat gleichwohl nicht strafbar, wenn der Rechtfertigungsgrund des Notstands gem. § 34 StGB vorliegt. Dies wird angenommen, wenn eine Kindeswohlgefährdung nach § 1666 BGB vorliegt, oder doch gewichtige Anhaltspunkte hierfür, § 8a SGB VIII, gegeben sind. Bei der insoweit erforderlichen Interessenabwägung wird regelmäßig das durch die Gefährdungslage beeinträchtigte Interesse schwerer wiegen, als das Geheimhaltungsinteresse desjenigen, dessen Geheimnis verraten wurde, in einem solchen Fall wird es noch nicht einmal irgendeinen Schutz beanspruchen dürfen. Sollte sich die Gefahr später als tatsächlich nicht existent herausstellen, müsste die das Geheimnis preisgebende Sozialarbeiterin keine Strafe fürchten, denn dann hätte sie gleichwohl im Rahmen eines sogenannten *Putativnotstands* rechtmäßig gehandelt.

Für alle Bereiche des Datenschutzes in der Jugendhilfe zeigt sich, wie wichtig die Beherrschung des Rechtsbegriffs der Kindeswohlgefährdung ist [6.3.4].

Weitergehende Literaturempfehlungen

Beyer, Norbert/Papenheim, Heinz-Gert (2015): Arbeitsrecht der Caritas, Praxiskommentar zu den Arbeitsvertragsrichtlinien des Deutschen Caritasverbandes. Freiburg: Lambertus Verlag.

Junker, Abbo (2015): Grundkurs Arbeitsrecht. München: C. H. Beck Verlag.

Richardi, Reinhard (2015): Arbeitsrecht in der Kirche. Staatliches Arbeitsrecht und kirchliches Dienstrecht. München: C. H. Beck Verlag.

Papenheim, Heinz-Gert/Baltes, Joachim/Dern, Susanne/Palsherm, Ingo (2015): Verwaltungsrecht für die soziale Praxis. Ein Handbuch für Sozialberufe. Frankfurt a. M.: Fachhochschulverlag. Darin: F 2.81, G)

Heinhold, Hubert (2008), Das neue Rechtsdienstleistungsgesetz. Ein Leitfaden für die soziale Rechtsdienstleistung. Frankfurt a. M.: Fachhochschulverlag.

---

193 Heger in: Lackner/Kühl (2014), § 203 StGB Rn. 14.
194 Heger in: Lackner/Kühl (2014), § 203 StGB Rn. 14.
195 Heger in: Lackner/Kühl (2014), § 203 StGB Rn. 18ff.

8 Abkürzungsverzeichnis

ABl.	Amtsblatt der Europäischen Union
Abs.	Absatz
ADHS	Aufmerksamkeitsdefizit-/Hyperaktivitätsstörung
AFET	Bundesverband für Erziehungshilfe
AG	Amtsgericht
Alg II	Arbeitslosengeld II
Alg II-V	Verordnung zur Berechnung von Einkommen sowie zur Nichtberücksichtigung von Einkommen und Vermögen beim Arbeitslosengeld II/Sozialgeld
AO	Abgabenordnung
ArbG	Arbeitsgericht
ArbGG	Arbeitsgerichtsgesetz
ArbZG	Arbeitszeitgesetz
Art.	Artikel
Artt.	Artikel (plural)
ASD	Allgemeiner Sozialer Dienst
AsylbLG	Asylbewerberleistungsgesetz
AsylVfG	Asylverfahrensgesetz
AT	Allgemeiner Teil
AufenthG	Gesetz über den Aufenthalt, die Erwerbstätigkeit und die Integration von Ausländern im Bundesgebiet (Aufenthaltsgesetz)
AufenthV	Aufenthaltsverordnung
AZRG	Gesetz über das Ausländerzentralregister (AZR-Gesetz)
BAföG	Bundesgesetz über individuelle Förderung der Ausbildung (Bundesausbildungsförderungsgesetz)
BAG	Bundesarbeitsgericht
BAGE	Entscheidungen des Bundesarbeitsgerichts
BAMF	Bundesamt für Migration und Flüchtlinge
BAT	Bundes-Angestelltentarifvertrag
BauGB	Baugesetzbuch
BDSG	Bundesdatenschutzgesetz

BEEG	Gesetz zum Elterngeld und zur Elternzeit (Bundeseltern-geld- und Elternzeitgesetz)
BeckRS	Elektronische Entscheidungsdatenbank in beck-online
BeschV	Verordnung über die Zulassung von neueinreisenden Aus-ländern zur Ausübung einer Beschäftigung (Beschäfti-gungsverordnung)
BetrVG	Betriebsverfassungsgesetz
BGB	Bürgerliches Gesetzbuch
BGBl.	Bundesgesetzblatt
BGH	Bundesgerichtshof
BGHSt	Entscheidungen des Bundesgerichtshofs in Strafsachen
BGHZ	Entscheidungen des Bundesgerichtshofs in Zivilsachen
BKKG	Bundeskindergeldgesetz
BMAS	Bundesministerium für Arbeit und Soziales
BPersVG	Bundespersonalvertretungsgesetz
BRAO	Bundesrechtsanwaltsordnung
BR-Drucks.	Drucksachen des Bundesrates
BSG	Bundessozialgericht
BSGE	Entscheidungen des Bundessozialgerichts
BSHG	Bundessozialhilfegesetz
BT-Drucks.	Drucksachen des Deutschen Bundestages
BUrlG	Mindesturlaubsgesetz für Arbeitnehmer (Bundesurlaubs-gesetz)
BVerfG	Bundesverfassungsgericht
BVerfGE	Entscheidungen des Bundesverfassungsgerichts
BVerwG	Bundesverwaltungsgericht
BVG	Gesetz über die Versorgung der Opfer des Krieges (Bundes-versorgungsgesetz)
BZRG	Gesetz über das Zentralregister und das Erziehungsregister (Bundeszentralregistergesetz)
EinglHVO	Verordnung nach § 60 des Zwölften Buches Sozialgesetz-buch (Eingliederungshilfe-Verordnung)
EGMR	Europäischer Gerichtshof für Menschenrechte
EKD	Evangelische Kirche in Deutschland
EU	Europäische Union
EuGH	Europäischer Gerichtshof
FamG	Familiengericht
FamFG	Gesetz über das Verfahren in Familiensachen und in den An-gelegenheiten der freiwilligen Gerichtsbarkeit

FamR	Familienrecht
FG	Finanzgericht
FGO	Finanzgerichtsordnung
FreizügG/EU	Gesetz über die allgemeine Freizügigkeit von Unionsbürgern (Freizügigkeitsgesetz)
GBA	Gemeinsamer Bundesausschuss
GewO	Gewerbeordnung
GFK	Abkommen vom 28. Juli 1951 über die Rechtsstellung der Flüchtlinge (Genfer Flüchtlingskonvention)
GG	Grundgesetz für die Bundesrepublik Deutschland
GKV	Gesetzliche Krankenversicherung
GVG	Gerichtsverfassungsgesetz
Halbs.	Halbsatz
HGB	Handelsgesetzbuch
h.M.	herrschende Meinung
Hrsg.	Herausgeber
HzE	Hilfen zur Erziehung
ICF	International Classification of Functioning, Disability and Health = Internationale Klassifikation der Funktionsfähigkeit, Behinderung und Gesundheit
InfAuslR	Informationsbrief Ausländerrecht
JArbSchG	Gesetz zum Schutz der arbeitenden Jugend (Jugendarbeitsschutzgesetz)
JGG	Jugendgerichtsgesetz
JuSchG	Jugendschutzgesetz
KJHG	Kinder- und Jugendhilfegesetz
KKG	Gesetz zur Kooperation und Information im Kinderschutz
KSD	Kommunaler Sozialer Dienst
KSchG	Kündigungsschutzgesetz
KV	Kassenärztliche Vereinigungen
LG	Landgericht
MiLoG	Gesetz zur Regelung eines allgemeinen Mindestlohns (Mindestlohngesetz)
NachwG	Gesetz über den Nachweis der für ein Arbeitsverhältnis geltenden wesentlichen Bedingungen (Nachweisgesetz)
m. w. N.	mit weiteren Nachweisen
NStZ	Neue Zeitschrift für Strafrecht
OEG	Gesetz über die Entschädigung für Opfer von Gewalttaten (Opferentschädigungsgesetz)

OLG	Oberlandesgericht
OWiG	Gesetz über Ordnungswidrigkeiten
OVG	Oberverwaltungsgericht
PAuswG	Gesetz über Personalausweise und den elektronischen Identitätsnachweis (Personalausweisgesetz)
PsychKG	Psychisch-Kranken-Gesetz
RBEG	Gesetz zur Ermittlung der Regelbedarfe nach § 28 des Zwölften Buches Sozialgesetzbuch (Regelbedarfs-Ermittlungsgesetz)
RDG	Gesetz über außergerichtliche Rechtsdienstleistungen (Rechtsdienstleistungsgesetz)
RelKErzG	Gesetz über die religiöse Kindererziehung
RL	Richtlinie
Rn.	Randnummer
SG	Sozialgericht
SGB I	Erstes Buch Sozialgesetzbuch – Allgemeiner Teil
SGB II	Zweites Buch Sozialgesetzbuch – Grundsicherung für Arbeitsuchende
SGB IV	Viertes Buch Sozialgesetzbuch – Gemeinsame Vorschriften für die Sozialversicherung
SGB V	Fünftes Buch Sozialgesetzbuch – Gesetzliche Krankenversicherung
SGB VI	Sechstes Buch Sozialgesetzbuch – Gesetzliche Rentenversicherung
SGB VIII	Achtes Buch Sozialgesetzbuch – Kinder- und Jugendhilfe
SGB IX	Neuntes Buch Sozialgesetzbuch – Rehabilitation und Teilhabe behinderter Menschen
SGB X	Zehntes Buch Sozialgesetzbuch – Sozialverwaltungsverfahren und Sozialdatenschutz
SGB XII	Zwölftes Buch Sozialgesetzbuch – Sozialhilfe
SGG	Sozialgerichtsgesetz
StAG	Staatsangehörigkeitsgesetz
StGB	Strafgesetzbuch
StlÜbk	Übereinkommen über die Rechtsstellung der Staatenlosen (Staatenlosenübereinkommen)
StPO	Strafprozessordnung
StrafR	Strafrecht
StVollzG	Gesetz über den Vollzug der Freiheitsstrafe und den freiheitsentziehenden Maßregeln der Besserung und Sicherung (Strafvollzugsgesetz)

StVZO	Straßenverkehrszulassungsverordnung
SVBezGrV 2015	Verordnung über maßgebende Rechengrößen der Sozialversicherung für 2015 (Sozialversicherungs-Rechengrößenverordnung 2015)
TV-L	Tarifvertrag für den öffentlichen Dienst der Länder
TVöD	Tarifvertrag für den öffentlichen Dienst
TzBfG	Gesetz über Teilzeitarbeit und befristete Arbeitsverträge (Teilzeit- und Befristungsgesetz)
UN	United Nations = Vereinte Nationen
v.	vom
VerwR	Verwaltungsrecht
VG	Verwaltungsgericht
VO	Verordnung
VVDStRL	Veröffentlichungen der Vereinigung der Deutschen Staatsrechtslehrer
VwGO	Verwaltungsgerichtsordnung
VwVfG	Verwaltungsverfahrensgesetz
VwVG	Verwaltungs-Vollstreckungsgesetz
VwZG	Verwaltungszustellungsgesetz
WE	Willenserklärung
WHO	Weltgesundheitsorganisation
WoGG	Wohngeldgesetz
WRV	Weimarer Reichsverfassung
ZAR	Zeitschrift für Ausländerrecht und Ausländerpolitik
ZivilR	Zivilrecht
ZKJ	Zeitschrift für Kindschafts- und Jugendhilferecht
ZPO	Zivilprozessordnung

9 Literaturverzeichnis

Arbeitslosenprojekt TuWas (2014): Leitfaden zum Arbeitslosengeld II. Der Rechtsratgeber zum SGB II. Frankfurt a. M.: Fachhochschulverlag.

Arbeitslosenprojekt TuWas (2015): Unterkunfts- und Heizkosten nach dem SGB II. Frankfurt a. M.: Fachhochschulverlag.

Bader, Johann/Ronellenfitsch, Michael (2016): Beck'scher Onlinekommentar VwVfG. München: C. H. Beck Verlag. [Zitierte BearbeiterInnen: Müller, Jörg]

Beyer, Norbert/Papenheim, Heinz-Gert (2015): Arbeitsrecht der Caritas, Praxiskommentar zu den Arbeitsvertragsrichtlinien des Deutschen Caritasverbandes. Freiburg: Lambertus Verlag.

Bonin, Holger u. a. (2013): Evaluation zentraler ehe- und familienbezogener Leistungen in Deutschland, http://ftp.zew.de/pub/zew-docs/gutachten/ZEW_Endbericht_Zentrale_Leistungen2013.pdf. [Zugriff: 14.04.2015]

Buestrich, Michael (2006): Aktivierung, Arbeitsmarktchancen und (Arbeits-)Moral. In: neue praxis 2006/4, S. 435-449.

Bundesministerium für Arbeit und Soziales (2016): Verzeichnis der für allgemeinverbindlich erklärten Tarifverträge. Stand: 1. April 2016. https://www.bmas.de/SharedDocs/Downloads/DE/PDF-Publikationen-DinA4/arbeitsrecht-verzeichnis-allgemeinverbindlicher-tarifvertraege.pdf?_blob=publicationFile. [Zugriff: 04.06.2016]

Bundesministerium für Familie, Senioren, Frauen und Jugend (2013): Lebenssituation, Sicherheit und Gesundheit von Frauen in Deutschland. Ergebnisse der repräsentativen Untersuchung zu Gewalt gegen Frauen in Deutschland. Kurzfassung. http://www.bmfsfj.de/BMFSFJ/Service/publikationen, did=20560.html. [Zugriff: 04.06.2015].

Deutscher Verein für öffentlichen und private Fürsorge e.V. (2014): Empfehlungen des Deutschen Vereins zu den kommunalen Eingliederungsleistungen nach § 16a SGB II. In: NDV 2014, S. 454–461 und S. 489–493.

Enders, Christoph (1997): Die Menschenwürde in der Verfassungsordnung: Zur Dogmatik des Art. 1 GG. Tübingen: Mohr Siebeck.

Fehling, Michael/Kastner, Berthold/Störmer, Rainer (2016): Verwaltungsrecht. VwVfG. VwGO. Nebengesetze. Handkommentar. Baden-Baden: Nomos Verlag. [Zitierte BearbeiterInnen: Kastner, Berthold]

Frings, Dorothee (2008): Sozialrecht für Zuwanderer. Baden-Baden: Nomos Verlag.

Frings, Dorothee/Tießlar-Marenda, Elke (2012): Ausländerrecht für Studium und Beratung. Einschließlich Staatsangehörigkeitsrecht. Frankfurt a. M.: Fachhochschulverlag.

Grube, Christian/Wahrendorf, Volker (2014): SGB XII. Sozialhilfe mit Asylbewerberleistungsgesetz. Kommentar. München: C. H. Beck Verlag. [Zitierte BearbeiterInnen: Grube, Christian]

Graf, Jürgen-Peter (2015): Beck'scher Online-Kommentar StPO mit RiStBV und MiStra. München: C. H. Beck Verlag. [Zitierte BearbeiterInnen: Gorf, Claudia]

Hailbronner, Kay (2013): Asyl- und Ausländerrecht. Stuttgart: Kohlhammer Verlag.

Hassemer, Winfried (1990): Einführung in die Grundlagen des Strafrechts. München: C. H. Beck Verlag.

von Heintschel-Heinegg, Bernd (2015): Beck'scher Online Kommentar StGB. München: C. H. Beck Verlag. [Zitierte BearbeiterInnen: Dallmeyer, Jens; von Heintschel-Heinegg, Bernd; Wittig, Petra]

Hohm, Karl-Heinz (2015): Gemeinschaftskommentar zum Asylbewerberleistungsgesetz. Köln: Luchterhand Verlag.

Jarass, Hans D./Pieroth, Bodo (2011): Grundgesetz für die Bundesrepublik Deutschland. Kommentar. München: C. H. Beck Verlag. [Zitierte BearbeiterInnen: Jarass, Hans, D.]

Jellinek, Georg (1966): Allgemeine Staatslehre. Bad Homburg: Gehlen Verlag.

Jellinek, Georg (1964): System der subjektiven öffentlichen Rechte. Aalen: Scientia Verlag.

Joecks, Wolfgang/Miebach, Klaus (2011): Münchner Kommentar zum StGB. Band 1. §§ 1–37 StGB. München: C. H. Beck Verlag. [Zitierte BearbeiterInnen: Streng, Franz]

Joecks, Wolfgang/Miebach, Klaus (2012): Münchner Kommentar zum StGB. Band 2. §§ 38–79b StGB. München: C. H. Beck Verlag. [Zitierte BearbeiterInnen: Miebach, Klaus]

Junker, Abbo (2015): Grundkurs Arbeitsrecht. München: C. H. Beck Verlag.

Kanein, Werner (1986): Deutsches Ausländerrecht. München: C. H. Beck Verlag.

Kant, Immanuel (1977): Grundlegung zur Metaphysik der Sitten in: Weischedel, Wilhelm (Hrsg.): Werke in zwölf Bänden, Band 8. Frankfurt a. M.: Suhrkamp Verlag.

Kelsen, Hans (1927): Diskussionbeitrag auf der Tagung der Vereinigung der Deutschen Staatsrechtslehrer am 29. und 30. März 1926. In: VVDStRL 3/1927, S. 54 f.

Klinger, Roland/Kunkel, Peter-Christian/Pattar, Andreas Kurt/Peters, Karen (2012): Existenzsicherungsrecht. SGB XII mit SGB II und AsylbLG. Baden-Baden: Nomos Verlag.

Körner, Anne/Leitherer, Stephan/Mutschler, Bernd (2015): Kasseler Kommentar zum Sozialversicherungsrecht. SGB I. SGB IV. SGB V. SGBVI. SGB VII. SGB X. SGB XI. München: C. H. Beck Verlag. [Zitierte BearbeiterInnen: Seewald, Otfried]

Krahmer, Utz/Trenk-Hinterberger, Peter (2014): Sozialgesetzbuch. Allgemeiner Teil. Lehr- und Praxiskommentar. Baden-Baden: Nomos Verlag. [Zitierte BearbeiterInnen: Krahmer, Utz; Rothkegel, Ralf/Sommer, Irene]

Krüger, Rolf (2015): Basiswissen Strafrecht – Allgemeiner Teil. Münster: Alpmann und Schmidt Verlag.

Lackner, Karl/Kühl, Kristian (2014): Strafgesetzbuch. Kommentar. München: C. H. Beck Verlag. [Zitierte BearbeiterInnen: Heger, Martin; Kühl, Kristian]

Marx, Karl (1976): Zur Judenfrage. In: Karl Marx/Friedrich Engels - Werke. Band 1. S. 347–377. Berlin: Dietz Verlag.

Marx, Karl (1990): Das Kapital. Kritik der politischen Ökonomie. Buch I: Der Produktionsprozess des Kapitals. In: Karl Marx/Friedrich Engels – Werke (MEW). Band 23. Berlin: Dietz Verlag.

Baron v. Maydell, Bernd/Ruland, Franz (2003): Sozialrechtshandbuch. Baden Baden: Nomos Verlag. [Zitierte BearbeiterInnen: Pitschas, Rainer]

Montesquieu, Charles-Louis (1965), Vom Geist der Gesetze, Stuttgart: Reclam Verlag.

Münder, Johannes/Meysen, Thomas/Trenczek, Thomas (2013), Frankfurter Kommentar zum SGB VIII. Kinder- und Jugendhilfe. München: C. H. Beck Verlag. [Zitierte BearbeiterInnen: Proksch, Roland]

Münder, Johannes/Mutke, Barbara/Schone, Reinold (2000): Kindeswohl zwischen Jugendhilfe und Justiz. Münster: Votum Verlag.

Nix, Christoph/Möller, Winfried/Schütz, Karsten (2011): Einführung in das Jugendstrafrecht für die Soziale Arbeit. München: Ernst Reinhardt Verlag.

Oberlies, Dagmar (2013): Strafrecht und Kriminologie für die Soziale Arbeit. Eine Einführung. Stuttgart: Kohlhammer Verlag.

Öndül, Daniela/Gerlach, Florian (2011): Bleiberecht für ‚gut integrierte‘ Jugendliche und Heranwachsende. In: Sozialrecht Aktuell 2011/2, S. 43–49.

Palandt, Otto (2009): Bürgerliches Gesetzbuch. Beck'scher Kurzkommentar. München: C. H. Beck Verlag. [Zitierte BearbeiterInnen: Ellenberger, Jürgen]

Papenheim, Heinz-Gert/Baltes, Joachim/Dern, Susanne/Palsherm, Ingo (2015): Verwaltungsrecht für die soziale Praxis. Ein Handbuch für Sozialberufe. Frankfurt a. M.: Fachhochschulverlag.

Renner, Günter/Bergmann, Jan Michael/Dienelt, Klaus (2013): Ausländerrecht. Kommentar. München: C. H. Beck Verlag. [Zitierte BearbeiterInnen: Dienelt, Klaus]

Richardi, Reinhard (2015): Arbeitsrecht in der Kirche. Staatliches Arbeitsrecht und kirchliches Dienstrecht. München: C. H. Beck Verlag.

Riekenbrauk, Klaus (2011): Strafrecht und Soziale Arbeit. Eine Einführung für Studium und Praxis. Köln: Luchterhand Verlag.

Rolfs, Christian/Giesen, Richard/Kreikebohm, Ralf/Udsching, Peter (2015): Beck'scher Online-Kommentar Sozialrecht. München: C. H. Beck Verlag. [Zitierte BearbeiterInnen: Siebel-Huffmann, Heiko]

Rothkegel, Ralf (2000): Die Strukturprinzipien des Sozialhilferechts. Bestand, Bedeutung und Bewertung. Baden-Baden: Nomos Verlag.

Rousseau, Jean-Jacques (1971): Vom Gesellschaftsvertrag oder Prinzipien des Staatsrechts. Stuttgart: Reclam Verlag.

Schiller, Friedrich (2004): Sämtliche Werke. Band I. München: Carl Hanser Verlag.

Schlegel, Rainer/Voelzke, Thomas (2015): juris Praxiskommentar SGB II. Saarbrücken: juris Verlag. [Zitierte BearbeiterInnen: Hackethal, Alexandra]

Schönke, Adolf/Schröder, Horst (2014): Strafgesetzbuch. Kommentar. München: C. H. Beck Verlag. [Zitierte BearbeiterInnen: Eser, Albin/Bosch, Nikolaus; Stree, Walter/Kinzig, Jörg]

Schwarz, Torsten/Sengbusch, René (2006): Zur Wirksamkeit von Strafanträgen minderjähriger Verletzter. In: NStZ 2006, S. 673–680.

Statistisches Bundesamt (2014a): Beschäftigte nach Art des Dienst- oder Arbeitsvertragsverhältnisses, 30. Juni 2014, https://www.destatis.de/DE/ZahlenFakten/GesellschaftStaat/OeffentlicheFinanzenSteuern/OeffentlicherDienst/Personal/Tabellen/Beschaeftigungsart.html. [Zugriff: 04.06.2016].

Statistisches Bundesamt (2014b): Soziale Mindestsicherung, Empfängerinnen und Empfänger nach Leistungsarten und Veränderung zum Vorjahr, https://www.destatis.de/DE/ZahlenFakten/GesellschaftStaat/Soziales/Sozialberichterstattung/Tabellen/11_MS_EmpfLeistVeraend.html. [Zugriff: 04.06.2016]

Statistisches Bundesamt (2014c): Ergebnisse der Statistik der Arbeitsgerichtsbarkeit 2014. http://www.bmas.de/SharedDocs/Downloads/DE/PDF-Statistiken/Ergebnisse-Statistik--Arbeitsgerichtsbarkeit-2013.pdf?__blob=publicationFile&v=2. [Zugriff: 04.06.2016]

Statistisches Bundesamt (2015a): Statistiken der Kinder- und Jugendhilfe. Erzieherische Hilfe, Eingliederungshilfe für seelisch behinderte junge Menschen, Hilfe für junge Volljährige 2014. https://www.destatis.de/DE/Publikationen/Thematisch/Soziales/KinderJugendhilfe/ErzieherischeHilfe5225112147004.pdf?__blob=publicationFile. [Zugriff: 04.06.2016]

Statistisches Bundesamt (2015b): Statistiken der Kinder- und Jugendhilfe. Gefährdungseinschätzungen nach § 8a SGB VIII. 2014. https://www.destatis.de/DE/Publikationen/Thematisch/Soziales/KinderJugendhilfe/Gefaehrdungseinschaetzungen.html. [Zugriff: 04.06.2015]

Staub-Bernasconi, Silvia (2008): Menschenrechte in ihrer Relevanz für die Soziale Arbeit als Theorie und Praxis. Oder: Was haben Menschenrechte überhaupt in der Sozialen Arbeit zu suchen? In: Widersprüche 107/2008, S. 9–32.

von Staudinger, Julius (2007): Staudinger BGB – Buch 4: Familienrecht §§ 1626–1633; RKEG (Elterliche Sorge 1 – Inhaberschaft und Inhalt). Berlin: Sellier – de Gruyter Verlag. [Zitierte BearbeiterInnen: Coester, Michael]

Stelkens, Paul/Bonk, Heinz Joachim/Sachs, Michael (2014): Verwaltungsverfahrensgesetz. Kommentar. München: C. H. Beck Verlag. [Zitierte BearbeiterInnen: Sachs, Michael]

Stüber, Stephan (2014): Zitieren in juristischen Arbeiten. Hamburg: niederle media.

Tammen, Britta/Bänfer, Mathias (2006): Aufsichtspflicht, Schutz von Kindern und Jugendlichen in der Erziehungshilfe. Hannover: AFET-Veröffentlichungen 65/2006.

Wessels, Johannes/Beulke, Werner/Satzger, Helmut (2014): Strafrecht Allgemeiner Teil. Die Straftat und ihr Aufbau. Heidelberg: C.F. Müller Verlag.

Wiesner, Reinhard (2015): SGB VIII. Kinder- und Jugendhilfe. Kommentar. München: C. H. Beck Verlag. [Zitierte BearbeiterInnen: Wiesner, Reinhard; Mörsberger, Thomas]

von Wulffen, Matthias/Schütze, Bernd (2014): SGB X. Sozialverwaltungsverfahren und Sozialdatenschutz. Kommentar. München: C. H. Beck Verlag. [Zitierte BearbeiterInnen: Schütze, Bernd]